프로타고라스

정암고전총서 플라톤 전집

프로타고라스

플라톤

강성훈 옮김

아카넷

정암고전총서는 윤독의 과정을 거쳐 책을 펴냅니다.
아래의 정암학당 연구원들이 『프로타고라스』 원고를 함께 읽고
번역에 도움을 주셨습니다.
김인곤, 이기백, 정준영, 김주일

'정암고전총서'를 펴내며

그리스 로마 고전은 서양 지성사의 뿌리이며 지혜의 보고이다. 그러나 이를 한국어로 직접 읽고 검토할 수 있는 원전 번역은 여전히 드물다. 이런 탓에 우리는 서양 사람들의 해석을 수동적으로 수용하는 처지를 완전히 극복하지 못하고 있다. 사상의 수입은 있지만 우리 자신의 사유는 결여된 불균형의 문제를 안고 있는 것이다. 이런 상황은 우리의 삶과 현실을 서양의 문화유산과 연관 지어 사색하고자 할 때 특히 심각한 문제를 야기한다. 우리 자신이 부닥친 문제를 자기 사유 없이 남의 사유를 통해 이해하거나 해결하는 것은 거의 불가능하기 때문이다. 우리의 문제에 대한 인문학적 대안들이 때로는 현실을 적확하게 꼬집지 못하는 공허한 메아리로 들리는 것도 그런 이유 때문일 것이다.

한 공동체에서 살아가는 사람들이 자신들의 생각과 말을 나누며 함께 고민하는 문제와 만날 때 인문학은 진정한 울림이 있는 메아리가 될 수 있다. 이것은 우리가 우리의 현실을 함께 고민하는 문제의식을 공유함으로써 가능하겠지만, 그조차도 함께 사유할 수 있는 텍스트가 없다면 요원한 일일 것이다. 사유를 공유할 텍스트가 없을 때는 앎과 말과 함이 분열될 위험에 노출될 수 있기 때문이다. 이런 점에서 진정한 인문학적 탐색은 삶의 현실이라는 텍스트, 그리고 생각을 나눌 수 있는 문헌 텍스트와 만나는 이중의 노력에 의해 가능할 것이다.

현재 한국의 인문학적 상황은 기묘한 이중성을 보이고 있다. 대학 강단의 인문학은 시들어 가고 있는 반면 대중 사회의 인문학은 뜨거운 열풍이 불어 마치 중흥기를 맞이한 듯하다. 그러나 현재의 대중 인문학은 비판적으로 사유하는 인문학이 되지 못하고 자신의 삶을 합리화하는 도구로 전락하는 경향이 없지 않다. 사유 없는 인문학은 대중의 욕망을 충족시키기 위해 소비되는 상품에 지나지 않는다. '정암고전총서' 기획은 이와 같은 한계상황을 극복할 수 있는 기본적인 토대를 마련하고자 하는 절실한 문제의식에서 시작되었다.

정암학당은 철학과 문학을 아우르는 서양 고전 문헌의 연구와 번역을 목표로 2000년 임의 학술 단체로 출범하였다. 그리고 그 첫 열매로 서양 고전 철학의 시원이라 할 『소크라테스 이전 철학자들의 단편 선집』을 2005년도에 펴냈다. 2008년에는 비영리 공익법인의 자격을 갖는 공적인 학술 단체의 면모를 갖추고 플라톤 원전 번역을 완결할 목표 아래 지금까지 20여 종에 이르는 플라톤 번역서를 내놓고 있다. 이제 '플라톤 전집' 완간을 눈앞에 두고 있는 시점에 정암학당은 지금까지의 시행착오를 밑거름 삼아 그리스 · 로마의 문사철 고전 문헌을 한국어로 옮기는 고전 번역 운동을 본격적으로 펼치려 한다.

정암학당의 번역 작업은 철저한 연구에 기반한 번역이 되도록 하기 위해 처음부터 공동 독회와 토론을 통해 이루어진다. 번역 초고를 여러 번에 걸쳐 교열 · 비평하는 공동 독회 세미나를 수행하여 이를 기초로 옮긴이가 최종 수정하는 방식으로 진행된다.

이같이 공동 독회를 통해 번역서를 출간하는 방식은 서양에서도 유래를 찾기 어려운 번역 시스템이다. 공동 독회를 통한 번역은 매우 더디고 고통스러운 작업이지만, 우리는 이 같은 체계적인 비평의 과정을 거칠 때 믿고 읽을 수 있는 텍스트가 탄생할 수 있다고 확신한다. 이런 번역 시스템 때문에 모든 '정암고전총서'에는 공동 윤독자를 병기하기로 한다. 그러나 윤독자들의 비판을 수용할지 여부는 결국 옮긴이가 결정한다는 점에서 번역의 최종 책임은 어디까지나 옮긴이에게 있다. 따라서 공동 윤독에 의한 비판의 과정을 거치되 옮긴이들의 창조적 연구 역량이 자유롭게 발휘될 수 있도록 노력하였다.

정암학당은 앞으로 세부 전공 연구자들이 각각의 연구팀을 이루어 연구와 번역을 병행함으로써 아리스토텔레스 철학 원전, 키케로 전집, 헬레니즘 선집 등의 번역본을 출간할 계획이다. 그리고 이렇게 출간될 번역본에 대한 대중 강연을 마련하여 시민들과 함께 호흡할 수 있는 장을 열어 나갈 것이다. 공익법인인 정암학당은 전적으로 회원들의 후원으로 유지된다는 점에서 '정암고전총서'는 연구자들의 의지뿐만 아니라 시민들의 소중한 뜻이 모여 세상 밖에 나올 수 있는 셈이다. 이런 점에서 '정암고전총서'가 일종의 고전 번역 운동으로 자리매김되길 기대한다.

'정암고전총서'를 시작하는 이 시점에 두려운 마음이 없지 않으나, 이런 노력이 서양 고전 연구의 디딤돌이 될 것이라는 희망, 그리고 새로운 독자들과 만나 새로운 사유의 향연이 펼쳐질 수 있으리라는 기대감 또한 적지 않다. 어려운 출판 여건에도 '정암고전총서' 출간의 큰 결단을 내린 아카넷 김정호 대표에게 경의와 감사의 뜻을 전한다. 끝으로 정암학당의 기틀을 마련했을 뿐만 아니라 앎과 실천이 일치된 삶의 본을 보여 주신 이정호 선생님께 존경의 마음을 표한다. 그 큰 뜻이 이어질 수 있도록 앞으로도 치열한 연구와 좋은 번역을 내놓는 노력을 다할 것이다.

2018년 11월

정암학당 연구자 일동

'정암학당 플라톤 전집'을 새롭게 펴내며

플라톤의 사상과 철학은 서양 사상의 뿌리이자 서양 문화가 이루어 온 지적 성취들의 모태가 되었다는 점에서 큰 의미를 지니고 있다. 특히 그의 작품들 대부분은 풍성하고도 심오한 철학적 문제의식을 담고 있을 뿐만 아니라 생동감 넘치는 대화 형식으로 쓰여 있어서, 오늘날까지 많은 사람이 최고의 철학 고전이자 문학사에 길이 남을 걸작으로 손꼽고 있다. 화이트헤드는 '유럽철학의 전통은 플라톤에 대한 일련의 각주'라고까지 하지 않았던가.

정암학당은 플라톤의 작품 전체를 우리말로 공유할 수 있도록 하자는 취지에서 뜻있는 학자들이 모여 2000년에 문을 열었다. 그 이래로 플라톤의 작품들을 함께 읽고 번역하는 데 매달려 왔다. 정암학당의 연구자들은 애초부터 공동 탐구의 작업 방식을 취해 왔으며, 이에 따라 공동 독회와 토론을 통해 텍스트를 이해하는 노력을 기울여 왔고, 초고를 여러 번에 걸쳐 교열 · 비평하는 수고 또한 마다하지 않았다. 2007년에 『뤼시스』를 비롯한 3종의 번역서를 낸 이후 지금까지 출간된 정암학당 플라톤 번역서들은 모두 이 같은 작업 방식으로 이루어진 성과물들이다.

정암학당의 이러한 작업 방식 때문에 번역 텍스트를 출간하는데 출판사 쪽의 애로가 없지 않았다. 그동안 출판을 맡아 준 이제이북스는 어려운 여건에서도 플라톤 전집 출간의 의미를 이해하고 전집 출간 사업에 동참하여 많은 노력을 기울여 주었다. 그 결과 2007년부터 2018년까지 20여 종의 플라톤 전집 번역서가 출간되었다. 그러나 최근 이제이북스의 여러 사정으로 인해 전집 출간을 마무리하기가 어려워졌다. 정암학당은 플라톤 전집 출간을 이제이북스와 완결하지 못하게 된 것에 대해 아쉬움을 표하는 동시에 그동안의 노고에 고마움을 전한다.

정암학당은 이 기회에 플라톤 전집의 번역과 출간 체계를 전반적으로 정비하기로 했고, 이런 취지에서 '정암학당 플라톤 전집'을 '정암고전총서'에 포함시켜 아카넷 출판사를 통해 출간할 것이다. 아카넷은 정암학당이라는 학술 공간의 의미를 이해하고 '정암학당 플라톤 전집' 출간의 가치를 공감해 주었다. 여러 가지 측면에서 많은 어려움이 있었음에도 어려운 결단을 내린 아카넷 출판사에 감사를 표한다.

정암학당은 기존에 출간한 20여 종의 번역 텍스트를 '정암고전총서'에 편입시켜 앞으로 2년 동안 순차적으로 이전 출간할 예정이다. 그러나 이런 작업이 짧은 시간에 추진되었기 때문에 번역자들에게 전면적인 수정을 할 시간적 여유가 주어지지는 않았다. 따라서 아카넷 출판사로 이전 출간하는 플라톤 전집은 일부의 내용을 보완하고 오식을 수정하는 선에서 새로운 판형과 조판으로 출간한다. 이 점에 대해서는 독자들께 양해를 구한다. 정암학당은 출판사를 옮겨 출간하는 작업을 진행하는 동시에, 플라톤 전집 중 남아 있는 텍스트들에 대한 번역본 출간 시기도 앞당길 수 있도록 노력할 것이다. 그리하여 오랜 공동 연구의 결실인 '정암학당 플라톤 전집' 전체를 독자들이 조만간 음미할 수 있도록 최선을 다할 것이다.

끝으로 정암학당의 기반을 마련해 주신 고 정암(鼎巖) 이종건(李鍾健) 선생을 추모하며, 새 출판사에서 플라톤 전집을 완간하는 일에 박차를 가할 것을 다짐한다.

2019년 6월

정암학당 연구자 일동

차례

작품 내용 구분

1. 틀 밖 대화

(1) 소크라테스가 동료에게 프로타고라스와의 만남에 대해 이야기하기로 함 : 309a~310a

2. 프로타고라스 찾아가기

(1) 히포크라테스와 소크라테스의 대화

① 히포크라테스가 소크라테스를 찾아 옴 : 310a~311a

② 프로타고라스의 교육 내용에 대한 히포크라테스의 무지 : 311a~312e

③ 히포크라테스의 무지의 위험성 : 313a~314c

(2) 덕의 교육자 프로타고라스

① 소피스트들이 모여 있는 칼리아스의 집 : 314c~316a

② 프로타고라스와의 만남 : 316a~317e

③ 프로타고라스가 가르치는 것 : 317e~319a

(3) 덕의 가르침 불가능성 논증

① 아테네 민회에서의 관행으로부터의 논증 : 319a~319d

② 뛰어난 사람들과 그 자식들에 대한 사실로부터의 논증 : 319e~320c

3. 프로타고라스의 연설

(1) 옛날이야기

① 에피메테우스와 프로메테우스 : 320c~322a

② 제우스의 선물 : 322a~322d

(2) 옛날이야기 보충

(3) 소크라테스의 본격적 해석

① 스파르타식의 지혜 : 341e~343c

② 세 번째 해석 : 343c~347a

(4) 시 해석 작업의 문제

① 시정아치들의 향연과 교양 있는 사람들의 향연 : 347a~348a

② 소크라테스의 제안 : 348a~348c

6. 지혜와 용기의 동일성 논증

(1) 지혜와 용기의 동일성에 대한 예비적 논증

① 덕의 단일성 논변 재개 : 348c~349d

② 지혜와 용기의 동일성 논증–첫 번째 시도 : 349e~350c

③ 프로타고라스의 반론 : 350c~351b

(2) 자제력 없음 불가능성 논증

① 좋음과 즐거움 : 351b~351e

② 앎의 강함과 약함 : 351e~352e

③ 대중과의 가상적 대화

가) 즐거움에 진다는 것의 정체 검토 필요 : 352e~353b

나) 당장의 즐거움/괴로움과 나중의 즐거움/괴로움 : 353c~354e

다) 좋은 것에 져서 나쁜 것을 행한다는 주장의 불합리성 : 354e~355e

라) 가장 큰 즐거움의 선택 : 355e~356c

마) 측정의 기술 : 356c~357a

바) 즐거움에 진다는 것의 정체는 무지임 : 357a~357e

④ 누구나 자신이 좋다고 생각하는 것을 행함 : 358a~358d

(3) 지혜와 용기의 동일성에 대한 본격적 논증

① 무서움은 나쁨의 예견 : 358d~359a

② 지혜와 용기의 동일성 : 359a~360e

7. 파장

(1) **뒤죽박죽된 대화** : 360e~361d

(2) **헤어짐** : 361d~362a

등장인물

동료

플라톤의 대화편들 중에는 이름이 밝혀지지 않은 동료가 등장해서 다른 등장인물에게서 이야기를 전달받는 형식의 대화편들이 있다. 『프로타고라스』에서는 소크라테스가 직접 자신이 프로타고라스와 했던 대화를 이름이 밝혀지지 않은 동료에게 전달해 주고 있다. 이 동료는 알키비아데스와 소크라테스의 관계에 대해서 농담을 던질 수 있을 정도로 소크라테스와 가까운 사이로 묘사되고 있으며, 소크라테스가 이 동료에게 이야기를 전달해 주는 현장에는 다른 무리도 같이 이야기를 듣고 있는 것으로 설정되어 있다.

소크라테스(Sōkratēs)

대화가 이루어지고 있는 시기가 430년대 후반이라고 한다면, 소크라테스의 나이는 30대 중후반이다. 어린 시기의 소크라테스가 파르메니데스에게 한 수 배우는 것으로 설정된 『파르메니데스』를 제외한다면, 가장 젊은 시절의 소크라테스가 등장하는 대화편이라고 할 수 있다. 작품 소개에서 이야기했듯이, 플라톤은 『프로타고라스』를 통해서 소크라테스의 출현을 선포하고 있다고 볼 수 있다. 여기에서 개진되는 소크라테스의 생각들은 우리가 흔히 '소크라테스의 역설'이라고 부르는 철학적 입장들의 총화이다. 덕은 앎이라거나, 누구도 알면서 잘못을 범할 수는 없다거나, 여러 가지 덕들이 사실은 하나의 동일한 것이라는 등의 철학적 입장들이 명시적인 논증을 통해서 개진되는 것이 바로 이 대화편인 것이다. 또한, 그런 이유로 역사적인 소크라테스와 등장인물로서의 소크라테스의 관계에 대한 논의가 이 대화편과 관련해서 많이 이루어지기도 했다. 전통적으로는, 이 대화편에서 소크라테스가 주장하는 것들이 바로 역사적 소크라테스의 생각이라는 해석이 지배적이었으나, 20세기 말부터는 플라톤의 대화편 어느 곳에서도 역사적 소크라테스의 생각을 찾으려는 것이 정당화될 수 없다고 주장하는 사람들이 많이 생겨났다. 소크라테스의 경우만이 아니라 이 대화편에 등장하는 소피스트들의 경우에도 등장인물과 역사적 인물의 사상 사이의 관계에 대한 문제들이 있는데, 대화편 속에서 등장인물들이 하는 주장들은 모두 저자인 플라톤의 손길이 닿은 것이라고 보고, 등장인물의 주장은 그냥 등장인물의 주장으로 제한해서 생각하는 것이 제일 안전한 방법이겠다.

히포크라테스(Hippokratēs)

'히포크라테스'라는 이름은 그리스에서 흔한 편이었고, 여기에 등장한 히포크라테스에 대해서는 달리 알려진 바가 없다. 사실 그가 실존 인물인지 여부도 분명하지 않다. (페리클레스의 조카인 히포크라테스가 바로 이 대화편에 등장한 히포크라테스라는 추정이 있기는 하지만, 일반적으로 받아들여지는 것은 아니다.) 대화편에서 히포크라테스는 아테네의 좋은 가문 출신에 뛰어난 자질을 가지고 있으며 정치적 야망도 큰 10대 후반 정도의 촉망받는 젊은이로 설정되어 있다. 소크라테스와 상당한 친분이 있으며 그의 동료들에게도 따로 소개가 필요 없을 정도로 잘 알려져 있는 것으로 보인다.

프로타고라스(Prōtagoras)

가장 유명한 소피스트라고 할 수 있다. 이 대화편에서 프로타고라스는 자신이 소크라테스를 비롯해서 그 자리에 있는 다른 사람들의 아버지가 될 수 있는 나이라고 이야기한다. 이 이야기와 그 밖의 정황들을 고려해서, 보통 그가 소크라테스보다 스무 살 정도 연상이었다고 추정한다. 페리클레스와 상당한 친분이 있었던 것으로 보이며, 일설에 따르면 페리클레스가 그에게 아테네의 식민 도시의 법을 작성하라는 부탁을 했다고도 한다. 프로타고라스는 인간이 만물의 척도라고 이야기한 것으로 가장 유명하며, 그 외에도 어떤 사안이든지 그에 관해서 서로 대립하는 두 가지 논변이 있다는 이야기와, 신들이 있는지 없는지 알 수 없다는 이야기 등을 한 것으로도 유명하다. 이러한 유명한 이야기들은 정작 『프로타고라스』에는 등장하지 않는다. 하지만 프로타고라스의 유명세에 비추어 볼 때, 플라톤 당시의 독자들은 프로타고라스의 이러한 주장들에 대해 알고 있었을 가능성이 높다고 하겠다. 그리고 그렇다면, 이러한 잘 알려진 주장들과 『프로타고라스』의 관계가 어떻게 되는 것일지도 생각해 볼 문제이다.

칼리아스(Kallias)

칼리아스의 아버지 히포니코스는 아테네에서 가장 부유한 사람이었다. 칼리아스는 아버지의 부와 함께 아테네에서 가장 부유한 사람이라는 칭호도 물려받았지만, 소피스트들의 후원과 방탕한 생활로 나중에는 가산을 탕진하였다. 『소크라테스의 변명』에는 다른 모든 사람을 합친 것보다 칼리아스가 더 많이 소피스트들에게 돈을 썼다는 이야기가 나오며, 그 밖에도 많은 작가들의 작품에 칼리아스가 등장할 정도로 그는 아테네에서 나름의 명사였다. 하지만 그의 유명세는 긍정적인 측면보다는 부정적인 측면이 많아서, 그는 많은 희극 작가들에게 풍자와 조롱의 대상이 되었다.

알키비아데스(Alkibiadēs)

그리스 최고의 풍운아라고 할 수 있다. 뛰어난 외모와 언변으로 아테네 대중의 마음을 휘어잡았다. 어렸을 때는 성인 남자들의 마음을 사로잡아서 부인들을 괴롭게 하고, 어른이 되어서는 여자들의 마음을 사로잡아서 남편들을 괴롭게 했다고 한다. 아테네에서 장군으로 복역하다가 헤르메스 상 훼손 사건과 엘레우시스 비교와 관련한 신성모독 사건에 연루되어 재판정에 출두 명령을 받자, 스파르타로 망명한다. 스파르타에서 아테네에 이적 행위를 하다가, 스파르타 왕의 부인을 유혹한 일이 발각되자 다시 페르시아로 망명한다. 페르시아에서는 페르시아가 아테네를 돕도록 설득하고, 나중에 다시 아테네로 돌아와서 장군 노릇을 하기도 한다. 그리고 서로 상충하는 보고들이 있어서 정확한 목적이 무엇이었는지를 알 수 없는 이유로 404년에 암살당한다. 소크라테스와 긴밀한 관계에 있었고, 플라톤 외에도 소크라테스를 주인공으로 하는 '소크라테스적 대화편'들을 쓴 여러 작가들이 『알키비아데스』라는 제목의 작품을 썼다는 것이 기록에 남아 있다.

크리티아스(Kritias)

알키비아데스와 함께, 소크라테스가 젊은이를 타락시켰다는 비난을 받을 구실을 제공한 대표적 인물이다. 플라톤의 외가 쪽 친척이기도 하며, 아테네가 펠로폰네소스 전쟁에서 스파르타에게 지고 나서 등장한 30인 과두정의 핵심 인물이기도 했다. 403년 민주정을 복권시키려는 세력들과의 전투 중에 사망한다. 고대에는 크리티아스도 소피스트 중 한 명으로 여겨졌고, 그에 따라 소피스트들에 대한 단편 선집들에는 오늘날에도 그의 단편들이 포함되는 경우가 많다. 하지만 오늘날 우리가 보통 소피스트들을 생각할 때 크리티아스를 함께 떠올리는 경우는 많지 않을 것으로 보인다. 플라톤은 크리티아스를 소피스트라고 생각하지는 않았던 것으로 보이며, 우리가 그를 소피스트들과 잘 연관 짓지 않는 이유가 어쩌면 플라톤의 영향일지 모른다.

프로디코스(Prodikos)

『프로타고라스』를 비롯한 플라톤의 여러 대화편에서 소크라테스는 자신이 프로디코스의 제자였다고 이야기한다. 하지만 이 이야기는 단지 소크라테스가 프로디코스의 강의를 강의료를 지불하고 들은 적이 있다는 정도의 이야기일 따름으로 보이며, 프로디코스의 나이는 소크라테스와 비슷하거나 오히려 몇 살 어린 것으로 추정된다. 『프로타고라스』에서도 볼 수 있듯이, 프로디코스는 언어의 의미를 세밀하게 구분하여 사용하는 것으로 유명했다. 크세노폰의 『회상』에는 프로디코스가 「헤라클레스의 선택」에 대해서 쓴 글이 길게 인용되고 있는데, 이 글에서 그는 악덕의 여신과 덕의 여신이 헤라클레스에게 각각 행복을 약속하며 자신을 선택할 것을 종용하는 것으로 묘사한다. 이 글을 『프로타고라스』에서 좋음과 즐거움의 관계에 대해 이야기하는 부분과 비교해서 읽어 볼 수도 있겠다.

히피아스(Hippias)

흔히 소피스트들이 다양한 전공을 가지고 있었다는 증거로 거론되는 인물이다. 『프로타고라스』에서도 히피아스가 계산법, 천문학, 기하학, 음악 등을 가르쳤다고 이야기되지만, 그 외에도 그는 다양한 기술적 지식을 가지고 있었고, 스스로 옷이며 장신구 등을 만들어 입기도 했다고 한다. 자연적인 것(physis)과 관습적인 것(nomos)의 대비가 소피스트들에게 중요한 주제였는데, 히피아스는 이 중 자연적인 것을 지지하는 사람으로 분류된다. 히피아스의 다양한 기술이 이야기될 때는 항상 수학이 거론되는데, 그는 수학적으로 나름 중요한 업적을 남기기도 했던 것으로 보인다. 플라톤이 『프로타고라스』에 히피아스를 등장시킨다는 것과, 이 대화편에서 기술적 지혜와 덕이 구별되고 비교되다가 나중에는 덕이 일종의 계산 기술인 측정의 기술과 동일시된다는 것을 연관시켜서 생각해 보는 것도 재미있는 일이겠다.

일러두기

- 번역의 기준 판본으로는 옥스퍼드 고전 텍스트(Oxford Classical Text, OCT) 시리즈인 버넷 판(John Burnet, Platonis Opera, vol. III, 1903)을 사용하였다.
- 소위 '스테파누스' 쪽수와 행수도 OCT에 표기되어 있는 것을 기준으로 삼았다. 예컨대, 329c의 시작은 16세기에 출판된 스테파누스 판에서 329c의 시작 단어를 기준으로 하지 않고, OCT에서 329c의 시작 단어를 기준으로 삼았다. (물론, 우리말로 번역하는 과정에서 어순이 바뀌는 경우가 다반사이기 때문에, 어차피 번역에서의 행수와 원문에서의 행수가 정확하게 일치하지는 않는다.)
- 단락 구별도 OCT를 그대로 따랐다. 화자가 바뀌는 경우, OCT에서 단락 구별을 하지 않고 말바꿈표(—)를 사용한 곳에서는 번역에서도 단락을 바꾸지 않고 말바꿈표를 사용하였다.
- 번역에서 OCT를 따르지 않은 경우는, OCT를 따르지 않은 이유를 주석에서 밝혔다. 주석에서 언급되는 사본들은 다음과 같다.

  B = cod. Bodleianus, MS. E. D. Clarke 39 (895년 사본)

  T = cod. Venetus Append. Class. 4, cod. 1 (10세기 중반 사본)

  W = cod. Vindobonensis 54, suppl. phil. Gr. 7 (11세기 사본)
- 존대법은 각 등장인물들의 표준적 추정 나이와 추정되는 친밀도를 고려해서, 그에 상응하는 관계에서 우리나라 사람들이 보통 어떻게 이야기하는지를 반영하여 적용하였다.
- 그리스어 고유명사 표기는 대화 배경 시기인 5세기 아테네의 발음을 기준으로 삼았다. (이 책에서 언급되는 연대는 모두 기원전이다. '기원전'이라는 말을 따로 붙이지 않는다.) 그 발음을 한국어로 표기하는 데에는, 같은 종류의 외국어 발음을 한국어로 표기하는 국립국어원의 표준적인 방식을 따랐다. 단, 우리말에서 일반적으로 통용되고 있는 명칭들은 통용되는 방식을 따랐다.
- 그리스어는 독자의 편의를 위해서 로마자로 표기하였고, 그리스어의 로마자 표기는 정암학당의 다른 번역들에서 사용하고 있는 방식을 따라서, 카이는 ch로, 윕실론은 단모음일 때는 y로, 복모음 안에서는 u로 표기하였다.

프로타고라스

프로타고라스

동료, 소크라테스, 히포크라테스, 프로타고라스, 칼리아스,

알키비아데스, 크리티아스, 프로디코스, 히피아스

동료 : 어디서 나타나는 건가, 소크라테스?[1] 하긴 뭐, 알키비아데스의 젊음을 좇아다니다 온 것이 분명한 게지?[2] 하긴 엊그제도 보니까 알키비아데스는 여전히 잘생긴 남자더군. 그래도, 우리끼리 이야기지만, 남자가 다 됐어,[3] 소크라테스. 벌써 턱 밑에 수염이 나기 시작했더군. 309a

소크라테스 : 그래서 그게 어쨌다는 건가? 자네는 호메로스를 찬미하는 사람이 아니었나? 호메로스는 수염이 처음 난 자의 젊음이 가장 멋지다고 했는데,[4] 알키비아데스가 바로 지금 그런 때인데 말이야. b

동료 : 그래 요즘은 어떤가? 그와 함께 있다가 나타나는 거 맞나? 그 젊은이[5]가 자네를 어떻게 대하고 있나?

소크라테스 : 내가 봤을 땐 잘 대해 주고 있고, 특히나 오늘은 더

그런 것 같네. 내 편을 들어서 많은 이야기를 하면서 나를 도와주었거든. 참, 방금도 그와 함께 있다 오는 길이라네. 근데 좀 이상한 일을 자네한테 얘기해 주고 싶군. 그가 옆에 있었는데도 나는 신경을 쓰지도 않았고, 그가 있다는 것을 종종 잊어버리기까지 했다니까.

c 동료 : 어쩌다가 자네와 그 사이에 그런 일이 다 일어났을까? 자네가 더 아름다운 다른 누구를 만나지는 않았을 건데. 적어도 이 나라에서는 말이지.

소크라테스 : 훨씬 더 아름다운 사람을 만났다네.

동료 : 뭔 소리야? 이 나라 사람인가 외지 사람인가?

소크라테스 : 외지 사람이라네.

동료 : 어디 출신인데?

소크라테스 : 압데라 출신이지.

동료 : 그런데 그 외지 사람이 자네에게 그렇게나 아름답게 여겨졌단 말이지? 클레이니아스의 아들[6]보다도 더 아름다워 보일 정도로 말이야?

소크라테스 : 가장 지혜로운 것이 어찌 더 아름다워 보이지 않겠나,[7] 친구?[8]

동료 : 아니 그럼 누구 지혜로운 사람과 만나고 오는 건가, 소크라테스?

d 소크라테스 : 요즘 사람들 중에서는 가장 지혜로운 사람이지, 프로

타고라스님이 자네 보기에 가장 지혜로운 사람이라면 말이야.

동료 : 아니 무슨 말인가? 프로타고라스님이 여기 머무르고 있나?

소크라테스 : 벌써 사흘째라네.

동료 : 그럼 자네는 좀 전에 그분과 같이 있다 온 건가?

소크라테스 : 정말이라니까. 많은 이야기를 하기도 하고 듣기도 하 310a
고 왔지.

동료 : 그럼 뭐 특별한 일이 없으면, 얘는 일어나라 그러고 여기 앉아서,[9] 그 만남에 대해서 우리에게 자세히 이야기 좀 해 주지 않겠나?

소크라테스 : 물론이지. 자네들이 들어 준다면, 감사하기도 하겠네.

동료 : 자네가 이야기해 준다면, 우리야말로 감사하지.

소크라테스 : 감사가 두 배가 되겠군. 그럼 들어 보라고.

지난 밤 아직 어둠이 짙은 새벽에 아폴로도로스의 아들, 파손의 동생 히포크라테스[10]가 지팡이로 문을 아주 세게 두드려 댔
어. 누군가가 문을 열어 주자, 그는 곧장 안으로 서둘러 들어와 b
서는 큰 소리로 외쳤지. "소크라테스님, 일어나셨나요, 주무시고 계시나요?" 그의 목소리를 알아듣고 내가 말했지. "히포크라테스인 게로군. 뭔 일이 터졌다는 소식[11]을 전하러 온 건 아니겠지?" 그가 말했지. "아닙니다. 좋은 소식입니다." "그랬으면 좋겠군. 그래, 무슨 일인가? 무슨 일로 이 시간에 왔나?" 내가 말

했지. "프로타고라스님이 왔어요." 그가 내 옆에 서서 말했지. "그저께 왔지. 자넨 이제야 알았나?" 내가 말했지. "정말 그랬다
c 니까요, 어제 저녁 때요." 이 말을 하면서 그는 침상을 더듬더니[12] 내 발치에 앉아서 말했지. "저녁 때 말이죠. 그것도 오이노에[13]에서 아주 늦게 돌아와서요. 제 노예 사튀로스가 도망쳤거든요. 사실 그 애를 쫓아간다고 선생님께 말씀 드리려고 했는데, 다른 일로 깜박했어요. 제가 돌아와서 같이 저녁을 다 먹고 이제 막 잠자리에 들려고 하는데, 그때서야 형이 제게 프로타고라스님이 왔다고 말해 줬어요. 그래도 곧장 선생님께 오려고 마음먹었다
d 가, 그다음엔 밤이 너무 깊었다는 판단이 들더군요. 그래서 잠이 피로로부터 나를 풀어 주자마자[14] 곧바로 일어나서 이렇게 이리로 온 거죠." 나는 그의 거침없음[15]과 들뜬 상태를 알아채고는 말했지. "그게 자네와 무슨 상관인가? 프로타고라스님이 자네에게 무슨 부정의한 행동이라도 한 건 아니지?" 그는 웃음을 터트리고는 말했지. "했고말고요, 소크라테스님. 자기 혼자만 지혜로우시고 저는 지혜롭게 만들어 주지 않으시니까요." 내가 말했지. "하지만, 내 장담컨대, 그분께 돈을 드리고 설득하면, 자네도 지혜롭게 만들어 주실 거야." 그가 말했지. "어이구야,[16] 거기
e 에 달려 있기만 하다면야 얼마나 좋겠어요. 내 돈뿐 아니라 친구들 돈도 남김없이 쓸 텐데요. 실은 바로 그 때문에 지금도 선생님께 왔어요. 절 위해서 그분께 말씀 좀 해 주시라고요. 저는 좀

어리기도 하고요, 프로타고라스님을 뵌 적도, 그분이 말씀하시
는 걸 들은 적도 없으니까요. 전에 와 계실 때는 전 아직 애였거
든요. 하지만 어쨌거나, 소크라테스님, 모두가 그분을 찬미하면
서, 그분이 말하는 데 가장 지혜로우시다고들 하잖아요. 여하튼
그분께 같이 안 가시겠어요? 숙소에 계실 때 그분을 붙잡을 수 311a
있도록요. 제가 듣기로는 히포니코스의 아들 칼리아스의 집에
묵고 계신다고 해요.[17] 그럼 가시죠." 내가 말했지. "이른 시간이
니, 이보게, 아직 그리로 가지 말자고. 그러지 말고 일어나 여기
안뜰로 가서, 동이 틀 때까지 거닐면서 시간을 보내지. 그러고
나서 가도록 하자고. 프로타고라스님은 대개 숙소에서 지내시니
걱정 말게. 아마도 숙소에 계실 때 그분을 붙잡을 수 있을 거야."

그러고 나서 일어나 안뜰로 가서 거닐기 시작했지. 나는 히포
크라테스의 결심의 힘[18]을 시험해 보고자 질문을 던져서 그를 검 b
토해 보았어. 내가 말했지. "말해 보게, 히포크라테스. 자네는
지금 프로타고라스님께 가서, 자네에게 도움을 주는 대가로 그
분께 돈을 지불하려고 하는데, 자네가 찾아가는 그가 어떤 사
람이기에 그러는 거며, 또 자네 자신은 어떤 사람이 되려고 그
러는 건가? 예컨대 자네가 자네와 동명이인이자 아스클레피오
스의 후예인 코스 사람 히포크라테스[19]에게 가서 자네에게 도움
을 주는 대가로 돈을 지불할 마음이 있는데, 누군가가 '말해 보
세요, 히포크라테스. 히포크라테스가 어떤 사람이기에 그에게 c

대가를 지불하려고 하시나요?'라고 자네에게 물어본다면, 자네
는 뭐라고 대답하겠나?" – 그가 말했지. "의사여서라고 이야기
하겠습니다." – "어떤 사람이 되려고?" – 그가 말했지. "의사가
되려고요." – "또 자네가 아르고스 사람 폴뤼클레이토스나 아테
네 사람 페이디아스[20]에게 찾아가서 자네에게 도움을 주는 대가
를 그들에게 지불할 마음이 있다고 하세. 그런데 누군가가 '폴뤼
클레이토스와 페이디아스가 어떤 사람이기에 그들에게 그런 돈
을 지불할 마음을 먹고 계시나요?'라고 자네에게 묻는다면, 자
네는 뭐라고 대답하겠나?" – "조각가여서라고 이야기하겠습니
다." – "자네 자신은 어떤 사람이 되려고?" – "분명, 조각가가 되
d 려고지요." – 내가 말했지. "좋아. 이제 자네와 내가 프로타고라
스님께 찾아가면 자네에게 도움을 주는 대가로 그분께 우리는
돈을 지불할 준비가 되어 있을 것이네. 우리의 돈으로 충분하다
면 그걸로 그분을 설득하고, 그렇지 않다면 친구들의 돈도 다 써
서 말이지. 그런데 누군가가 거기에 그토록 열의를 보이고 있는
우리에게 묻는다고 해 보세. '말해 보세요, 소크라테스와 히포크
라테스. 프로타고라스님이 어떤 사람이기에 그분께 돈을 지불
e 할 마음을 먹고 있지요?' 그러면 우리는 뭐라고 대답할까? 사람
들이 프로타고라스님에 대해서 다른 이름으로 뭐라고 부르는 소
리를 우리가 듣지? 페이디아스에 대해서 '조각가'라고 그러고 호
메로스에 대해서 '시인'이라고 부르듯이, 프로타고라스님에 대

해서 그런 식으로 뭐라고 그러는 소리를 듣지?" – 그가 말했지. "그야, 소크라테스님, 그분을 '소피스트'라고들 부르기는 하지요." – "그럼, 우리는 그분이 소피스트이기에 돈을 지불하러 가는 것이군?" – "정말 그렇습니다." – "그럼 누군가가 자네에게 이것도 더 물어본다고 해 보세. '자네 자신은 그러면 어떤 사람이 312a
되려고 저 프로타고라스님께 가는 것인가?'라고 말이야." – 그러자 그는 얼굴을 붉히면서 말했어 – 이미 먼동이 터 오고 있어서 그가 분명하게 보였지. – "앞의 경우들과 마찬가지라면, 소피스트가 되려고 그러는 게 분명하네요." – 내가 말했지. "이런, 자네는 그리스인들에게 자네 자신을 소피스트로 내보이는 게 창피하지 않겠나?" – "사실 정말 그렇습니다, 소크라테스님. 제가 생각하는 바를 꼭 말해야 한다면 말이죠." – "하지만, 히포크라테스, 그럼 혹시 자네가 프로타고라스님으로부터 배우는 게 그런 게 아니라 글 선생과 키타라 선생과 체육 선생에게서 배운 것과 같 b
은 종류의 것[21]이라고 생각하고 있는 것 아닌가? 자네는 그것들 각각을 전문기술자가 되기 위한 기술을 익히려 배운 것이 아니라, 일반인이자 자유인인 사람에게 적합한 교양을 위해서 배운 것이니 말이야." – 그가 말했지. "정말입니다. 제가 보기에 프로타고라스님에게서 배우는 것은 그런 종류인 것 같습니다."

내가 말했지. "그럼 자네는 지금 자네가 뭘 하려고 하는 건지 알고 있나, 아니면 알아차리지 못하고 있나?" – "뭐에 관해서 말

c 씀이시죠?" – "자네의 영혼을, 자네 말대로라면, 소피스트인 사람에게 보살펴 달라고 맡기려 하는 것 말이야. 소피스트가 도대체 뭔지 자네가 알고 있다면, 나로서는 놀랄 일이야. 하지만 만약 그걸 모르고 있다면, 자네는 영혼을 무언가에 맡기면서 그게 뭔지도 모르고 있는 것이지. 좋은 것인지 나쁜 것인지도." – 그가 말했지. "안다고 생각은 하는데요." – "그럼 말해 보게. 소피스트가 뭐라고 생각하는가?" – 그가 말했지. "제 생각에는, 그 이름이 말해 주듯이, 지혜로운 것들을 아는 자[22]입니다." – 내가 말했지. "그건 화가들이나 목수들에 대해서도 할 수 있는 소리잖
d 아. 이들이 지혜로운 것들을 아는 자들이라고 말이야. 만약 누군가가 우리한테 '화가들은 무엇과 관련해서 지혜로운 것들을 아는 자들인가?'라고 묻는다면, 아마 우리는 닮은 그림을 만들어 내는 것과 관련해서 지혜로운 것들이라고 그에게 이야기할 테고, 다른 경우도 그렇게 하겠지. 그런데 누군가가 이렇게 묻는다면, 즉 '소피스트는 무엇과 관련해서 지혜로운 것들을 아는 자인가'라고 묻는다면, 그에게 뭐라고 대답할까? 그는 어떤 종류의 일을 주관하는 사람[23]인가?" – "말하는 데 능통하게 만들어 주는 일을 주관하는 사람이라는 것 말고 뭐라고 이야기하겠어요, 소크라테스님?" – 내가 말했네. "아마도 그건 맞는 이야기이겠지만, 충분한 이야기는 아닐 거야. 우리의 그 대답은 소피스트가 무엇에 관해서 말하는 데 능통하게 만들어 주는지에 대한 질문을 더 요구

하게 되니까 말이야. 예컨대, 키타라 연주자는 다른 사람을 아는 e
자로 만들어 주는 바로 그 분야, 즉 키타라 연주에 관해서, 분명 말하는 데 능통하게 만들어 주기도 하네. 그렇지 않나?" – "그렇죠." – "좋아. 그럼 소피스트는 무슨 분야에 관해서 말하는 데 능통하게 만들어 주지?" – "다른 사람을 그것에 대해서 알도록 만들어 주기도 하는 바로 그 분야에 관해서라는 게 분명합니다.[24]" – "그렇기야 하겠지. 그런데 소피스트가 그 자신도 알고 있고 또 그에게 배우는 사람도 알도록 만들어 주는 그 분야가 도대체 뭔가?" – 그가 말했지. "아이고, 더 이상은 할 수 있는 이야기가 없네요."

그다음에 내가 말했지. "그럼 어떤가? 자네는 자네 영혼을 걸 313a
고 어떤 종류의 모험을 하려고 하고 있는지 알고 있나? 자네 몸이 쓸모 있게 될지 형편없게 될지를 걸고 모험을 하면서 자네 몸을 누군가에게 맡겨야 했더라면, 자네는 맡겨야 할지 말아야 할지 이리저리 살펴보고서는, 친구들과 친척들을 불러서 조언도 구하면서 몇 날 며칠을 검토했을 거야. 그런데 자네가 몸보다 훨씬 더 중하게 여기고 있는 영혼을, 그게 쓸모 있게 되는지 형편없게 되는지에 따라 자네의 모든 일이 잘될지 못될지가 달려 있는데도, 갓 여기 온 이 외지 사람에게 자네의 영혼을 맡겨야 할
지 말아야 할지, 그것에 관해서 아버지와도 형과도 우리 동료들 b
가운데 누구와도 상의하지 않고서는, 자네가 그렇게 애기했다시

피, 그가 왔다는 얘길 엊저녁에 듣고 새벽같이 여기 와 가지고는, 자네 자신을 그에게 맡겨야 할지 말아야 할지에 대해서 아무런 논의도 해보지 않고 조언도 구해 보지 않고서, 마치 무슨 일이 있어도 프로타고라스님과 같이 지내야 한다고 이미 다 결정해 놓은 양, 자네 자신의 돈도 자네 친구들의 돈도 다 써 버릴 태세이네.[25] 자네가 얘기했다시피, 그분을 자넨 알지도 못하고 대
c 화를 해 본 적도 전혀 없으면서 말이야. 그리고 자네는 그분을 '소피스트'라고 부르는데, 자네 자신을 맡기려고 하고 있는 그 소피스트라는 게 도대체 뭔지도 모르고 있는 것이 명백하네." – 그가 듣고서 이야기했지. "선생님 말씀을 듣고 보니 그런 것 같군요, 소크라테스님." – "그럼, 히포크라테스, 소피스트는 영혼을 양육시키는 상품들의 무역상이나 행상의 일종일까? 내게는 그런 사람으로 보이는데 말이야." – "그런데 무엇으로 영혼이 양육되죠, 소크라테스님?" – 내가 말했지. "그야 물론 배움이겠지. 그리고, 여보게, 소피스트가 자기가 팔려고 내놓은 것들을 찬미하면서 우리를 속이지 않도록 해야 돼. 몸의 양식에 관한 무역상이
d 나 행상이 그러듯이 말이야. 이 사람들은 아마도 자기들이 갖고 다니는 물건들 중 어떤 것이 몸에 이로운지 해로운지 자신들도 알지 못하면서, 팔려고 내놓은 것들은 모두 찬미를 해 대지. 또 그들에게서 사려는 사람들도, 그들이 마침 체육 전문가나 의사가 아닌 경우는, 그걸 알지 못하고 말이야. 마찬가지로, 배울 거

리를 이 나라 저 나라로 갖고 가서 원하는 사람 누구에게나 팔려고 내놓아서 팔아 치우는 사람들도 자기들이 팔려고 내놓은 것은 모두 찬미하지만, 이 친구야, 어쩌면 이들 중에서도 어떤 이들은 자기들이 팔려고 내놓은 것들 중 어떤 것이 영혼에 이로운지 해로운지 모르고 있을 거야. 그들에게서 사려는 사람들도 마 e
찬가지일 테고. 사려는 사람 누군가가 이번에도 마침 영혼에 관한 의사가 아니라면 말이야. 그러니 자네가 마침 이것들 중 어떤 것이 이롭고 해로운지를 아는 자라면, 프로타고라스님에게서든 다른 누구에게서든 배울 거리를 사려고 하는 것이 자네에게 안전할 것이지만, 아니라면 말이야, 이 친구야, 가장 소중한 것 314a
에 대해서 주사위를 던지는 모험을 하고 있는 것이 아닌지 주의하라고. 사실 먹을거리를 살 때보다 배울 거리를 살 때가 위험이 훨씬 더 크지. 먹을거리와 마실 거리는 행상이나 무역상에게 사서 다른 그릇에 담아 가지고 올 수가 있고, 마시거나 먹음으로써 이들을 몸 안으로 받아들이기 전에 집에 놔두었다가, 전문가를 불러서, 먹거나 마시거나 할지 말아야 할지, 또 얼마큼을 그래야 할지 또 언제 그래야 할지 조언을 구할 수가 있으니까 말이야. 따라서 이것들을 살 때 커다란 위험이 있는 것은 아니지. 이에 b
반해, 배울 거리는 다른 그릇에 담아 올 수가 없고,[26] 값을 치르고 그 배울 거리를 영혼 자체 안에다 담아서 배운 채로 떠날 수밖에 없어. 피해를 입은 상태로든, 이득을 본 상태로든 말이지.

그러니까 이것을 우리보다 나이 드신 분들하고도 함께 살펴보도록 하자고. 그렇게 큰 문제를 결정하기에는 우리가 아직 어리니까 말이야.[27] 그래도 지금은, 하기로 한 대로, 가서 그분 말씀을 들어 보지. 그 다음에, 들어 본 상태에서 다른 사람들과도 상의해 보기로 하지. 프로타고라스님만 거기 계신 것이 아니라, 엘리스
c 사람 히피아스도 있고, 내 생각엔 케오스 사람 프로디코스도 있는 것 같고, 그 밖에도 많은 지혜로운 사람들이 있으니 말이야."

그렇게 하기로 하고, 우리는 떠났지. 문 앞에 도달해서는, 오는 길에 생긴 어떤 논의거리에 대해서 거기 서서 대화를 했어. 논의를 중도에서 끝내지 말고 다 마치고 나서 들어가려고, 우리는 문 앞에 서서 서로 합의를 볼 때까지 대화를 했지. 내 생각엔
d 그래서 고자인 문지기[28]가 우리 이야기를 들은 것 같아. 그는 소피스트들이 너무 많아서 집에 들락거리는 사람들에 대해 짜증이 난 듯싶네. 어쨌거나 우리가 문을 두드렸을 때, 문을 열어 우리를 보고는, "흠, 소피스트들이로군요. 주인님은 바쁘세요."라고 하고서는, 그와 동시에 양손으로 문을 있는 힘껏 세게 닫아 버렸지. 우리가 다시 문을 두드리자, 그는 문이 잠긴 상태에서 대답해서 말하기를, "이 양반들, 주인님이 바쁘시다는 소리를 못 들었나요?"라고 하더군. 내가 말했지. "여보게, 우리는 칼리아스한
e 테 온 것도 아니고, 소피스트도 아니네. 그러니 걱정 말게나. 우리는 프로타고라스님을 뵐 일이 있어서 왔네. 안에 그렇게 전하

게." 그렇게 해서 겨우 그 사람은 우리에게 문을 열어 주었지.

들어갔을 때, 우리는 프로타고라스님이 주랑[29]에서 거닐고 있는 것을 발견했어. 그분 곁에 한쪽 편으로는 히포니코스의 아들 칼리아스와 그와 어머니가 같은 형제인 페리클레스의 아들 파랄로스,[30] 그리고 글라우콘의 아들 카르미데스[31]가 따라 거닐고 있 315a 었고, 다른 편으로는 페리클레스의 다른 아들 크산티포스, 필로멜로스의 아들 필리피데스,[32] 그리고 프로타고라스님의 제자들 중 가장 명망을 떨치고 있으며 소피스트가 되려고 기술을 얻을 목적으로 배우고 있는 멘데 사람 안티모이로스[33]가 따라 거닐고 있었지. 이들이 하는 이야기에 귀를 기울이며 뒤에서 따라오는 사람들 대부분은 외지 사람들로 보였어. 프로타고라스님은 그분이 거쳐 오신 각 나라들로부터 마치 오르페우스처럼 이들을 목소리로 홀려서 데리고 다니시는 거지. 이들은 홀린 채로 그 목소 b 리를 따라 쫓아다니는 거고. 하지만 그 가무단[34]에는 이곳 토박이들도 좀 있었지. 나는 이 가무단을 보는 게 대단히 즐거웠어. 절대로 프로타고라스님 앞에서 거치적거리지 않으려고 조심들을 하는 것이 얼마나 아름다웠던지 말이야. 그분 자신과 그분과 함께 있는 사람들이 돌아서면 이 청중들은 뭔가 질서정연하게 양편으로 잘 갈라져서, 정말 아름답게 매번 빙 돌아서 그분 뒤쪽에 서게 되더라고.

호메로스를 인용하자면, "그자 다음에 알아보았네,"[35] 엘리스

사람 히피아스가 맞은 편 주랑의 상석[36]에 앉아 있는 것을 말이
c 야. 그의 주위에는 아쿠메노스의 아들 에뤽시마코스[37]와 뮈리누
스 사람 파이드로스,[38] 안드로티온의 아들 안드론,[39] 그리고 외지
사람들 중에서 히피아스의 동료 시민인 사람들과 다른 몇몇 사
람들이 걸상에 앉아 있었지. 그들은 히피아스에게 자연과 하늘
에 있는 것들에 관한 천문학적인 문제들을 묻고 있는 것으로 보
였고, 그는 상석에 앉아서 질문된 것들을 구별해서 그들 각자에
게 상세히 설명하고 있었지.

또한 나는 "탄탈로스를 보았네"[40] – 케오스 사람 프로디코스
d 도 여기 머무르고 있었으니까. – 그는 히포니코스님이 전에 창
고로 사용했던 어떤 방에 있었어.[41] 지금은 자고 가는 손님이 많
아서 칼리아스는 이 방도 비워서 외지 사람들을 위한 손님방으
로 만들었지. 프로디코스는 아직 누워 있었는데, 보기에는 양털
이불과 담요를 아주 많이 감싸고 있는 것 같았어. 그의 옆 침상
에 케라메이스 출신 파우사니아스가 앉아 있었고, 파우사니아스
와 함께 아직 좀 어린 젊은이[42]도 앉아 있었지. 내 생각에 그는
천성도 훌륭하고 좋았지만, 어쨌든 생김새는 대단히 잘생겼어.
e 그의 이름은 아가톤[43]이라고 들은 것 같은데, 그가 파우사니아스
의 애인[44]이라고 해도 나는 놀라지 않을 거야. 그 젊은이도 있었
고, 또 각각 케피스의 아들과 레우콜로피데스의 아들인 두 명의
아데이만토스,[45] 그리고 다른 이들도 몇 명 있었던 것 같아. 근데

그들이 무엇에 관해 대화하고 있었는지는 밖에 있는 나는 알 수가 없었어. 프로디코스의 이야기를 듣고 싶은 마음은 컸지만, – 내가 보기에 그는 아주 지혜롭고 신적인 사람 같아서 말이야 – 목소리가 저음이라 방 안이 좀 웅웅거렸고, 그 웅웅거림 때문에 316a
무슨 말을 하는지가 불분명했지.

우리가 들어가고 금방, 자네가 그렇게 주장하고 나도 그렇게 생각하는, 아름다운 자 알키비아데스와 칼라이스크로스의 아들 크리티아스[46]가 우리 뒤에 따라 들어왔어.

들어가서 우리는 잠시 동안 시간을 좀 더 보내며 이런 것들을 구경하고 나서 프로타고라스님에게 다가가, 내가 말했지. "프로 b
타고라스님, 저와 여기 이 히포크라테스는 선생님을 보러 왔습니다."

그분이 말했지. "나하고만 대화하길 원하는 건가요, 아니면 다른 사람들과도 함께 하길 원하는 건가요?"

내가 말했어. "저희는 아무래도 상관없습니다. 저희가 무엇 때문에 왔는지 들어 보시고 선생님께서 생각해 보시죠."

그분이 말했지. "그래, 오신 이유가 뭐지요?"

"여기 이 히포크라테스는 이곳 출신이고 아폴로도로스의 아들입니다. 대단하고 유복한 집안 출신이고, 그 자신도 천성이 동년배 누구에게도 뒤지지 않아 보입니다. 그는 이 나라에서 명성을 c
날리게 되기를 열망하는 것으로 보이고, 선생님과 함께 지내면 그렇게 될 가능성이 가장 높다고 생각하고 있습니다. 그러니 이제 선생님께서 이 문제에 관해 혼자 저희들하고만 대화해야 할지 다른 이들과 함께 대화해야 할지 생각해 보세요.”

그분이 말했지. “날 위해서 그렇게 미리 생각해 주는[47] 것이 옳은 일입니다, 소크라테스. 외지 사람으로서 큰 나라들에 가서, 그 나라에서 가장 뛰어난 젊은이들에게 자기와 함께 지내면 더 뛰어난 사람이 될 것이라는 이유로, 가족이든 가족이 아니든, 노인이든 젊은 사람이든, 다른 사람들과 함께 지내던 것을 버려두
d 고 자기와 함께 지내도록 설득하는 경우, 그렇게 하는 사람은 조심할 필요가 있지요. 여기에 대해서 작지 않은 질투와 그 밖의 적대감이나 음모가 생기니 말이에요. 나는 소피스트 기술이 오래된 것이라고 주장합니다. 다만 여기에 종사한 옛사람들은 이게 반감을 일으킬까 두려워서 다른 구실을 내세워 위장을 한 겁니다. 일부는 호메로스나 헤시오도스, 시모니데스[48]처럼 시로 위장을 했고, 일부는 입교의식이나 예언으로 위장을 했지요. 오르페우스나 무사이오스 일파가 그랬습니다.[49] 나는 체육 기술로 위장하는 사람들도 봤어요. 예컨대 타라스 사람 이코스[50]가 그렇고, 원래 메가라 사람인 셀륌브리아 사람 헤로디코스[51]는 지금도
e 살아 있으면서 누구 못지않은 소피스트인데 그 사람도 그렇지요. 여러분 나라 사람인 아가토클레스[52]는 대단한 소피스트이면서 음악을 구실로 삼았습니다. 케오스 사람 퓌토클레이데스[53]와

다른 많은 사람들도 그랬고요. 내가 이야기하듯이, 이들 모두는 질투가 두려워서 이런 기술들을 가림막으로 이용했습니다. 하지만 이 점에 있어서 나는 이들 모두의 방침에 동조하지 않습니다. 이들은 원하는 바를 전혀 이루지 못했다고 생각하거든요. 나라 317a
들에서 실권이 있는 사람들이 그걸 몰라본 게 아니에요. 그런 구실을 댄 것이 바로 이 사람들 때문인데 말이에요. 대중들이야 실질적으로 아무것도 알아보지 못하고, 이들이 전해 주는 바를 그대로 읊을 따름이고요. 달아나려다 달아나지 못하고 발각되는 건, 그런 시도조차 대단히 멍청한 짓이고 사람들에게 훨씬 더 적 b
대감을 불러일으킬 수밖에 없습니다. 사람들은 그러한 사람이, 다른 문제도 있지만, 무슨 짓이라도 할 사람이라고도 생각하게 되니까요. 그래서 나는 이들과 완전히 반대되는 길을 갔습니다. 나는 내가 소피스트이며 사람들을 교육한다는 것을 인정합니다. 그리고 내 생각에는 이런 식으로 조심하는 것이 더 나아요. 부정하는 것보다 인정하는 것이 말이죠. 이거 말고도 나는 다른 조심할 것들도 살펴 왔답니다. 소피스트임을 인정함으로 해서, 신의 c
가호를 빌어 말하자면, 어떤 험악한 일도 겪지 않도록 말이죠. 그래도 나는 이미 여러 해 동안 이 기술에 종사하고 있어요. 사실 내가 살아온 날도 많아서 여러분 누구와 비교해도 나이로는 내가 아버지뻘이 되지요. 그러니, 당신들이 그러길 조금이라도 원한다면, 이 안에 있는 사람들 모두 앞에서 그 문제에 관해 이야기하는 것이 내게는 가장 즐거운 일입니다."

그래서, 우리가 그분을 흠모해서 왔다는 것을 그분이 프로디코스와 히피아스에게 과시하고 얼굴을 세우고 싶어 하시는 것으
d 로 짐작하고, 나는 말했어. "그럼 우리 이야기를 들을 수 있도록 프로디코스와 히피아스, 그리고 그들과 함께 있는 사람들을 모두 다 부르도록 하지요?"

프로타고라스님이 말했지. "물론이에요."

칼리아스가 말했지. "그럼 여러분이 앉아서 대화를 하시도록 자리를 마련하기를 원하시나요?"

그렇게 하기로 결정하고, 우리 모두는 지혜로운 사람들의 말을 듣게 될 생각에 기뻐서 직접 걸상들과 침상들을 들어 히피아스 옆에다 자리를 마련했어. 걸상들이 거기 이미 있었거든. 그러는 사이에 칼리아스와 알키비아데스는 프로디코스를 침상에서
e 일으켜서 데리고 왔고, 프로디코스와 같이 있던 사람들도 데리고 왔지.

우리 모두가 자리에 앉았을 때, 프로타고라스님이 말했지. "자 이제 말해 보세요, 소크라테스. 이 사람들도 다 모였으니, 이 젊은이[54]를 위해서 좀 전에 나에게 무엇과 관련해서 이야기했었는지 말이에요."

318a 그래서 내가 말했지. "방금 전에 한 것과 똑같은 이야기로 시작해 보겠습니다. 제가 온 이유와 관련해서요. 여기 이 히포크라

테스는 선생님과 함께 지내기를 열망하고 있습니다. 그래서 그
는 선생님과 함께 지내면 자기에게 어떤 일이 생길지를 알고 싶
어 한다고 합니다. 이 정도가 우리가 한 이야기입니다."

그러자 프로타고라스님이 받아서 말했지. "젊은이, 자네가 나
와 지내게 된다면 다음과 같은 일이 자네에게 일어날 거네. 나와
함께 지내게 된 바로 그날 자네는 더 나은 사람이 되어서 집에
가게 될 거야. 그 다음 날도 마찬가지고. 그래서 나날이 항상 더
나은 쪽으로 진전을 보일 것이네."

내가 듣고서 이야기했지. "프로타고라스님, 선생님이 이야기 b
하시는 것은 전혀 놀라운 것이 아니라 당연한 것입니다. 선생님
은 연세도 있으시고 그토록 지혜로우시지만, 누군가가 선생님께
선생님이 모르는 것을 가르쳐 준다면 선생님도 더 나은 사람이
될 것입니다. 하지만 그런 식으로 하지 말고, 이렇게 해 주세요.
이를 테면, 여기 이 히포크라테스가 갑자기 자기가 열망하는 바
를 바꾸어서 최근에 아테네에 방문한 이 젊은이, 헤라클레아 사
람 제욱시포스[55]와 함께 지내기를 열망하고, 선생님께 지금 왔듯
이 그에게 가서 선생님께 들은 것과 똑같은 이야기를 그에게서 c
듣는다고 해 보세요. 그와 함께 지내면 나날이 더 나은 사람이
되고 진전을 보일 거라고요. 히포크라테스가 그에게 되묻는다
고 하죠. '무엇에 관해서 더 나은 사람이 되고 어느 쪽으로 진전
을 보일 거라고 당신은 주장하나요?'라고요. 제욱시포스는 그림

그리기 쪽으로라고 그에게 대답할 겁니다. 또 테베 사람 오르타
고라스[56]와 함께 지내고서 선생님께 들은 이야기와 똑같은 이야
기를 그에게서 듣고, 그와 함께 지내면 어느 쪽으로 하루하루 더
나은 사람이 될지를 그에게 되묻는다면, 아울로스[57] 연주 쪽으로
d 라고 대답할 겁니다. 그런 식으로 선생님도 이 젊은이에게, 그리
고 그를 위해서 묻는 제게 말씀해 주세요. 제 질문은 이런 겁니
다. '여기 이 히포크라테스가 프로타고라스님과 함께 지내면, 그
와 함께 지내게 된 바로 그날 더 나은 사람이 되어서 떠나고 다
른 날들도 매일 그렇게 진전을 보이는데, 그게 어느 쪽으로이고
무엇에 관해서입니까, 프로타고라스님?'"

프로타고라스님은 내가 이렇게 말하는 것을 듣고서 말했지.
"당신은 질문을 잘하는군요, 소크라테스. 나는 질문을 잘하는 사
람들에게 대답하는 것이 즐겁습니다. 히포크라테스가 내게 오
면, 다른 소피스트와 함께 지냈더라면 겪었을 그런 일은 겪지 않
e 을 겁니다. 다른 소피스트들은 젊은 사람들을 망쳐 놓습니다. 기
술들을 피해서 온 젊은 사람들을 그들의 의사에 반하게 이끌어
서 다시 기술들 쪽으로 던져 버리니까요. 계산법과 천문학, 기하
학, 음악을 가르치면서 말이에요." 이 말을 하면서 그분은 히피
아스 쪽을 봤어.[58] "내게 온 사람은 자기가 배우러 온 바로 그것
말고는 다른 어떤 것에 대해서도 배우지 않을 겁니다. 그 배울
거리란 잘 숙고하는 것이에요.[59] 집안일과 관련해서 어떻게 자기

집안을 가장 잘 경영할 것인지, 또 나랏일과 관련해서 어떻게 나랏일들을 가장 능력 있게 행하고 논할 것인지 말이죠." 319a

내가 말했지. "선생님 말씀을 제가 따라가고 있는 건가요? 선생님은 시민적 기술[60]을 이야기하시고, 사람들을 좋은 시민으로 만들 것을 약속하시는 것으로 보이는데요."

그분이 말했지. "그게 바로 내가 공언하는 바이지요, 소크라테스."

내가 말했지. "참 멋진 기술을 갖고 계시네요. 정말로 그런 기술을 갖고 계시다면 말이에요. 선생님께는 제가 생각하는 바를 그대로 말씀 드려야겠기에 하는 말입니다. 저는요, 프로타고라스님, 그건 가르쳐 줄 수 없는 거라고 생각했거든요. 그런데 선 b
생님께서 그렇게 말씀하시니 안 믿을 도리가 없네요. 하지만 어떤 이유로 제가 그것이 가르쳐 줄 수 없는 것이고, 사람들이 다른 사람들에게 만들어 줄 수도 없는 것이라고 생각하는지는 말씀 드리는 것이 마땅하겠습니다. 다른 그리스 사람들도 그러듯이 저는 아테네 사람들이 지혜롭다고 주장합니다. 제가 관찰한 바에 따르면, 우리가 민회에 모였을 때, 건축과 관련해서 나라가 무언가를 할 필요가 있으면 건축물들에 대한 조언자로 건축가들을 부르고, 배 만들기와 관련해서는 조선 기사들을 부르고, 배 c
울 수 있고 가르쳐 줄 수 있다고 생각하는 다른 모든 것들도 그렇게 합니다. 그런데 전문기술자라고 여겨지지 않는 다른 누군가가 그들에게 조언을 하려고 하면, 그가 아주 잘생기고 부유하고 좋은 집안 출신이라고 해도, 그렇다고 해서 그 사람을 특별히 더 받아 주는 것은 전혀 아닙니다. 오히려 비웃어 대고 야단법석을 벌여서, 말하려던 사람 자신이 야단법석 때문에 스스로 물러서거나, 의장단[61]의 명령에 따라 치안대[62]가 그를 끌어내리거나 몰아내도록 합니다. 기술에 달려 있는 문제라고 생각하는 것들에 관해서는 그들이 이렇게 행동하는 것이죠. 그런데 나라의 경
d 영과 관련된 문제들에 관해서 숙고할 필요가 있을 때는, 목수든 대장장이든 구두장이든, 무역상이든 배 주인[63]이든, 부유하든 가난하든, 집안이 좋든 좋지 않든 간에, 똑같이 일어나서 그들에게 이에 관해 조언합니다. 그리고 누구도 이들에게, 어디서도 배운 바가 없고 그를 가르친 선생도 없으면서 조언하려고 나선다고, 앞의 경우에서처럼 비난하지 않습니다. 분명히, 그들은 이것이 가르쳐 줄 수 있는 게 아니라고 생각하는 것이죠. 나라의 공적
e 인 일만 그런 것도 아닙니다. 사적으로는, 우리의 시민들 중 가장 지혜롭고 뛰어난 사람들이 자신이 가지고 있는 이 덕[64]을 다른 이들에게 전수해 줄 수가 없습니다. 예컨대 여기 이 젊은이들의 아버지 페리클레스는 교사가 가르쳐 줄 수 있는 분야는 이들에게 훌륭하게 잘 교육시켰는데요, 자신이 지혜로운 분야는 스
320a 스로 이들을 교육시키지도 않았고 다른 누군가에게 맡겨서 교육시키지도 않았습니다. 그래서 이들은 어딘선가 우연히 저절로

덕을 얻어 가질까 해서, 방임되어 있는 짐승들이 이리저리 돌아
다니며 풀을 뜯어 먹는 것처럼[65] 하고 다닙니다. 원하신다면 여
기 이 알키비아데스의 동생 클레이니아스[66]를 보세요. 방금 이야
기한 그 사람 페리클레스가 그의 후원자였는데요, 그는 클레이
니아스가 알키비아데스 때문에 타락할까 무서워 이 친구에게서
떼어 놓고서는, 아리프론[67]의 집에 데려다 놓고 그를 교육시키려
했죠. 그런데 6개월이 지나지 않아 그를 데리고 어떻게 할 줄 몰
라서 다시 이 친구한테[68] 돌려보냈어요. 이 밖에도 그 자신은 뛰 b
어나지만 자기 가족이든 다른 사람이든 어느 누구도 더 나은 사
람으로 만들지 못한 사람들을 선생님께 얼마든지 많이 말씀 드
릴 수 있습니다. 저는 말이죠, 프로타고라스님, 이런 것들을 보
고서 덕은 가르쳐 줄 수 있는 게 아니라고 생각합니다. 그런데
선생님이 그런 말씀을 하시는 것을 듣고 보니, 마음이 흔들리고
선생님 말씀에 뭔가 있다는 생각이 듭니다. 선생님은 경험도 많
으시고 많은 것을 배우시기도 했고, 또 많은 것을 스스로 깨치시
기도 했다고 생각하니까요. 그러니 덕이 가르쳐 줄 수 있는 것이
라는 것을 우리에게 보다 분명하게 밝혀 보여 주실[69] 수 있다면,
우리에게 인색하게 대하지 마시고 밝혀 보여 주세요." c

그분이 말했지. "인색하게 굴지 않겠습니다, 소크라테스. 그
런데 나이 많은 사람이 어린 사람들에게 하듯이 여러분께 옛날
이야기[70]를 들려줘서 밝혀 보여 줄까요, 아니면 논변으로 자세히

설명해서 할까요?"

곁에 앉아 있는 많은 사람들이 어느 쪽이든 원하는 방식으로 설명해 주시라고 대답했어. 그분은 말했지. "그렇다면 내 생각엔 여러분께 옛날이야기를 해 주는 것이 더 운치가 있을 것 같습니다.

옛날 옛적에 신들은 있고, 죽기 마련인 종족들은 없던 때가 있
d 었답니다. 이들 또한 태어나도록 운명 지어진 시간이 왔을 때,
신들은 땅속에서 흙과 불, 그리고 흙과 불이 혼합된 것들[71]을 섞
어서 그들을 주조해 냈지요. 그들이 빛을 보도록 만들 참에 신
들은 프로메테우스와 에피메테우스[72]에게 그들 각자에게 적합
한 능력을 분배해서 갖추도록 시켰답니다. 그런데 에피메테우스
는 프로메테우스에게 자기가 분배하는 일을 하겠노라고 요청했
지요. 그가 말했지요. '내가 분배하고 나면, 형이 검사해.'[73] 그렇
게 하도록 설득하고 나서 그가 분배하게 되지요. 분배하면서 그
는 어떤 것들에게는 민첩함은 주지 않고 완력을 붙여 주었고, 보
다 약한 것들에게는 민첩함을 갖추어 주었답니다. 어떤 것들은
e 무장을 시켰고, 어떤 것들은 무장되지 않은 본성을 주고선 구원
수단으로 다른 어떤 능력을 고안해 주었지요. 이들 중 작음으로
에워싼 것들은 날개 달린 피신책이나 땅속의 거처를 분배해 주
었고,[74] 크기를 키운 것들은 크기 자체가 그들을 구원하도록 했
321a 지요. 그리고 다른 것들도 이런 식으로 균형을 맞추어 분배했지
요. 그는 어떤 종이 멸종되지나 않을까 조심하면서 이런 것들을

고안해 주었답니다. 이들에게 공멸하는 것을 피할 방도를 충분히 마련해 주고 나서, 그는 제우스로부터 오는 사계절[75]에 대비한 보호 수단을 고안해 주었지요. 빽빽한 털과 두꺼운 가죽으로 이들을 둘러싸서 매서운 추위를 막기에 충분하고 불볕더위에도 강하도록 했고, 잠잘 때는 바로 이것이 각자에게 적절하고 자연적인 침구 역할을 할 수 있게 했지요. 그리고 어떤 것들은 발굽 b
으로, 어떤 것들은 두껍고 피가 나지 않는 가죽으로 신발 역할을 하게 했답니다. 그 다음에 각 종마다 다른 양식을 제공해 주었지요. 어떤 것들에게는 땅에서 나는 식물을, 다른 것들에게는 나무의 열매를, 어떤 것들에게는 뿌리를 주었지요. 또, 다른 동물의 살을 양식으로 부여받은 것도 있지요. 그리고 어떤 것들은 새끼를 적게 낳도록 했고, 이들에게 잡아먹히는 것들은 새끼를 많이 낳게 해서 그 종에 구원 수단을 제공했지요. 그런데 에피메테우스는, 그다지 지혜롭지 못해서, 자기도 모르게 능력들을 남김 c
없이 다 써 버렸답니다.[76] 그래서 인간 종족은 아직 아무것도 갖추지 못한 채로 그에게 남아 있었고, 그는 어떻게 해야 할지 난처해했지요. 난처해하고 있는 그에게 프로메테우스가 분배된 것을 검사하러 와서, 다른 동물들은 모든 것을 적절히 가지고 있는데, 인간은 헐벗고 신발 역할 할 것도 침구 역할을 할 것도 없고 무장되지도 않은 것을 보게 되지요. 그런데 인간 또한 땅속에서 나와 빛을 보게 되어 있는 운명의 날도 이미 다가왔답니다. 인간

에게 어떤 구원 수단을 찾아 줄지 난처함에 빠져서 프로메테우
스는 헤파이스토스와 아테나에게서 기술적 지혜를 불과 함께 훔
d 쳐서, – 불이 없이는 누군가가 기술적 지혜를 얻어 가지거나 누
군가에게 그것이 유용하게 될 방도가 없으니까요 – 그렇게 해
서 인간에게 선물로 주지요. 그래서 생존을 위한 지혜는 인간이
이런 방식으로 얻게 됐지만, 시민적 지혜는 아직 갖지 못했지요.
그것은 제우스에게 있었는데, 프로메테우스한테는 제우스가 사
는 성채까지 더 들어갈 여유는 없었거든요. 게다가 제우스의 경
비들[77]은 무섭기도 했고요. 하지만 아테나와 헤파이스토스가 공
e 동으로 기술을 연마하는 집까지는 몰래 들어가서, 헤파이스토스
의 불 사용 기술과 아테나의 다른 기술들을 훔쳐 인간에게 주지
322a 요. 이로 인해 인간에게는 생존 수단이 풍부하게 생기고, 프로메
테우스는 나중에 에피메테우스 때문에, 사람들이 그렇게 이야기
하듯이, 절도죄로 기소됐지요.

인간은 신의 몫[78]을 나누어 가짐으로 해서, 우선은 신과의 근
친성 때문에 동물 중에서 유일하게 신을 믿게 되었고 제단과 신
들의 조각상을 세우기 시작했답니다. 그리고 또한 이 기술로 곧
분절된 소리와 이름들을 만들었고, 집과 의복과 신발과 침구와
b 땅에서 나는 양식을 발명했지요. 그렇게 갖추어진 상태로, 인간
은 처음에는 이리저리 흩어져 살았고, 나라들은 없었답니다. 그
래서 인간은 모든 면에서 짐승들보다 약해서 그들에게 죽임을

당했고, 전문기술적인 기술은 그들에게 양식을 위해서는 충분한 도움이 되었지만 짐승들과의 전쟁을 위해서는 부족했지요. 시민적 기술은 아직 갖고 있지 못했는데,[79] 전쟁술은 이것의 부분이니까요. 그리하여 그들은 함께 모여 나라를 세워서 구원을 도모했답니다. 그렇게 해서 함께 모였을 때, 인간은 시민적 기술을 가지고 있지 못해서 서로에게 부정의하게 처신했고, 결국 다시 흩어져서는 죽임을 당했지요. 그래서 제우스는, 우리 종족 전체 c
가 멸종하지나 않을까 두려워, 헤르메스를 보내서 인간에게 염치와 정의[80]를 가져다주게 하지요. 나라의 질서와 우정의 결속이 그들을 함께 모을 수 있도록 말이지요. 헤르메스는 제우스에게 어떤 방식으로 인간에게 정의와 염치를 줄지를 묻지요. '기술들이 분배된 방식대로 이들도 분배할까요? 기술들은 이런 방식으로 분배되었습니다. 의술을 가진 한 사람이 많은 일반인을 위해 충분하고, 다른 전문기술자들도 그렇습니다. 정의와 염치도 그런 식으로 인간에게 줄까요, 아니면 모두에게 분배할까요?' 제우 d
스는 말했지요. '모두에게 분배해서 모두가 나누어 갖게 하시오. 다른 기술들처럼 소수만이 이들을 나누어 가지면, 나라들이 생길 수 없을 테니 말이오. 그리고 염치와 정의를 나누어 가질 수 없는 자들은 나라의 질병으로 간주하여 사형에 처하는 것을 내 이름으로 법으로 세우시오.' 소크라테스, 이런 식으로 그리고 이 때문에, 특히나 아테네 사람들은 논의가 목공술이나 다른 어떤

전문기술에서의 탁월함[81]에 관한 것일 때는 소수만이 조언에 참
e 여할 수 있다고 생각하고, 그 소수에 속하지 않는 사람이 조언을
하려고 할 때는, 당신이 주장하듯이, 이를 용인하지 않습니다.
그리고 나는 그것이 합당하다고 주장합니다. 하지만 시민적 덕
323a 에 대한 조언을 하는 경우, 이 시민적 덕은 전부 정의와 분별[82]을
거쳐서 나와야 하는 것인데요, 이 경우에는 모든 사람을 다 용인
해 줍니다. 그렇게 하는 것이 합당하고요. 이 덕에는 모두가 참
여해야 하며, 안 그러면 나라가 있을 수 없다고 생각해서 그러는
겁니다. 이게 바로 그 이유랍니다, 소크라테스.

어떤 사람이라도 정의와 그 밖의 시민적 덕에 참여하고 있다
고, 정말로 모든 사람이 생각한다는 데 대해서 혹 당신이 속았다
고 생각하지 않도록, 다음과 같은 것을 또 증거로 취해 보세요.
다른 종류의 탁월함의 경우에는, 당신이 이야기하듯이, 누군가
가 자신이 뛰어난 아울로스 연주자라고 혹은 다른 어떤 기술과
관련해서 뛰어나다고 주장하는데 실제로 그렇지 않다면, 사람들
b 은 비웃거나 화를 내고, 친척들도 와서 정신 나갔냐고 야단을 치
지요. 그런데 정의나 그 밖의 시민적 덕의 경우에는 사람들이 누
군가가 부정의하다는 것을 알아도, 이 사람이 많은 사람들 앞에
서 스스로 그 사실을 이야기하면, 앞의 경우에서 분별이라고 생
각했던, 진실을 말하는 것을 이 경우에는 정신 나간 것으로 생각
하지요. 그리고 정의롭든 그렇지 않든 누구나 자신이 정의롭다

고 주장해야 하며, 정의로운 체라도 하지 않는 사람은 정신 나간 거라고들 이야기하지요. 누구라도 거기에 어떤 방식으로든 참여할 수밖에 없으며, 그렇지 않으면 인간 무리에 속하지 않을 수밖에 없다는 이유로 말이죠. c

누구나 이 덕에 참여하고 있다고 사람들이 생각하기 때문에 이에 관한 조언자로 어떤 사람이라도 받아들이며, 그들이 그렇게 하는 것이 합당하다는 것과 관련해서는, 지금까지가 내가 하는 이야기입니다. 덕이 천성적인 것도 아니며 저절로 생기는 것도 아니고, 가르쳐 줄 수 있는 것이며 그것을 갖게 되는 사람은 적절한 돌봄을 통해서 갖게 된다고 사람들이 생각한다는 것은 그 다음으로 당신에게 보여 주도록 해 보지요. 상대방이 천성적 d
으로나 운으로 가지고 있다고 사람들이 생각하는 나쁜 것들과 관련해서는, 누구도 그것을 가지고 있는 사람보고 그런 사람이 되지 말라고 화를 내거나 훈계하거나 가르치거나 징계하는 것이 아니라, 측은하게 여기죠. 예컨대, 못생겼거나 키가 작거나 힘이 약한 사람들한테 그런 행동들을 하려고 할 만큼 몰지각한 사람이 누가 있겠습니까? 아름다운 것들이나 그에 반대되는 것들, 이런 것들은 천성적으로나 운으로 사람들에게 생겨난다는 것을, 내 생각엔, 사람들이 알거든요. 하지만 돌봄과 훈련과 가르침에 의해서 사람들에게 생겨난다고 생각되는 좋은 것들과 관련해서는, 누군가가 이것들을 가지고 있지 않고 오히려 이들과 반대되 e

는 나쁜 것들을 가지고 있으면, 이런 것들에 대해서 분노와 징계와 훈계가 생기게 되는 거죠. 이런 것들 중 하나가 부정의와 불
324a 경, 한마디로 시민적 덕에 반대되는 모든 것이지요. 여기에서는 실로 모두가 모두에게 화를 내고 훈계를 하는데, 이것이 돌봄과 배움으로부터 얻게 되는 것이라는 생각에서 그러는 것이 분명하지요. 부정의한 행동을 하는 사람들을 징계하는 것이 도대체 어떤 효과를 낳는지를 당신이 생각해 본다면, 소크라테스, 그것이 사람들은 덕을 만들어 주는 것이 가능하다고 생각한다는 사실을 당신에게 가르쳐 줄 겁니다. 부정의한 행동을 한 사람을 징계할 때 누구도 그가 부정의한 행동을 했다는 사실에 주목하고서
b 그것 때문에 징계하지는 않지요. 짐승처럼 비이성적으로 징벌을 하려는 자가 아니라면 말이죠. 이성적으로 징계하려는 자는 과거의 부정의한 행동 때문에 징벌을 하는 것이 아니라[83] – 행해진 것을 일어나지 않은 일로 만들 수는 없으니까요 – 미래를 위해서, 부정의한 행동을 한 사람 자신도 다시 부정의한 행동을 하지 않고 그가 징계 받는 것을 본 다른 사람도 그러지 않도록 징계를 하는 거지요. 그리고 그런 생각을 가지고 있으면 덕이 교육될 수 있다고 생각하는 겁니다. 어쨌든 예방을 위해서 징계를 하는
c 거니까요. 그러므로 사적으로나 공적으로나 징벌을 하는 사람은 모두 이런 믿음을 가지고 있는 거예요. 다른 나라 사람들도 그렇지만 특히나 당신 나라 사람들인 아테네인들은 부정의한 행동

을 했다고 여기는 사람들을 징벌하고 징계하지요. 따라서 이 논의에 따르면 아테네인들도 덕이 만들어 줄 수 있고 가르쳐 줄 수 있는 거라고 생각하는 사람들에 속하지요. 이렇게 해서 당신 나라 사람들이 대장장이가 나랏일에 관해 조언하는 것도 구두장이가 그러는 것도 용인하고 있고 그것이 합당하며, 또 그들이 덕이 가르쳐 줄 수 있고 만들어 줄 수 있는 것이라고 생각하고 있다는 것이 당신에게 충분히 밝혀졌습니다, 소크라테스. 적어도 내가 d
보기에는 말이죠.

이제 뛰어난 사람들과 관련해서 당신이 당혹스러워하고 있는 문제가 남아 있군요. 도대체 왜 뛰어난 사람들이 교사한테 달려 있는 다른 분야는 자기 아들들에게 가르쳐서 지혜롭게 만들면서 그 자신이 뛰어난 분야인 덕은 자식들을 어떤 사람보다도 낫게 만들지 않는가 하는 문제 말이에요. 소크라테스, 이 문제에 관해서는 당신에게 더 이상 옛날이야기를 하지 않고 논변을 펼치겠습니다. 이걸 생각해 봐요. 나라가 있으려면 모든 시민이 거기에 참여해야 하는 하나의 어떤 것이 있나요, 없나요? 사실 당신이 e
당혹스러워하고 있는 문제는 다른 어디서가 아니라 바로 여기에서 해결됩니다. 그런 하나의 것이 있다면, 그리고 이 하나의 것이 목공 기술이나 대장장이 기술이나 도공 기술이 아니라, 정의 325a
와 분별과 경건함, 한마디로 내가 '인간으로서의 덕'이라고 부르는 하나의 것이라면, - 모든 사람이 이것에 참여해야 하고, 누구

든 다른 어떤 것을 배우거나 행하기를 원하면 이것을 가지고 해
야 하고, 이게 없으면 하지 말아야 하며, 여기에 참여하고 있지
않은 사람은 어린아이든, 남자든, 여자든, 징계를 통해서 더 나
은 사람이 될 때까지 가르치고 징계해야 하며, 징계를 받고 가르
침을 받아도 듣지 않는 사람은 고칠 수 없는 자라는 이유로 나라
b 에서 추방하거나 사형시켜야 한다면, – 사정이 그러하다면, 그
리고 이것이 원래 그런 것인데도 뛰어난 사람들이 아들들에게
다른 것들은 가르치면서 이것은 가르치지 않는다면, 그 뛰어난
사람들이 얼마나 어처구니없게 되는지 살펴보세요. 그들이 이것
을 사적으로나 공적으로나 가르쳐 줄 수 있는 것이라고 생각한
다는 건 우리가 밝혔지요. 이것이 가르쳐 줄 수 있는 것이고 보
살펴 줄 수 있는 것인데도, 몰라도 사형을 벌로 받지 않는 다른
것들은 자식들에게 가르치면서, 배워서 덕을 가지도록 보살펴지
c 지 않았을 때의 벌이 자식들에 대한 사형과 추방, 그리고 사형에
더해서 재산 몰수, 말하자면 한마디로 집안이 풍비박산이 나는
것인데도, 그걸 가르치지도 않고 전력을 다해 돌보지도 않는다
는 말인가요? 그들이 그걸 가르치고 돌본다고 생각해야 됩니다,
소크라테스. 아들들이 작은 아이였을 때부터 시작해서 살아 있
는 동안 내내 가르치고 훈계합니다. 아이가 말을 알아듣게 되자
마자, 보모도 어머니도 보육 교사[84]도 아버지 자신도 그 아이가
d 가장 뛰어나게 되도록[85] 정성을 다하지요. 행동과 말 하나하나에

대해서, 이건 정의로운 것이고 저건 부정의한 것이라고, 이건 아름다운 것이고 저건 추한 것이라고, 이건 경건한 것이고 저건 불경한 것이라고, 이건 하고 저건 하지 말라고, 가르치고 보여 주어서 말이죠. 그가 기꺼이 따르면 몰라도, 그러지 않으면, 뒤틀리고 구부러진 나무토막을 다루듯이, 을러대고 매를 들어서 바로잡지요. 그러고 나서 학교로 보내서, 선생들에게 글이나 키타 e
라 연주를 하는 것보다 훨씬 더 아이들이 행실을 제대로 하는 것을 돌봐 달라고 부탁하지요. 선생들은 이것을 돌보고, 전에 말의 경우에 그랬던 것처럼, 아이들이 또 글을 배워서 글로 쓰인 것을 이제 막 이해할 수 있게 되면, 뛰어난 시인들의 시를 걸상에 앉아서 읽으라고 그들에게 건네주고 암송하도록 강제하지요. 여기 326a
에는 많은 훈계의 이야기와, 뛰어난 옛사람들에 대한 상세한 묘사와 찬미와 칭송이 많이 담겨 있어서, 아이들이 그들을 선망해서 흉내 내고 그러한 사람이 되기를 갈구하도록 하는 거지요. 키타라 연주 교사들도 또 그들 나름대로, 젊은이들이 분별이 생기도록 돌봐서 그들이 어떤 나쁜 짓도 하지 않도록 합니다. 이에 더해, 아이들이 키타라 연주를 배울 때면, 다른 뛰어난 시인들인 b
서정 시인들의 시를 또 키타라 음악에 맞추어서 그들에게 가르쳐, 박자와 화음이 그들의 영혼에 익숙하게 되도록 강제하지요. 그래서 그들이 더 유순해지고, 박자와 화음에 더 잘 맞게 되어서 말하고 행동하는 데 쓸모 있게 되도록 하는 거죠. 인간의 삶 전체가 좋은 박자와 화음을 필요로 하니까요. 이것들에 또 더해서, 체육 교사에게 그들을 보냅니다. 더 나은 몸을 가져서, 쓸모 있
c 어진 그들의 생각에 봉사하게 하고, 몸이 형편없음으로 인해 전쟁이나 그 밖의 다른 행위에서 겁쟁이 짓을 하도록 강제되지 않게 하는 거지요. 특히 능력 있는 사람들이 무엇보다도 이렇게 하는데요 – 가장 부유한 사람들이 특히 능력 있는 사람들이지요 – 그들의 아들들은 가장 어릴 때부터 학교에 다니기 시작하고 가장 늦게 학교를 떠나죠. 학교에서 떠나게 되면, 이들이 자기 멋대로 행동하지 않도록, 나라가 또 이들에게 법을 배워서 그것을
d 본 삼아 그에 따라 살도록 강제하지요. 마치 글자 가르치는 선생들이 펜으로 밑줄을 그어서,[86] 그렇게 된 글판을 아직 글자를 능숙하게 쓰지 못하는 아이들에게 주고 그 줄에 따라서 글자를 쓰도록 강제하듯이, 바로 그대로 나라도 뛰어난 옛날의 입법자들이 발견한 법을 지침으로 삼아서 그에 따라 다스리고 다스림을
e 받도록 강제하고, 그 바깥으로 나가는 자는 징계하는 겁니다. 그리고 이 징계의 이름을 여러분 나라에서나 다른 많은 곳에서 '교정하기'라고 합니다. 정의로운 처벌[87]이 교정한다는 생각에서 말이지요. 사적으로나 공적으로나 이렇게나 많이 덕을 돌보고들 있는데, 덕이 가르쳐 줄 수 있는 것인지에 대해서 당혹스러워하고 있고, 덕이 그런 것이라면 놀랄 것이라고요, 소크라테스? 그걸 놀라워할 것이 아니라, 덕이 가르쳐 줄 수 없는 것이라면 그

걸 훨씬 더 놀라워해야 할 겁니다.

그럼 무엇 때문에 뛰어난 아버지의 아들들이 못난 경우가 많을까요? 그것도 또 알려 드리지요. 나라가 있으려면 누구도 바 327a
로 이것, 즉 덕에 대해서 문외한이어서는 안 된다고 내가 앞에서 이야기한 것이 사실이라면, 그것은 전혀 놀라울 게 아닙니다. 정말로 내가 말하는 대로라면 – 그리고 정말로 그렇다는 것은 틀림없는데요 – 다른 배울 거리나 익힐 거리 중에서 아무거나 하나 골라서 생각해 보세요. 우리 모두가 각자 될 수 있는 만큼의 뛰어난 아울로스 연주자가 아니었더라면 나라가 있을 수 없었을 거라고 해 봅시다. 그래서 사적으로나 공적으로나 모두가 모두에게 아울로스 연주를 가르치기도 하고, 연주를 잘하지 못하는 사람은 혼내 주기도 하고, 이런 일에 인색하게 굴지도 않는다고 해 봅시다. 오늘날 누구도 정의로운 것과 합법적인 것에 대해서는, 다른 기술들에 대해서 그러는 것과는 달리, 인색하게 굴 b
지도 않고 숨기지도 않듯이 말이지요. – 내 생각에, 서로 정의와 덕을 가지는 것이 우리에게 이득이 되기 때문에 그러는 겁니다. 그렇기 때문에 모두가 모두에게 정의로운 것과 합법적인 것을 열심히 이야기도 하고 가르치기도 하는 거지요. – 만일 그런 식으로 우리가 아울로스 연주에서도 서로서로를 가르치기에 전적으로 열심이고 인색함이 없었더라면, 소크라테스," 그분이 말했지. "당신은 그런 경우 변변찮은 아울로스 연주자의 아들보다

뛰어난 아울로스 연주자의 아들이 특별히 더 뛰어난 아울로스
연주자가 됐을 거라고 생각합니까? 나는 그렇게 생각하지 않아
요. 누구 자식이든 그가 아울로스 연주에 아주 뛰어난 재능을 타
c 고 났으면 그는 커서 명성을 날렸을 테고, 누구 자식이든 재능이
없으면 이름을 날리지 못했을 테지요. 그래서 뛰어난 아울로스
연주자의 아들이 종종 변변찮은 것으로 드러나는 한편, 변변찮
은 아울로스 연주자의 아들이 종종 뛰어난 것으로 드러났을 테
지요. 하지만 어쨌든, 아울로스 연주에 전혀 전문지식이 없는 문
외한들과 비교하면, 모든 이가 충분히 괜찮은 아울로스 연주자
였을 겁니다. 그런 식으로 지금도, 법과 사람들 사이에서 양육된
사람 중 가장 부정의한 사람이 당신이 보기에 누구든, 당신은 그
가 정의로운 사람이며 이 일의 전문기술자라고 생각해야 돼요.
d 만약에 교육도 없고 법정도 없고 법도 없고 언제나 덕을 돌보라
고 강제하는 어떤 종류의 강제도 없는 사람들, 시인 페레크라테
스가 작년에 레나이아 축제에서 무대에 올렸던[88] 야만인들과 같
은 사람들과 그를 비교해서 판단해야 한다면 말이지요. 사실 그
작품에 등장하는 인간혐오자들처럼[89] 당신이 그런 사람들 사이
에 있게 된다면, 당신은 에우뤼바토스와 프뤼논다스[90]를 만나도
e 그걸 아주 반길 것이고, 여기 이곳 사람들의 악함을 그리워하며
울부짖게 될 겁니다. 소크라테스, 모든 사람이 각자 할 수 있는
만큼 덕의 선생이다 보니까, 당신은 지금 복에 겨워서 아무도 당

신에게 선생으로 안 보이는 겁니다. 이건 마치 그리스어 말하기 의 선생이 누구인지를 찾는다면 단 한 명도 보이지 않을 것과 마 328a 찬가지이지요. 또 내 생각에, 아버지에게 기술을 배운 수공기술 자들의 아들들이 있는데 그들에게 바로 그 기술을 가르칠 수 있 는 자가 누구인지를 찾는다면 그것도 마찬가지일 겁니다. 즉, 아 버지와 아버지의 친구인 동료 기술자들이 할 수 있는 한도까지 이들을 가르쳤는데도 더 가르칠 수 있는 자가 누구인지를 찾는 다면, 소크라테스, 이들의 선생이 쉽게 보이지 않을 거라고 생각 합니다. 경험이 없는 사람의 선생을 찾기란 아주 쉽지만 말이지 요. 덕과 다른 모든 것들도 그런 식이죠. 그래도 덕에 있어서 진 전을 보이도록 만드는 데 우리보다 조금이라도 더 나은 사람이 b 있다면, 그를 반겨야지요. 내 생각에는 내가 그런 사람들 중 하 나여서, 누군가를 훌륭하고 좋은 사람이 되게 도와주는 데 다른 사람들보다 월등히 낫고, 나한테 배우는 사람 자신에게도 그렇 게 보일 정도로 내가 청구하는 보수의 값어치 이상을 하지요. 이 런 이유로 나는 보수 청구의 방식도 이런 식으로 했습니다. 누군 가가 나에게 배우는 경우, 그가 원한다면 그는 내가 청구하는 만 큼의 돈을 지불했고, 안 그러면 신전에 가서 나의 가르침의 값어 치가 얼마라고 생각하는지 맹세하고 그만큼을 맡겼지요.[91]" c

그분이 말했지. "소크라테스, 이런 게 내가 당신에게 옛날이야 기와 논변으로 이야기하는 것입니다. 덕이 가르쳐 줄 수 있는 것이고, 아테네인들도 그렇게 생각한다는 것과, 뛰어난 아버지들에게서 변변찮은 아들들이 나오고 변변찮은 아버지들에게서 뛰어난 아들들이 나오는 것이 놀랄 일이 아니라는 것 말이에요. 여기 이 파랄로스와 크산티포스의 동년배인, 폴뤼클레이토스의 아들들[92]도 아버지와 비할 바가 못 되고 다른 전문기술자들의 자식들도 그렇습니다. 하지만 아직 여기 이 친구들에게 그걸 비난할
d 것은 아닙니다. 이들에게는 아직 희망이 있지요. 아직 젊으니까요.[93]”

프로타고라스님은 이런 것들을 이만큼이나 밝혀 보여 주고 말을 멈췄지. 나는 여전히 매혹된 상태로 그분이 뭔가 이야기할 줄 알고 그분을 한참 동안 바라보고 있었어. 그분 말씀을 듣고 싶어 하면서 말이지. 마침내 그분이 정말로 이야기를 마쳤다는 것을 깨닫고 나는 간신히 나 자신을 좀 추스르고, 히포크라테스를 보며 말했지. “아폴로도로스의 아들, 자네가 나를 여기에 오도록 부추긴 게 얼마나 감사한지 모르겠네. 프로타고라스님이 하신
e 이야기를 내가 들은 게 대단한 일이라고 생각하니 말이야. 나는 전에는 뛰어난 사람을 뛰어난 사람이 되게 해 주는 인간적 돌봄이란 없다고 생각했는데, 이제는 설득이 되었어. 작은 것 하나가 좀 걸리는 것만 빼면 말이지. 그런데 프로타고라스님이 이 많은 것들을 잘 가르쳐 주셨으니, 이것도 추가로 쉽게 가르쳐 주실 것이 분명하네. 사실 누군가가 바로 이런 문제들에 관해서 아무 대

중연설가하고 만남을 갖는다면, 어쩌면 페리클레스나 말 잘하는 329a
다른 누군가한테서 그러한 이야기를 들을 수도 있을 거야. 하지만 그들 중 누군가에게 추가 질문을 던진다면, 마치 책이 그렇듯이,[94] 그들은 대답할 줄도 모르고 스스로 질문을 던질 줄도 모르지. 이야기된 것 중 작은 것 하나라도 어떤 이가 그에 대한 질문을 던지면, 마치 청동 그릇을 두드리면 오랫동안 울리고 누군가가 붙잡을 때까지 소리가 계속되듯이, 그렇게 이 연설가들도 작은 것들을 질문 받고서는 일장 연설을 늘어놓는 거야. 그런데 여 b
기 이 프로타고라스님은, 지금 우리가 보았듯이,[95] 길고 아름다운 이야기도 잘하시지만, 질문을 받아서 짧게 대답하기도 잘하고, 질문을 하고 대답을 기다려 받는 것도 잘하시지. 이런 능력을 갖추고 있는 사람은 몇 안 되지. 이제 그럼, 프로타고라스님, 제가 전부를 가지려면 작은 것 하나가 필요합니다. 선생님께서 그걸 대답해 주시면 좋겠습니다. 선생님은 덕이 가르쳐 줄 수 있는 것이라고 주장하십니다. 그리고 누군가가 이 문제에 대해서 저를 설득할 수 있다면, 그것은 바로 선생님이 되겠습니다.[96] 그런데 선생님께서 말씀하신 것 중에서 제가 이상하다고 여긴 것 c
이 있었는데, 그것을 제 영혼에 채워 주십시오.[97] 선생님은 제우스가 인간에게 정의와 염치를 보냈다고 하셨고, 또 말씀하시는 중에 여러 번 정의, 분별, 경건, 그런 모든 것을 합쳐서 하나, 곧 덕이라고 하셨지요. 그런데 덕은 하나의 어떤 것이고 정의와

분별과 경건은 덕의 부분들인지, 아니면 제가 지금 이야기한 이
d 런 것들이 모두 동일한 하나의 것의 이름들인지, 그것을 논변으로 엄밀하게 설명해 주시죠. 이게 제가 여전히 부족해 하는 것입니다."

그분이 말했지. "그건 대답하기 쉽지요, 소크라테스. 덕은 하나이고, 당신이 묻는 것들은 덕의 부분들입니다." – 내가 말했지. "얼굴의 부분들, 즉 입과 코와 눈과 귀가 부분들인 것처럼요, 아니면 금의 부분들이 큼과 작음에 있어서가 아니라면 이 부분
e 과 저 부분이 서로서로나 전체와 차이가 없는 것처럼요?" – "앞의 경우처럼 보이는군요, 소크라테스. 얼굴의 부분들이 얼굴 전체와 가지는 관계와 같은 방식으로요." – 내가 말했지. "그럼, 사람들이 덕의 이 부분들을 나누어 가질 때, 어떤 사람들은 어떤 부분을 다른 사람들은 다른 부분을 갖는 경우도 있습니까, 아니면 누군가가 하나를 얻기만 하면 모든 것을 갖는 것이 필연적입니까?" – 그분이 말했지. "전혀 그렇지 않습니다. 용기는 있으면서 부정의하고, 또 정의롭기는 하면서 지혜롭지는 못한 사람들이 많이 있으니까요." – 내가 말했지. "그럼 이것들도 덕의 부
330a 분들인가요, 지혜와 용기 말이에요?[98]" – 그분이 말했지. "무엇보다도 분명히 그렇죠. 특히 지혜는 가장 큰 부분입니다." – 내가 말했지. "그것들 각각은 그럼 각기 다른 거군요?" – "그렇습니다." – "그것들 각각은 기능도 고유하게 가지고 있나요? 얼

굴의 부분들의 경우, 눈은 귀와 같은 종류의 것이 아니며 그것들의 기능도 동일하지 않고, 다른 부분들 중 어떤 것도 다른 것과, 그 기능에 있어서나 다른 점들에 있어서나, 같은 종류의 것이 아니듯이요. 그래서 덕의 부분들의 경우도 마찬가지로 한 부분이, 그 자체로서나 그것의 기능에서나, 다른 부분과 같은 종류 b
의 것이 아닌 건가요? 이것들이 우리가 든 예와 유사하다면, 분명히 그럴 텐데요?" - 그분이 말했지. "물론 그렇지요, 소크라테스." - 그리고 내가 말했어. "그러면 덕의 부분들 중 다른 어떤 것도 앎[99]과 같은 종류의 것이 아니고, 정의와도, 용기와도, 분별과도, 경건과도 같은 종류의 것이 아니군요." - 그분이 말했지. "그렇습니다." - 내가 말했지. "자 그럼, 그것들 각각이 어떤 종류의 것인지 함께 고찰해 보시죠. 먼저 이것부터 보시죠. 정의는 어떤 것입니까,[100] 아니면 아무런 것도 아닙니까? 제게는 어 c
떤 것이라고 생각됩니다만, 선생님께는 어떻습니까?" - 그분이 말했지. "내게도 그렇게 생각됩니다." - "그럼 어떤가요? 누군가가 저와 선생님께 이렇게 묻는다면 어떨까요? '프로타고라스와 소크라테스, 내게 말해 주세요. 당신들이 이제 막 "정의"라고 부른 그것 말이에요. 그것은 그 자체가 정의로운 것인가요, 부정의한 것인가요?'라고요. 저는 그에게 그것이 정의로운 것이라고 대답하겠습니다. 선생님은 어느 쪽에 표를 던지시겠습니까? 저와 같은 쪽입니까, 다른 쪽입니까?" - 그분이 말했지. "같은 쪽이지요." – "그러니까 저는 그런 질문을 하는 사람에게 대답해서, 정의는 정의로운 종류의 것이라고 주장하겠습니다. 선생님
d 도 그렇지 않습니까?" – 그분이 말했지. "그렇지요." – "그 다음으로 우리에게 '당신들은 경건이란 것이 있다고 주장하시지 않습니까?'라고 묻는다면, 제 생각엔 우리가 그렇다고 주장할 것입니다." – 그분이 말했지. "그렇지요." – "'당신들은 이것도 어떤 것이라고 주장하시지 않습니까?'라고 묻는다면, 그렇다고 주장할 것입니다. 그렇지 않습니까?" – 이것에도 동의하셨지. – "'당신들은 이것이, 그것 자체가 본래 불경한 종류의 것이라고 주장하시나요, 아니면 경건한 종류의 것이라고 주장하시나요?'라고 묻는다면, 저는 그 질문에 화를 내면서 이렇게 말하겠어요. '여보세요, 입조심하세요. 경건 자체가 경건한 것이 아니라면[101] 다른
e 어떤 것도 경건할 수 없을 겁니다.' 선생님은 어떠신가요? 그렇게 대답하시지 않겠어요?" – 그분이 말했지. "물론입니다."

"그 다음으로 그가 우리에게 질문으로 다음과 같은 이야기를 한다고 해 보죠. '조금 전에 뭐라고 이야기했죠? 내가 당신들 이야기를 잘못 들은 건가요? 당신들은 덕의 부분들이 서로 관계 맺는 방식이, 그중 하나가 다른 하나와 같은 종류의 것이 아닌 방식이라고 주장한 것 같았는데요.' 이 경우 저는 '다른 것들은 제대로 들으셨는데, 나도 그런 이야기를 했다는 것은 잘못 들으셨
331a 네요. 여기 이 프로타고라스님이 그런 이야기를 대답으로 하셨

고, 나는 질문을 한 것이니까요.'라고 대답하겠습니다. 그래서 그가 '이 사람 이야기가 맞습니까, 프로타고라스님? 덕의 부분 중 하나가 다른 하나와 같은 종류의 것이 아니라고 주장하신 것이 당신인가요? 이 주장이 당신의 것입니까?'라고 묻는다면, 그에게 뭐라고 대답하시겠습니까?" – 그분이 말했지. "동의해야만 하지요, 소크라테스."

"자 그럼, 프로타고라스님, 우리가 그렇게 동의했을 때, 그가 이렇게 되물으면 뭐라고 대답할까요. '그러면 경건은 정의로운 종류의 것이 아니고, 정의도 경건한 종류의 것이 아니라 경건하지 않은 종류의 것인가요? 그리고 경건은 정의롭지 않은 종류의 것이고, 따라서 부정의한 것이며,[102] 정의는 불경한 것이고요?'라고요. 그에게 뭐라고 대답할까요? 제가 제 입장에서 대답 b
한다면, 저는 정의가 경건한 것이기도 하고 경건이 정의로운 것이기도 하다고 하겠습니다. 선생님이 허락하신다면, 선생님 입장에서도 똑같은 대답을 하겠습니다. 정의와 경건은 동일한 것이거나 가능한 한 가장 비슷한 것이어서, 무엇보다도 정의가 경건과 같은 종류의 것이고 경건이 정의와 같은 종류의 것이라고요. 하지만 그렇게 대답하는 데 반대하시는지, 아니면 선생님도 그렇다고 동의하시는지 보세요." – 그분이 말했지. "정의가 경건한 것이고 경건이 정의로운 것이라고 동의할 만큼 그렇게 아주 단순해 보이지는 않는군요, 소크라테스. 내가 보기엔 거기에 뭔 c

가 좀 차이가 있는 것 같아요. 하지만 무슨 상관입니까?" 그분이 말했어. "당신이 원한다면, 정의가 경건한 것이기도 하고 경건이 정의로운 것이기도 하다고 합시다." – 내가 말했지. "아니, 그러지 마세요. 저는 '당신이 원한다면'이나 '당신이 보기에 그렇다면' 따위를 검토하기를 원하는 게 전혀 아니라, 저와 선생님을 검토
d 하기를 원하는 것이거든요. 제가 '저와 선생님을'이란 말을 하는 것은, 논변에서 '어떠어떠하다면' 따위를 빼면 논변이 가장 잘 검토될 수 있으리라고 생각해서입니다." – 그분이 말했지. "아, 물론 정의는 경건과 뭔가 좀 닮아 있지요. 무엇이든, 어떤 것과도 적어도 어떤 점에서는 닮아 있으니까요. 하양도 검정과 닮은 구석이 있고 딱딱함과 부드러움도 그렇고 서로 가장 반대되어 보이는 다른 것들도 그렇지요. 그리고 우리가 아까 서로 다른 기능을 가지고 있고 하나가 다른 하나와 같은 종류의 것이 아니라고 이야기한 얼굴의 부분들도, 적어도 어떤 점에서는 서로 닮아 있고 하나가 다른 하나와 같은 종류의 것이지요. 그래서 당신이 원
e 한다면 적어도 이런 방식으로는 이것들이 모두 서로 비슷하다고 증명할 수도 있을 겁니다. 하지만 비슷한 점이 좀 있다고 해서 '비슷한 것들'이라고 부르고, 비슷하지 않은 점이 좀 있다고 해서 '비슷하지 않은 것들'이라고 부르는 것은 온당하지 못합니다. 아주 작은 비슷한 점이 있다고 해도 그렇게 하는 것은 말이죠." – 나는 놀라서 그분에게 이야기했어. "아니, 선생님께는 정

의와 경건이 서로 그런 관계라는 건가요? 서로 간에 뭔가 작은 비슷한 점이 있는 것이라고요?" – 그분이 말했지. "꼭 그런 것은 332a
아닙니다만, 당신이 생각하고 있는 것으로 보이는 그런 식도 아닙니다." – 내가 말했지. "어찌 되었든, 선생님이 이와 관련해서 불편해 하시는 것 같으니, 그건 그냥 넘어가고요, 선생님이 말씀하신 것 중 다른 이것을 살펴보도록 하지요. '어리석음'이라고 부르는 뭔가가 있지요?[103]" – 그렇다고 그분이 말했지. – "지혜는 이것과 완전히 반대되는 것이 아닙니까?" – 그분이 말했지. "그렇게 보이는군요." – "사람들이 바르고 유익하게 행동할 때, 그들이 그렇게 행동하면서 분별 있게[104] 처신하는 것으로 보이시나요, 그 반대로 보이시나요?" – 그분이 말했지. "분별 있게 처신 b
하는 것으로 보입니다." – "그들은 분별로 인해서[105] 분별 있게 처신하는 것 아닌가요?" – "그럴 수밖에요." – "바르지 않게 행동하는 사람들은 어리석게 행동하는 것이고, 그렇게 행동하면서 분별 있게 처신하지 않는 것 아닌가요?" – 그분이 말했지. "동의합니다." – "그럼, 어리석게 행동하는 것은 분별 있게 행동하는 것과 반대이지요?" – 그렇다고 그분이 말했지. – "어리석게 행해진 것들은 어리석음으로 인해서 행해진 것이고, 분별 있게 행해진 것들은 분별로 인해서 행해진 것이 아닙니까?" – 그분이 동의하셨지. – "힘으로 인해서 어떤 것이 행해지면 그건 힘세게 행해진 것이고 약함으로 인해서 행해지면 그건 약하게 행해진 것이 아닌가요?" – 그분에게도 그렇게 생각되었네. – "그리고 어떤 것이 빠름을 가지고 행해지면 빠르게 행해진 것이고, 느림을 가
c 지고 행해지면 느리게 행해진 것이지요?" – 그렇다고 그분이 말했지. – "그리고 어떤 것이 동일하게 행해지면 동일한 것에 의해서 행해진 것이고, 반대되게 행해지면 반대되는 것에 의해서 행해진 것이죠?" – 그분이 동의했지. – 내가 말했어. "자 그럼 보세요. 아름다움이란 것이 있지요?" – 그분이 동의했지. – "추함 말고 그것에 반대되는 것이 있습니까?" – "없습니다." – "그럼 이건 어떤가요? 좋음이란 것이 있지요?" – "있습니다." – "나쁨 말고 그것에 반대되는 것이 있습니까?" – "없습니다." – "그럼 이건 어떤가요? 소리에서 높음이란 것이 있지요?" – 그렇다고 그분이 말했지. – "낮음 말고 그것에 반대되는 다른 어떤 것은 없지요?" – 없다고 그분이 말했지. – 내가 말했지. "그럼, 반대되는 것들 각각 하나에 반대가 하나만 있고 여럿이 있는 것은 아니지요?" – 그분이 동의했지.

d 내가 말했지. "자 그럼, 우리가 동의한 바를 정리해 보지요. 우리는 하나에 반대가 하나뿐이고 그 이상은 아니라는 데 동의했지요?" – "동의했지요." – "반대되게 행해진 것은 반대되는 것들에 의해서 행해진 것이라는 것도요?" – 그렇다고 그분이 말했지. – "우리는 어리석게 행해진 것이 분별 있게 행해진 것과 반대되게 행해진 것이라는 데 동의했지요?" – 그렇다고 그분이 말

했지. – "분별 있게 행해진 것은 분별로 인해서 행해진 것이고, 어리석게 행해진 것은 어리석음으로 인해서 행해진 것이라는 것도요?" – 그분이 동의했지. – "반대되게 행해지면 반대되는 것 e
에 의해서 행해진 게 아니겠어요?" – "그렇죠." – "하나는 분별에 의해서 행해지고 다른 하나는 어리석음에 의해서 행해진 것이죠?" – "그렇죠" – "반대되게요?" – "물론입니다." – "그러면, 반대되는 것들에 의해서 행해진 것이겠네요?" – "그렇죠." – "어리석음은, 그럼, 분별의 반대이군요?" – "그래 보이네요." – "앞에서 우리가 어리석음이 지혜에 반대되는 것이라는 데 동의했다는 것을 기억하시죠?" – 그분이 동의했지. – "하나에는 반대가 하나
뿐이라는 것도요?" – "그렇습니다." – "그러면, 프로타고라스님, 333a
우리의 이야기 중 어느 것을 포기할까요? 하나에는 반대가 하나뿐이라는 것을 포기할까요, 아니면 지혜와 분별이 각각 덕의 부분들이긴 하지만 서로 다른 것이며, 다른 것일 뿐만 아니라 얼굴의 부분들처럼 그것들 자체나 그것들의 기능이 비슷하지도 않다고 이야기했던 것을 포기할까요? 둘 중 어느 것을 포기할까요? 이 두 이야기는 전혀 조화롭지 못하게 이야기된 것이니까요. 이들은 같은 소리를 내지도 않고[106] 서로 어울리지도 않습니다. 이들이 어떻게 같은 소리를 낼 수 있겠어요? 하나에는 반대가 여
럿이 아니라 하나만 있는 게 필연적인 반면에,[107] 어리석음은 하 b
나인데 지혜와 분별이 차례대로 그것에 반대되는 것들로 드러난

다면 말이에요.” 내가 말했지. “프로타고라스님, 그렇습니까, 아니면 다른 어떤 식입니까?” – 그분은 아주 마지못해 그렇다고 동의했지. – “그러면, 분별과 지혜가 하나가 아니겠습니까? 그리고 앞에서는 또한 정의와 경건이 거의 동일한 것으로 드러났지요.”

내가 말했지. “자 그럼, 프로타고라스님, 여기서 멈추지 말고
c 나머지 것도 마저 살펴보지요. 부정의하게 처신하면서, 부정의하게 처신하는 바로 그 점에서, 분별 있게 처신하는 사람이 있는 것으로 보이시나요?” – 그분이 말했지. “내가 거기에 동의한다면 부끄러운 일일 겁니다, 소크라테스. 비록 많은 사람들은 그렇게 주장하지만 말이에요.” – 내가 말했지. “그럼 그들을 상대로 논의를 할까요, 아니면 선생님을 상대로 할까요?” – 그분이 말했지. “당신이 원한다면, 먼저 많은 사람들의 이 주장을 상대로 대화를 하시지요.” – “뭐, 선생님께서 대답을 해 주시기만 한다면, 그게 선생님 생각이든 아니든 제게는 아무 상관이 없습니다. 저는 무엇보다도 주장들을 검토하고 있는 것이니까요. 아마도 결과적으로 질문을 하는 저 자신과 대답을 하는 사람도 검토가 되겠지만요.”

d 프로타고라스님은 처음에는 좀 빼다가 – 그분은 그 주장이 거북살스럽다고 탓을 했어 – 나중에는 대답을 하기로 동의했지. – 내가 말했지. “자 그럼, 처음부터 제게 대답해 주세요. 부정의하게 처신하면서 분별 있게 처신하는 사람들이 있는 것으로

보이시나요?" – 그분이 말했지. "그렇다고 합시다." – "분별 있게 처신한다는 것은 생각을 잘하는 것을 말씀하시는 거죠?" – 그분이 그렇다고 말했지. – "생각을 잘한다는 것은, 부정의하게 처신하는 바로 그 점에서, 잘 숙고한다는 것이죠?" – 그분이 말했지. "그렇다고 합시다." – 내가 말했지. "부정의하게 처신하면서 잘 행동하는 경우에 그렇습니까, 잘못 행동하는 경우에 그렇습니까?" – "잘 행동하는 경우에요." – "그러면, 좋은 것들이 있다고 말씀하시는 거죠?" – "그렇게 이야기합니다." – 내가 말했지. "그런데 사람들에게 이득이 되는 것들이 좋은 것들이지요?" – 그분이 말했지. "단연코 그렇지요. 그리고 사람들에게 이득이 되 e
지 않아도 나는 좋은 것들이라고 부르는 게 있습니다." – 프로타고라스님은 이미 격앙되어 경쟁심이 가득해 보였으며, 대답함에 있어 전투태세가 되어 있어 보였어. 그분이 그러한 것을 보고서,
나는 조심하면서 부드럽게 물었지. 내가 말했어. "프로타고라스 334a
님, 어떤 사람에게도 이득이 되지 않는 것을 말씀하시는 건가요, 아니면 도대체 아무런 이득도 되지 않는 것을 말씀하시는 건가요? 그러한 것도 선생님은 좋은 것이라고 부르시나요?" – 그분이 말했지. "천만에요. 하지만 내가 알고 있는 바, 많은 것들, 먹을 것이나 마실 것, 약과 그 밖의 수많은 것들이 사람들에게 해가 되고, 어떤 것들은 이득이 되지요. 어떤 것들은 사람들에게는 어느 쪽도 아니지만 말들에게는 그렇고, 어떤 것들은 소들에

게만 그렇고, 어떤 것들은 개들에게만 그렇지요. 또 어떤 것들은 이들 중 어느 것에도 그렇지 않지만 나무들에는 그렇고, 어떤 것
b 들은 나무의 뿌리에는 좋지만 새싹에는 나쁘지요. 예를 들어, 퇴비도 모든 식물의 뿌리에 주면 좋은 것이지만 새순이나 어린 가지에 주려고 하면 모든 것을 망쳐 버리죠. 또 올리브기름도 모든 식물에 아주 나쁘고 사람을 제외한 다른 동물의 털에 매우 해롭지만, 사람의 머리털이나 몸의 다른 부분에는 유용하니까요. 그런데 좋음이란 그토록 다채롭고 온갖 종류로 다양한 것이어서,
c 이 경우도 그게 사람 몸 바깥 부분에는 좋지만, 그 동일한 것이 몸 안에 있는 것들에게는 매우 나쁜 것이죠. 이 때문에 의사들은 모두 병약한 사람들에게 먹을 것에 올리브기름을 사용하지 말라고 하지요. 단지 음식과 양념에서 후각에 생기는 불쾌감을 없앨 정도로만 가능한 한 조금 사용하는 것을 제외하면 말입니다."

그분이 이렇게 이야기하자 거기 있던 사람들이 이야기를 잘했다고 야단법석이었지. 내가 말했어. "프로타고라스님, 저는 사실 잊어버리기를 잘하는 사람입니다. 그래서 누군가가 제게 길게 이야기하면, 저는 그 이야기가 무엇에 관한 것이었는지를 잊어
d 버린답니다. 제가 만약 귀가 좋지 않았더라면, 선생님께서 저와 대화하시려면 다른 사람들에게보다 더 큰 소리를 내야만 되겠다고 생각하셨을 겁니다. 그런 것처럼 지금도 선생님께서 잊어버리기를 잘하는 사람을 만나셨으니, 제가 선생님을 따라가려면,

대답을 줄여서 짧게 해 주셔야 됩니다."

그분이 말했지. "짧게 대답해 달라니 어떻게 하라는 건가요? 필요한 만큼보다 더 짧게 당신에게 대답하라고요?"

내가 말했지. "전혀 그렇지 않습니다."

그분이 말했지. "그게 아니라 필요한 만큼이겠지요?"

내가 말했지. "네." e

"내가 보기에 대답할 필요가 있는 만큼, 그만큼을 대답할까요, 아니면 당신이 보기에 필요한 만큼을 대답할까요?"

내가 말했지. "적어도 제가 듣기로는, 선생님께서는 원하시면 동일한 주제에 대해서 이야기가 결코 마르지 않을 정도로 길게 이야기하실 수도 있고, 또한 짧게 말해서 누구도 선생님보다 더 335a
짧게 이야기할 수 없을 정도가 되게 하실 수도 있으며, 선생님 자신이 그러실 뿐만 아니라 다른 이가 그렇게 하도록 가르치실 수도 있습니다. 그러니 저와 대화하시려면 제게 다른 방법을 사용해 주세요. 짧게 말하기 방법 말이죠."

그분이 말했지. "소크라테스, 나는 이미 많은 사람들과 논의의 경쟁을 했지요. 그런데 내가 당신이 청하는 바대로 했더라면, 즉 논쟁 상대자가 내게 청하는 대화 방식대로 대화를 했더라면, 어느 누구와 비교해서 내가 더 나은 자로 보이지도 않았을 것이며, '프로타고라스'라는 이름이 그리스에 드날리지도 않았을 겁니다."

그래서 나는, 그분이 이전의 대답들에 대해 스스로 만족스러
b 워하지 않으신다는 것과 대답하면서 대화 나누기를 기꺼이 원하
지는 않으실 것을 알아차리고서는, 그 모임에 더 이상 머물러 있
는 것은 내가 할 일이 아니라고 생각하고 말했지. "프로타고라스
님, 사실 저도 우리 모임이 선생님 생각과 어긋나게 진행되는 것
이 편치가 않습니다. 선생님께서 제가 따라갈 수 있는 방식으로
대화하기를 원하실 때, 그때 선생님과 대화하도록 하겠습니다.
선생님께서는, 사람들이 그렇게 이야기하고 선생님 자신도 그렇
게 주장하시듯이, 길게 말하기 방식으로나 짧게 말하기 방식으
c 로나 모임을 진행하실 수 있습니다만, – 선생님은 지혜로우시니
까요 – 저는 길게 하는 것은 할 수가 없습니다. 할 수만 있다면
야 좋겠습니다만 말이죠. 그래서 이 모임이 이루어지려면, 둘 다
하실 수 있는 선생님께서 우리에게 양보를 하셨어야 합니다. 하
지만 지금은 선생님께서 그러길 원하지 않으시고, 저는 볼일이
좀 있어서[108] 선생님께서 긴 이야기를 늘어놓으시는 동안 같이
머무를 수가 없을 것 같으니 – 어디 좀 가야 하거든요 – 이제 가
겠습니다. 그런 긴 이야기를 선생님께 듣는 것도 아마 즐겁지 않
은 것은 아니었겠지만요."

그렇게 이야기를 하면서 나는 떠나려고 일어서기 시작했어.
내가 일어서고 있는데 칼리아스가 오른손으로는 내 손을 붙들
d 고, 왼손으로는 여기 내 반외투[109]를 붙잡고 말했지. "우리는 선

생님을 보내 주지 않을 겁니다, 소크라테스님. 선생님이 떠나시면 우리 대화가 이전과 같지 않을 겁니다. 그래서 그러니 우리와 함께 머물러 주셔야 되겠습니다. 저는 어떤 사람의 이야기를 듣는 것도 선생님과 프로타고라스님이 대화하는 것을 듣는 것보다 더 즐겁지가 않아요. 그러니 우리 모두에게 호의를 베풀어 주세요."

그래서 내가 이야기했지. – 그때 나는 나가려고 이미 일어선 상태였어 – "히포니코스의 아들, 나는 항상 당신의 지혜 사랑[110]에 감탄해 왔고 지금도 그것을 성원하고 사랑합니다. 그래 e
서 당신이 내게 가능한 것들을 요구한다면 들어주고 싶어요. 그런데 지금은 당신이 마치 내게 절정기에 있는 달리기 선수인 히메라 사람 크리손[111]과 보조를 맞추어 뛰라거나 아니면 장거리달리기 선수[112]나 초장거리달리기 선수[113] 중 하나와 달리기 경주를 해서 보조를 맞추어 뛰라는 요구를 하는 것과 같아요. 그럴 경우
나는, 당신보다도 내가 훨씬 더 나 자신에게 이런 사람들이 달 336a
릴 때 그들을 따라서 같이 뛰라고 하고 싶습니다만, 그럴 능력이 없다고 대답할 것입니다. 나와 크리손이 같은 장소에게 뛰는 것을 좀 보았으면 한다면, 차라리 그 사람에게 속도를 줄이라고 요구하세요. 나는 빨리 달릴 수 없지만, 그는 천천히 달릴 수 있으니까요. 그러니 나와 프로타고라스님이 대화하는 것을 듣고 싶다면 그분에게 요구하세요. 처음에 내게 짧게, 그리고 질문된 것

자체에 대해 대답을 했던 것처럼 지금도 그렇게 대답하시라고
b 요. 그러지 않는다면, 그게 무슨 대화의 방식이겠어요? 나는 모여서 서로 대화하는 것과 대중연설을 하는 것이 서로 다른 것이라고 생각하니까요."

그가 말했지. "하지만 보세요, 소크라테스님. 프로타고라스님이 자신이 원하는 방식으로 대화하는 것을 허용해 달라고 요청하시는 것은 정당한 이야기인 것으로 보입니다. 선생님은 또 선생님이 원하는 방식으로 이야기하고요."

그러자 알키비아데스가 끼어들어서 이야기했지. "훌륭하지 못한 말씀입니다, 칼리아스.[114] 여기 이 소크라테스님은 자신이 길게 말하기에는 소질이 없다는 데 동의하고 프로타고라스님께 패
c 배를 인정하십니다. 하지만 대화의 능력과 설명을 주고받을 줄 아는 데 있어서는, 그분이 그 어떤 사람에게라도 패배를 인정하신다면 나는 놀랄 것입니다. 그러니까 프로타고라스님도 대화하기에서는 소크라테스님보다 못하다는 데 동의하신다면, 소크라테스님께는 그것으로 충분할 것입니다. 하지만 그러길 거부하신다면, 질문하고 대답하면서 대화하시라고 합시다. 매 질문마다
d 긴 이야기를 늘어놓으시며, 논변을 회피하고 설명을 제시하지는 않으려 하시면서, 듣는 사람 대부분이 질문이 무엇에 관한 것이었는지를 잊어버릴 때까지 이야기를 질질 끌지 마시고요. 물론 소크라테스님은 잊어버리시지 않는다는 것을 내가 보증합니

다. 농담으로, 잊어버리기를 잘한다고 하고 계시긴 하지만 말이죠. 그래서 제가 보기에는 – 우리 각자가 자신의 의견을 분명하게 밝혀야 하니까 하는 말씀입니다[115] – 소크라테스님이 더 적절하게 말씀하시는 것 같습니다."

내 생각엔, 알키비아데스 다음으로 이야기한 사람이 크리티아스였네. "프로디코스님과 히피아스님, 칼리아스는 상당히 프로타고라스님 편을 드는 것 같고, 알키비아데스는 어디에 빠져들 e
었다 하면 항상 이기려고 하지요. 하지만 우리는 소크라테스님이든 프로타고라스님이든 어느 한편을 들어서 이기려고 하면 안 되고, 중도에서 모임을 중단하지 않도록 두 분 모두에게 요구해야 합니다."

그가 이런 이야기를 하고 나서 프로디코스가 말했지. "잘 이야 337a
기한 것 같아요, 크리티아스. 이런 종류의 논의에 참석하는 사람은 양쪽 대화자의 말을 공평하게 듣는 사람이 되어야 합니다. 하지만 동등하게는 아니에요.[116] 두 가지가 같은 것이 아니니까요. 양자 모두의 이야기에 공평하게 귀를 기울여야 하는데, 각자에게 동등하게 분배할 것이 아니라 더 지혜로운 사람에게 더 많이, 더 무지한 사람에게 더 적게 귀를 기울여야 하지요. 저 자신으로 말할 것 같으면, 프로타고라스님과 소크라테스, 저는 논변과 관련해서 두 분이 서로 논쟁을 하되 쟁론을 벌이지는 않기로 동 b
의하시기를 요청합니다. – 논쟁은 친구들끼리 호의를 가지고서도 하는 것이지만, 쟁론은 서로 간에 알력이 있고 적대적인 사람들이 하는 것이지요. – 그렇게 할 때 우리 모임이 가장 훌륭하게 될 것입니다. 말씀하시는 두 분은 그렇게 하시면 특히 듣는 우리 사이에서 명망을 떨치실 것입니다. 찬미를 받으실 것은 아니에요. 명망은 듣는 사람들의 영혼에 속임수 없이 들어 있는 것이지만, 찬미는 종종 자신이 믿는 바와 어긋나게 거짓말을 하는 사람
c 들의 말 속에 있는 것이죠. 또 듣는 우리는 그렇게 하면 특히 흐뭇해하게 될 것입니다. 즐거워하게 될 것은 아니에요.[117] 흐뭇해하기는 뭔가를 배우고 마음 자체로 현명함을 나누어 가지는 사람이 하는 것이고, 즐거워하기는 뭔가를 먹거나 몸 자체로 다른 어떤 즐거운 것을 겪는 사람이 하는 것이죠."

프로디코스가 이렇게 이야기하자 거기 있던 아주 많은 사람들이 동의했지. 프로디코스에 이어서, 지혜로운 자 히피아스가 이야기했어. 그가 말했지. "이 자리에 계신 여러분, 나는 여러분이
d 모두 친척이며 친지이고 동료 시민들이라고 생각합니다. 법에 있어서가 아니라 본성에 있어서 그렇습니다.[118] 닮은 것은 닮은 것과 본성상 친척 간인 반면, 법은 사람들을 지배하는 참주여서 많은 것들을 본성에 어긋나게 억압하지요. 그럼 이제, 우리는 사물의 본성을 알고 있는데요, 그리스인들 중에서 가장 지혜로운 우리가, 바로 그 때문에 지금 바로 여기 그리스의 지혜의 전당[119]에 와서, 그것도 바로 이 도시에서도 가장 위대하고 축복받은 여

기 이 집에 와서는, 이 명성에 걸맞은 것은 아무것도 보여 주지 e
못하고, 마치 아주 못난 사람들처럼 서로 다툰다면, 그것은 부끄
러운 일입니다. 그래서 나는 당신들께 요구하고 조언합니다, 프
로타고라스님과 소크라테스. 마치 중재자의 중재를 받듯이 우리 338a
의 중재를 따라서 중간 길을 찾으세요. 당신은 짧게 이야기하는
엄밀한 형태의 대화를 지나치게 추구하지 마세요. 그게 프로타
고라스님에게 즐거운 것이 아니라면 말이죠. 그러지 말고 논의
의 고삐를 풀어 좀 느슨하게 해서 그것이 우리에게 더 장대하고
우아하게 보이도록 해 주세요. 프로타고라스님 쪽에서도 또 돛
을 모두 펴서 순풍을 타고 육지가 보이지 않는 논의의 바다로 달
아나 버리지 마세요. 그러지 말고 두 분 모두 중간 길을 택하세
요. 그렇게 하시고, 제 말을 들어 두 분의 이야기가 적절한 길이 b
가 되도록 지켜 줄 심판관이나 감독자나 의장을 뽑으세요."

이게 거기 있는 사람들의 마음에 들어서 모두가 칭찬을 했지. 칼리아스는 나를 보내지 않겠다고 했고, 사람들도 감독자를 뽑을 것을 요청했어. 그래서 나는 논의의 심판을 뽑는 것이 부끄러운 일이라고 말했지. "뽑힌 사람이 우리보다 못한 경우, 더 못한 사람이 더 나은 사람들을 감독하는 것은 옳지 않을 것입니다. 비슷한 경우, 그것도 옳지 않아요. 비슷한 사람은 우리와 비슷
한 일을 할 테고 결국 그는 쓸데없이 뽑힌 게 되겠지요. 그렇게 c
되면, 우리보다 더 나은 사람을 뽑아야 할 겁니다. 하지만 내 생

각엔 여러분이 정말로 여기 이 프로타고라스님보다 더 지혜로운
사람을 뽑는 것은 불가능합니다. 우리보다 전혀 낫지 않은 사람
을 뽑아 놓고 더 낫다고 주장한다면, 그것도 이분을 모욕하는 일
입니다. 이분이 마치 못난 사람인 양 감독자를 세우는 것이니까
요. 제 경우야 뭐 아무런 상관이 없습니다만 말이죠. 그러지 말
고, 여러분이 그렇게 바라시는 바, 우리의 모임과 대화가 있을
수 있도록 이렇게 했으면 합니다. 프로타고라스님이 대답하는
d 것을 원하지 않으신다면, 그분이 질문하시라고 하고 나는 대답
하겠습니다. 그와 동시에 나는 그분께 대답하는 사람이 어떻게
대답해야 한다고 내가 주장하는지를 보여 드리도록 해 보겠습니
다.[120] 이분이 하시고 싶은 모든 질문에 내가 대답을 하고 나서,
이번에는 같은 방식으로 이분이 내게 설명을 제시하시도록 하지
요. 그래서 이분이 질문 받은 것 자체에 대해 대답하는 데 열의
를 보이시지 않는다고 여겨지면, 지금 여러분이 내게 하듯이, 나
와 여러분이 그분에게 모임을 망치지 말아 주시라고 공동으로
e 요구할 것입니다. 이렇게 하는 데에는 감독자가 한 사람도 있을
필요가 없고, 여러분 모두가 공동으로 감독할 것입니다." 모두가
그렇게 해야 한다고 판단을 내렸지. 프로타고라스님은 별로 내
키지 않아 하셨지만, 그래도 질문을 하시기로 동의할 수밖에 없
었지. 충분히 질문한 후에는 입장을 바꿔 짧은 대답을 통해서 받
은 질문에 설명을 해 주시기로 하고 말이야.

그래서 그분은 다음과 같은 방식으로 질문하기 시작했어. 그분이 말했지. "소크라테스, 나는 시구절들에 관해서 능통한 것이 인간에게 교양의 가장 큰 부분이라고 생각합니다. 이건, 시인 339a 들의 이야기 중 어떤 것이 올바르게 이야기되었고 어떤 것이 그렇지 않은지를 이해할 수 있고, 그것들을 분석할 줄 알고 질문을 받으면 설명을 제시할 줄 아는 것이지요. 더군다나 지금 내가 하려는 질문은 나와 당신이 지금 대화하고 있는 것과 동일한 주제, 즉 덕에 관한 것인데, 그걸 시의 영역으로 옮겨서 하는 것일 따름입니다. 그 점에서만 차이가 있을 겁니다. 시모니데스[121]는 어딘가에서 테살리아 사람 크레온의 아들 스코파스[122]에게 다음과 같이 이야기하지요.

사실, 진실로 좋은 사람이 되기란 어려우니, b
손과 발과 정신이 반듯하여,[123] 흠결 없이 만들어진

이 송가를 아시나요,[124] 아니면 전부 읊어 줄까요?"

내가 말했지. "그러실 필요 없습니다. 그 송가를 알고 있고요, 마침 그것에 대해서 아주 많이 연구해 보았습니다."

그분이 말했지. "좋습니다. 그럼 당신은 그것이 훌륭하고 올바르게 지어졌다고 생각하시나요, 그렇지 않은가요?" – 내가 말했지. "아주 훌륭하고 올바르게 지어졌다고 생각합니다." – "그 시

인이 자기모순적인 이야기를 한다면, 그것이 훌륭하게 지어진
c 것이라고 생각합니까?" – 내가 말했지. "훌륭하게 지어진 것이 아니죠." – 그분이 말했지. "더 잘 좀 보세요." – "아니, 충분히 검토해 보았습니다, 선생님." – 그분이 말했지. "그럼, 그 송가의 뒷부분 어디선가 다음과 같이 이야기하는 것도 아시겠군요.

> 피타코스[125]의 말도 내게는 적절하게 생각되지 않으니,
> 지혜로운 분이 하신 말씀이긴 하나. 그는 탁월하기[126]가 어렵다고 하나니

동일한 이 사람이 이것도 이야기하고 저 앞의 것도 이야기하는 것을 이해하세요?" – 내가 말했지. "알고 있습니다." – 그분이 말했지. "그럼 당신 생각에는 지금 이야기가 아까 이야기와 일관성이 있나요?" – 내가 말했지. "제게는 그렇게 보입니다만," (이런 이야기를 하면서도 동시에 나는 그분 말씀에 뭔가 있지 않나 두려운 마음이 들었어.) "선생님께는 그렇게 보이지 않으시나
d 요?" – "이 두 가지를 모두 이야기하는 사람이 어떻게 스스로 일관성이 있는 이야기를 하는 것으로 보일 수가 있지요? 그는 앞에서는 진실로 좋은 사람이 되기가 어렵다고 해 놓고, 그 시의 조금 뒤에서는 그걸 잊어버리고, '탁월하기가 어렵다'고 자기 자신과 똑같은 이야기를 하는 피타코스를 비난하며, 자기 자신과 똑

같은 이야기를 하는데도 그 이야기를 받아들이지 않는다고 주장하는 겁니다. 하지만, 자기 자신과 똑같은 이야기를 하는 사람을 비난할 때, 명백히 그는 자기 자신도 비난하고 있는 것이죠. 따라서 앞의 이야기나 뒤의 이야기나 둘 중 하나는 올바르게 이야기하는 것이 아니죠."

그분이 이렇게 이야기하자 청중 중 많은 이들이 박수갈채를 보냈어. 나는 처음에는 그분이 이렇게 이야기하고 다른 이들이 e
야단법석을 벌이는 것에, 마치 뛰어난 권투 선수에게 한 방 얻어맞은 것처럼, 눈앞이 어두워졌고 어지러워졌지. 그러고 나서, 자네에게 솔직히 이야기하자면 그 시인이 무슨 이야기를 하는 것인지 검토할 시간을 얻고자, 프로디코스 쪽으로 몸을 돌려 그를 불러서 이야기했지. "프로디코스, 시모니데스는 당신의 동료 시
340a 민이잖아요. 당신이 그 사람을 돕는 것이 마땅합니다. 그러니 나는 당신의 도움을 요청할 작정입니다. 호메로스에 따르면, 스카만드로스[127]가 아킬레우스의 공격을 받자 시모에이스[128]의 도움을 요청하며,

> 사랑하는 아우여, 우리 둘이 함께 이자의 힘을
> 제지하여…[129]

라고 말했듯이, 나도 프로타고라스님이 우리의 시모니데스를 완

전히 무너뜨리지[130] 않도록 당신의 도움을 청할 거예요. 사실 시모니데스를 다시 똑바로 세워 주기[131] 위해서는 당신의 시가 기술[132]이 필요하니까요. 바라기와 욕구하기가 동일한 것이 아니라
b 고[133] 구분하고, 또 좀 전에 당신이 이야기한 많은 훌륭한 것들을 구분하는 데 사용한 것 말입니다. 자 이제, 당신도 나처럼 생각하는지 살펴보시죠. 시모니데스가 자기모순적인 이야기를 하고 있는 것 같지 않으니까요. 프로디코스, 우선 당신의 견해를 표명해 주세요. 되기와 있기가 동일한 것으로 생각되나요,[134] 다른 것으로 생각되나요?" – 프로디코스가 말했지. "물론 다릅니다." – 내가 말했지. "처음 구절들에서는 시모니데스 자신이 자
c 기 자신의 견해를 표명해서, 진실로 좋은 사람이 되기는 어렵다고 한 게 아닌가요?" – 프로디코스가 말했지. "맞는 말씀입니다." – 내가 말했지 "그는 피타코스를 비난하는데, 프로타고라스님이 생각하는 것처럼 피타코스가 자기 자신과 똑같은 이야기를 하는데도 비난하는 것이 아니라 다른 이야기를 하니까 그러는 것이지요. 피타코스는, 시모니데스와 마찬가지로 탁월하게 되기가 어렵다고 한 것이 아니라, 그런 상태로 있기가 어렵다고 한 것이니까요. 프로타고라스님, 여기 이 프로디코스가 주장하듯이, 있기와 되기는 동일한 것이 아닙니다. 그리고 있기와 되기가 동일한 것이 아니라면, 시모니데스는 자기모순적인 이야기를 하는 것이 아니죠. 아마도 여기 이 프로디코스를 비롯해 많은 사람

들이, 헤시오도스를 따라서, 좋은 사람이 되기는 어렵다고 주장 d
할 것입니다. '덕의 앞길에 신들이 땀방울을 가져다 놓았으니' 말이죠. 하지만 누군가 그것의 '정상에 도달하고 나면, 전에는 어려웠지만, 그 다음에' 그것을 소유하고 있는 것은 '쉽나니'[135]라고 말입니다."

이 이야기를 듣고 프로디코스는 나를 칭찬했어. 하지만 프로타고라스님은 말했지. "소크라테스, 당신의 다시 똑바로 세워 주기란 당신이 다시 세워 주려는 것보다 더 큰 오류를 가지고 있습니다."

그래서 내가 말했지. "그럼 제가 못난 짓을 한 셈이겠네요, 프로타고라스님. 그리고 저는 뭔가 우스꽝스러운 의사여서, 치료 e
를 한답시고 더 큰 병을 만들고 있는 것이고요."

그분이 말했지. "사실 그렇습니다."

내가 말했어. "어떡해서 그런가요?"

그분이 말했지. "덕을 소유하고 있는 것이 그토록 사소한 것이라고 주장한다면, 그 시인은 몰라도 너무 모르는 겁니다. 모든 사람들에게 그렇게 생각되듯이, 그건 무엇보다도 어려운 것인데 말이지요."

내가 말했지. "정말이지, 여기 이 프로디코스가 정말 적절한 시기에 때마침 우리 논의에 참여하고 있었네요. 프로타고라스 341a
님, 프로디코스의 지혜는 오래된, 신적인 어떤 것 같거든요. 시모니데스로부터 시작되었거나 아니면 그보다도 더 오래되었거나요. 그런데 선생님은 다른 많은 것에 경험이 있으시지만, 여기에는 경험이 없으신 것으로 보입니다. 제가 여기 이 프로디코스의 제자임으로 해서 경험이 있는 것과 달리 말이죠.[136] 그래서 지금 선생님은, 시모니데스가 아마 이 '어렵다'는 말도 선생님이 생각하는 식이 아니라 다른 식으로 생각했으리라는 것을 이해하시지 못하는 것으로 보입니다. '무섭다'[137]는 말에 대해서 매번 이 프로디코스가 저를 야단치는 것처럼 말이지요. 제가 선생님이나 다른 누구를 찬미하면서 프로타고라스님은 무섭게 지혜로운 사
b 람이라고 할 때면, 프로디코스는 제가 좋은 것들을 무서운 것이라고 부르는 것이 창피하지 않느냐고 묻지요. 그가 주장하기를, 무서운 것은 나쁜 것이라는 거예요. 어쨌건 누구도 '무서운 부유함'이나 '무서운 평화'나 '무서운 건강'에 대해서 이야기하는 경우는 없고, '무서운 질병'이나 '무서운 전쟁'이나 '무서운 가난'에 대해서 이야기하는데, 무서운 것은 나쁜 것이어서 그런다는 것이죠. 그러니 아마도 '어렵다'는 말도 또한, 케오스 사람들과 시모니데스는 그 말을 나쁘다거나 혹은 선생님이 이해하지 못하시는 다른 어떤 의미로 생각하는 것일 겁니다. 그럼 프로디코스에게 물어보지요. 시모니데스가 쓰는 방언에 대해서는 이 사람에게
c 물어보는 것이 마땅하니까요.[138] 프로디코스, 시모니데스가 '어렵다'는 말을 어떤 의미로 이야기했지요?"

그가 말했지. "나쁘다는 뜻으로요."

내가 말했지. "프로디코스, 그럼 이 때문에 그가 탁월하기가 어렵다고 이야기한 피타코스를 비난한 것이로군요. 마치 탁월하기가 나쁜 것이라고 하는 소리를 듣기라도 한 것처럼요."

그가 말했지. "소크라테스, 시모니데스가 그것 말고 다른 무슨 뜻으로 이야기한다고 생각합니까? 그는 피타코스가 레스보스 사람이고 조야한 사투리[139]를 배우고 자라서 단어를 올바로 구별할 줄 모른다고 질책하는 거지요."

내가 말했지. "자, 프로타고라스님, 여기 이 프로디코스의 이야기를 들으셨는데요, 여기에 대해서 뭐라고 하실 말씀이 있으시나요?" d

그러자 프로타고라스님이 말했지. "그건 사실과 거리가 멀어요, 프로디코스. 나는 시모니데스도 '어렵다'는 말로 다른 사람들인 우리가 의미하는 바와 똑같은 것을 의미했다는 것을 잘 알고 있습니다. 나쁘다는 뜻이 아니라 쉽지 않고, 많은 수고를 들여야 생겨나는 것이라는 뜻으로요."

내가 말했지. "프로타고라스님, 사실 저도 시모니데스가 그런 뜻으로 이야기했다고 생각합니다. 그리고 여기 이 프로디코스도 그것을 아는데, 다만 농담을 하면서 선생님께서 자신의 논변을 방어할 수 있는지 시험해 보는 것이 좋겠다고 생각한 거예요. 시모니데스가 어렵다는 말을 나쁘다는 뜻으로 이야기하지 않았다

e 는 것에 대해서는 바로 그 다음 구절이 큰 증거가 되지요. 그는

오직 신만이 그런 특권을 가질 수 있나니

라고 하는데, 탁월하기가 나쁘다고 이야기하고서는 그다음에 신만이 이것을 가질 수 있다면서 그 특권을 신에게만 할당하지는 않았을 것이 분명하니까요.[140] 그렇게 했더라면, 프로디코스는 시모니데스가 무분별한 사람[141]이며 전혀 케오스 사람답지 않다[142]고 했을 겁니다. 어쨌거나 시모니데스가 이 송가에서 어떤 생각을 가지고 있다고 제가 생각하는지는, 선생님 표현대로, 시구절
342a 들에 관해서[143] 제가 어떤 상태에 있는지 시험해 보길 원하시면, 말씀 드릴 의향이 있습니다. 만약 제가 선생님 말씀을 듣기를 원하신다면 제가 듣고요."

내가 이렇게 이야기하는 것을 듣고서 프로타고라스님은 "당신이 원하면 그렇게 해요, 소크라테스."라고 했고, 프로디코스와 히피아스, 그리고 다른 이들은 그렇게 하라고 적극적으로 권했지.

내가 말했어. "그럼 이 송가에 대해서 저는 어떻게 생각하는지를 여러분에게 자세히 설명해 드리도록 해 보겠습니다. 그리스에서 지혜 사랑[144]은 크레타와 라케다이몬[145]에서 가장 오래되
b 었고 가장 풍부합니다. 소피스트들[146]도 세상에서 그 지역에 제

일 많고요. 하지만 프로타고라스님이 말씀하신 소피스트들처럼,[147] 그들은 그것을 부인하고, 지혜로 인해 그들이 그리스인들 중에서 우월하다는 게 명백하게 드러나지 않도록 무지한 척을 합니다. 무엇으로 인해 그들이 우월한지를 사람들이 알게 되면 모두가 그것, 즉 지혜를 연마할 거라고 생각해서, 전투하기와 용기로 인해 우월한 걸로 보이도록 하는 것이죠. 실제로 그들은 그걸 감추어서 여러 나라에서 라코니아 방식을 따르는 사람들[148]을 완전히 속여 버렸습니다. 이들은 그들을 흉내 내어 귀를 뭉그러뜨리고[149] 가죽끈을 두르고[150] 신체단련을 좋아하며 외투 뒷단을 짧게 해서[151] 입고 다니는데, 이런 것들 때문에 라케다이몬 사람들이 그리스인들을 압도한다고 생각해서 그러는 것이죠. 한편 라케다이몬 사람들이 자기 나라의 소피스트들과 자유롭게 만남을 갖기를 원하고 그들과 몰래 만남을 갖는 것이 이제는 지겨워지면, 이들 라코니아 방식을 따르는 사람들에 대해, 그리고 다른 어떤 외지 사람이 머무르고 있으면 그들에 대해서도, 외지인 추방령을 발동시키고 외지 사람들 모르게 소피스트들과 만남을 갖습니다. 또 그들 자신은, 크레타 사람들도 그렇게 하듯이, 젊은이들 중 누구도 다른 나라에 나가는 것을 허락하지 않습니다. 그들 자신이 가르친 것을 이들이 잊어버리게 되지나 않을까 해서 말이죠. 이 나라들에서는 남자들만이 아니라 여자들도 교육에 대해 자부심을 가지고 있습니다. 제가 하는 말이 사실

c

d

이고 라케다이몬 사람들이 지혜 사랑과 논변에 가장 잘 교육받
았다는 것을 다음과 같은 방식으로 알 수 있을 겁니다. 누군가가
라케다이몬 사람들 중 가장 변변찮은 사람과 모임을 가져 본다
면, 논의 중 대부분에서는 그가 변변찮은 사람으로 보인다고 느
e 끼게 될 겁니다. 그런데 나중에 대화의 어느 순간에 가면, 그가
능숙한 창던지기 선수처럼 짧고 압축적이며 주목할 만한 경구
를 던져서, 대화 상대방이 애보다도 전혀 나을 것이 없는 사람으
로 보이도록 만들지요. 그리고 예나 지금이나 바로 이것을 알아
차린 사람들, 즉 라코니아 방식을 따른다는 것이 신체단련을 좋
아하는 데 있다기보다는 오히려 지혜를 사랑하는 데 있다는 것
을 알아차린 사람들이 있습니다. 그러한 경구들을 내뱉을 수 있
는 능력이란 완벽하게 교육받은 사람의 특징이라는 것을 알고서
343a 말이죠. 그런 사람들 중에 밀레토스 사람 탈레스,[152] 뮈틸레네 사
람 피타코스, 프리에네 사람 비아스,[153] 우리나라 사람 솔론,[154] 린
도스 사람 클레오불로스,[155] 케나이 사람 뮈손,[156] 그리고 일곱 번
째로 이들에 속하는 것으로 이야기되는 라케다이몬 사람 킬론[157]
이 있지요.[158] 이들은 모두 라케다이몬 사람들의 교육을 선망하
고, 사랑하고, 배우는 자들이었습니다. 이들 각각이 기억할 만
한 짧은 경구들을 이야기했다는 데에서, 이들의 지혜가 그러하
b 다는 것을 알 수 있을 겁니다. 이들은 함께 모여서, 모든 사람이
노래 불러 대는 '너 자신을 알라'와 '어떤 것도 지나치지 않게'[159]

등의 문구를 새겨 넣어, 델포이에 있는 신전의 아폴론에게 지혜의 첫 열매를 봉헌하기도 했지요. 무엇 때문에 제가 이런 이야기를 하는 걸까요? 이런 방식이 옛사람들의 지혜 사랑의 방식이었다는 겁니다. 라코니아식 짧게 말하기 말이에요. 특히 '탁월하기가 어렵다'는 피타코스의 이 경구도 지혜로운 자들의 칭송을 받으며 사적으로 회자되고 있었지요. 그래서 시모니데스는, 지혜에 관한 명예를 사랑하는 자였던 만큼, 명망을 떨치는 운동선수 c
를 쓰러뜨리듯이 이 경구를 쓰러뜨리고 그것을 정복하면 자신이 당대 사람들 사이에서 명망을 떨치게 될 줄을 알았지요. 제가 보기에는, 그래서 그가 그럴 목적으로 그 경구를 염두에 두고 그것을 깎아내릴 생각에 그 송가 전체를 지었던 것입니다.

그럼 제가 하는 이야기가 참인지 우리 모두가 함께 살펴보도록 합시다. 좋은 사람이 되기가 어렵다는 이야기를 하려고 하고서는, 거기에다 '사실'이란 말을 집어넣었다면,[160] 그 송가는 맨 처음부터 정신 나간 걸로 보일 겁니다. 시모니데스가 피타코스 d
의 경구를 상대로 쟁론을 벌이는 것처럼 이야기하고 있다고 간주하지 않는다면, 그 말은 아무런 이유도 없이 들어가 있는 것으로 보일 테니까요. 피타코스가 '탁월하기가 어렵다'고 하니까, 이에 대해서 반박하여 말하기를 '아니오. 그게 아니라 사실 좋은 사람이 되기가 어려운 것이오, 피타코스, 진실로 말이오.'라고 하는 것이죠. '진실로 좋다'는 이야기가 아닙니다. 마치 진실로 좋

e 은 사람들이 있고, 좋기는 하지만 진실로 그렇지는 않은 사람들이 따로 있기라도 하다는 양, '진실로'를 거기에 붙여서 이야기한 것이 아니에요. 그런 이야기는 바보 같은 소리고, 시모니데스에게 걸맞지 않지요. 그게 아니라 '진실로'를 송가에서의 전치법[161]으로 보아야 합니다. 다음과 같은 방식으로 피타코스의 말을 먼저 이야기해서, 마치 피타코스 자신이 이야기하고 시모니데스가
344a 그에 대답해서 이야기하는 걸로 보는 것처럼 해야 합니다. '사람들이여, 탁월하기가 어렵소.' 그러면 시모니데스가 대답하는 거지요. '피타코스, 당신 말씀은 진실이 아니오. 좋은 사람이기가 아니라 그런 사람이 되기, 손과 발과 정신이 반듯하여 흠결 없이 만들어진 사람이 되기가 사실 진실로 어려운 것이오.' 이렇게 보면 '사실'은 들어간 이유가 있고, '진실로'는 뒤쪽에 놓이면 제자리를 찾는 거지요. 그리고 그 뒤에 오는 모든 것이, 이야기가 이
b 런 식으로 되고 있다는 데 대한 증거가 됩니다. 이 송가에서 이야기된 것들 각각에 대해서도 그것이 얼마나 잘 지어졌는지를 증명할 많은 것들이 있지만, – 이 시는 아주 멋지고 세심하게 지어졌거든요 – 그것을 그렇게 자세히 설명하는 것은 오래 걸릴 겁니다. 그러지 말고 그것의 전체 개요와 의도를, 즉 그것이 송가 전체를 통해서 무엇보다도 피타코스의 경구를 논파하는 것임을 상세히 설명해 봅시다.

그 조금 후에 그는 다음과 같이 설명을 하는 겁니다. 그가 산

문으로 풀어 말했다면, 이렇게 이야기했을 거예요.[162] '사실, 좋은 사람이 되기는 진실로 어렵지만, 어느 정도의 시간 동안은 가능하기는 한 것이오. 하지만 그렇게 되어서 그런 상태에 머물러 있는 것, 당신이 이야기하듯이, 피타코스, 좋은 사람이기란, 불 c
가능하고 사람이 할 수 있는 일이 아닌 것이오.

신만이 그런 특권을 가질 수 있나니,
인간은 나쁘지 않을 수 없도다,
어쩔 방도가 없는 재난이 그를 쓰러뜨리면.

어쩔 방도가 없는 재난이 선박 조종 분야에서 누구를 쓰러뜨리오? 분명 문외한은 아니오. 문외한은 항상 쓰러져 있는 것이니까 말이오. 누워 있는 사람을 넘어뜨릴 수는 없는 것처럼, 한때 서 있던 사람은 넘어뜨려서 누워 있는 사람으로 만들 수 있으나 누워 있는 사람은 그렇게 못 하는 것처럼, 마찬가지로 한때 좋은 d
방도가 있던 사람을 어쩔 방도가 없는 재난이 쓰러뜨릴 수 있는 것이지 항상 어쩔 방도가 없는 사람은 그렇게 못 하는 것이오. 큰 풍랑이 덮쳐 오면 조타수를 어쩔 방도가 없게 만들 것이고, 힘든 계절이 다가오면 농부를 어쩔 방도가 없게 만들 것이고, 똑같은 이야기가 의사에게도 적용될 것이오.

허나 좋은 사람은 어떤 때는 나쁘지만, 다른 때는 탁월하도다.

라고 이야기하는 다른 어떤 시인[163]도 증언하고 있듯이, 탁월한
e 사람에게는 나쁘게 될 여지가 있는 것이오. 하지만 나쁜 사람에게는 나쁘게 될 여지가 없고, 항상 나쁘게 있는 것이 필연적이오. 그래서 좋은 방도가 있고 지혜롭고 좋은 사람은, 어쩔 방도가 없는 재난이 쓰러뜨리면, "나쁘지 않을 수 없는" 것이오. 그런데, 피타코스, 당신은 "탁월하기가 어렵다"고 주장하고 있소. 하지만, 탁월하게 되기는 어렵긴 하지만 가능한 것인 반면, 탁월하기는 불가능한 것이오.

잘 행동하면 어떤 사람이나 좋지만,
나쁘게 행동하면 나쁘나니.

345a 글과 관련해서 좋은 행동은 무엇이오? 무엇이 글과 관련해서 좋은 사람을 만들어 주오? 분명, 글을 배우는 것이오. 어떤 잘한 행동이 좋은 의사를 만들어 주오? 분명, 환자 보살피기를 배우는 것이오. "나쁘게 행동하면 나쁘나니." 누가 나쁜 의사가 될 수 있소? 분명, 우선은 의사임이 적용되고, 그 다음에는 좋은 의사임이 적용되는 사람이오. 그런 사람이 나쁘게도 될 수 있는 것이
b 니 말이오. 의술에 문외한인 우리는 나쁘게 행동함을 통해서 결

코 의사도 목수도 다른 어떤 그런 것도 될 수가 없고, 나쁘게 행동함을 통해서 의사가 될 수 없는 사람은 누구도, 분명, 나쁜 의사가 될 수도 없소. 마찬가지로 좋은 사람도 시간에 의해서나 고생에 의해서나 병에 의해서나 다른 어떤 사고에 의해서 언젠가 나쁘게 될 수도 있는 것이오. 나쁜 행동이란 이것, 즉 앎을 박탈당하는 것밖에 없으니 말이오.[164] 나쁜 사람은 결코 나쁘게 될 수가 없소. 항상 나쁘니까 말이오. 나쁘게 되려면 우선 좋게 되기부터 해야 하는 것이오.' 그래서 그 송가의 이 부분도 '좋은 사람이기, 즉 계속해서 좋은 상태에 있기란 불가능하지만, 좋게 되기, 그리고 그 동일한 사람이 나쁘게 되기란 가능하다. 그리고 가장 오랫동안 좋은 사람들, 그래서 가장 좋은 사람들은 신들에게 사랑받는 사람들이다.'[165]라는 취지를 가지는 것입니다. c

그러니 이 모든 것이 피타코스를 상대해서 이야기된 것이고요, 그 송가의 다음 구절들도 이를 더욱 분명히 해 주고 있습니다. 그는 이야기하지요.

그렇기 때문에 결코 나는, 될 수 없는 것을 찾아다니며
이루어질 수 없는 희망에 내 삶의 몫을 헛되이 던져 버리지 않겠노라,
드넓은 대지의 열매를 따 먹는 우리 중에 완전무결한 사람을 찾아다니며.
그런 사람 발견하게 된다면야 그대들에게 알려 주리라.

d 그가 이렇게 이야기하는 겁니다. 그는 이토록 맹렬히 송가 전체를 통해서 피타코스의 경구를 공격하는 거지요.

모든 이를 나는 칭찬하고[166] 사랑하네,
기꺼이 어떤 추한 일도
행하지 않는 자는 누구나. 신들도 필연과는 싸울 수 없으니.

이것도 동일한 취지로 이야기된 것입니다. 마치 기꺼이 나쁜 일을 하는 사람들이 있기라도 한 듯이, 어떤 나쁜 일도 기꺼이 하지 않는 사람이면 칭찬하겠다고 주장할 정도로 시모니데스가 그렇게 못 배운 사람은 아니었으니까요. 저는 대략 다음과 같이 생
e 각하는 겁니다. 지혜로운 사람들 중 누구도 어떤 사람이 기꺼이 잘못을 하거나 기꺼이 추하고 나쁜 일을 한다고 생각하지 않습니다. 그들은 추하고 나쁜 짓을 하는 사람들은 모두 다 마지못해 하는 것이라는 걸 잘 알고 있지요. 특히나 시모니데스는 기꺼이 나쁜 짓을 하지 않는 사람이면 그들을 칭찬하는 사람이 되겠노라고 주장한 것이 아니라, 자기 자신에 대해서 그 '기꺼이'라는 말을 한 것입니다.[167] 그는 훌륭하고 좋은 사람은 종종 누군가의 친구이자 그를 칭찬하는 사람이 되도록 자기 자신을 강제한
346a 다고 생각하는 거예요. 예컨대, 어머니나 아버지가 이상한 사람인 경우, 혹은 조국이나 다른 그런 것이 이상한 경우가 사람들에

게 종종 일어나지요. 그런 일이 일어났을 때 못된 사람들은, 그걸 보기를 즐기기라도 하듯이 부모나 조국의 허물을 비난하면서 드러내고 고발한다는 겁니다. 사람들이 그들을 방치한다고 자기를 탓하거나 방치한다는 이유로 책망하지 않게 하려고 말이지요. 그래서 더더욱 그들을 비난하고, 어쩔 수 없이 미워하는 마음이 드는 것에 더해 자발적으로 미워하는 마음을 드러낸다는 겁니다. 반면에 좋은 사람들은 그런 것은 감추고 억지로 그들을 b
칭찬한다는 겁니다. 그리고 부모나 조국에게서 부정의를 당해서 화가 나더라도, 스스로를 달래서 마음을 고쳐먹고, 자기 자신을 강제해서 자신의 부모나 조국을 사랑하고 칭찬하도록 한다는 겁니다. 제 생각엔 시모니데스도, 자기도 종종 참주나 그런 어떤 사람을 기꺼이가 아니라 억지로 칭찬하고 칭송했다고 생각한 것 같아요.[168] 그래서 피타코스에게도 이런 이야기를 하는 겁니다. '피타코스, 내가 비난하기 좋아하는 사람이어서 당신을 비난하는 c
것이 아니오. 왜냐하면,

나쁘지 않은 사람이면 내게는 족하니,
지나치게 무법적이지도 않고, 나라에 이득이 되는 정의를 아는 건전한 사람이면.
그런 사람을 나는 흠잡지 않으리.

나는 흠잡는 것을 좋아하는 사람이 아니니까 말이오.

바보들의 무리는 무수히 많아서

누군가가 비난하기를 즐긴다면, 하고 싶은 만큼 얼마든지 그들을 나무랄 수 있을 거요.

모든 것은 아름다우니, 거기에 추한 것이 섞이지 않은 것은.

d 그가 이런 이야기를 하는 것은, 검정이 섞이지 않은 것은 모두 하얗다고 말하는 것과 같은 뜻으로 하는 게 아닙니다.[169] 그건 여러 모로 우스꽝스러운 이야기일 테니까요. 그게 아니라 그 자신은 비난을 하지 않으려고 중간의 것들도 받아들인다는 겁니다. 그는 이렇게 말한 겁니다. '나는 "드넓은 대지의 열매를 따 먹는 우리 중에 완전무결한 사람"을 찾는 게 아니오. "그런 사람 발견하게 된다면야 그대들에게 알려 주리라." 그래서 나는 누구도 이런 기준을 가지고 칭찬하지 않을 거요. 중간에 있으면서 어떤 나쁜 일도 하지 않는 사람이면 나는 만족하오. 나는 모두를 "사랑하고 칭찬허니"까.' – 여기에서 그는 피타코스에게 이야기하고
e 있어서 뮈틸레네 방언을 써서 이야기한 겁니다.[170] '나는 "모든 이를 칭찬허고 사랑하네, 기꺼이"' – 여기는 '기꺼이'에서 끊어

읽어야 합니다. – "'어떤 추한 일도 행하지 않는 자는 누구나". 내가 마지못해 칭찬하고 사랑하는 사람들도 있지만 말이오. 그래서, 피타코스, 당신이 중간 정도로만 적절하고 참된 이야기를 347a 했더라도, 내가 당신을 결코 비난하지 않았을 거요. 그런데 사실은 심하게, 그리고 그것도 가장 중요한 것들에 대해서 거짓을 이야기하면서도 참을 이야기하는 것처럼 보이므로, 그 때문에 내가 당신을 비난하는 거요.' 프로디코스와 프로타고라스님, 제가 보기에는 시모니데스가 이런 생각을 가지고서 그 송가를 지은 것입니다." 내가 이렇게 말했지.

그리고 히피아스가 말했어. "소크라테스, 당신도 이 송가에 대해서 잘 설명한 것으로 보이는군요." 그가 말했지. "그런데 내게 b 도 그 송가에 대한 괜찮은 해석이 있습니다. 당신들이 원한다면 그것을 보여 드리겠습니다."

그러자 알키비아데스가 말했지. "네, 히피아스님, 다음번에요. 지금은 프로타고라스님과 소크라테스님이 서로 동의하신 것을 하는 것이 마땅합니다. 프로타고라스님이 질문을 더 하고 싶으시다면, 소크라테스님이 대답을 하시고, 소크라테스님에게 대답을 하시고 싶으시면, 소크라테스님이 질문을 하시고요."

그래서 내가 말했지. "둘 중 어느 쪽이 프로타고라스님 마음에 들든지 나로서는 이건 프로타고라스님께 맡깁니다. 다만, 그분이 괜찮으시면, 송가와 시구절들에 대해서는 넘어가도록 하지

c 요. 제가 선생님께 처음에 물었던 것에 대해서는, 프로타고라스
님, 선생님과 함께 살펴보면서 끝까지 갔으면 좋겠습니다. 제가
보기에는 시에 대해서 대화하는 것은 변변찮은 시정아치들의 향
연과 가장 닮은 것 같습니다. 이들은 교양 부족으로 인하여 술자
리에서 자신들의 목소리와 이야기를 수단으로 자기들끼리만 서
d 로 모임을 가질 수 없어서, 남의 소리인 아울로스 소리를 큰 보
수를 치러서 사느라고 아울로스 부는 여인네들의 값을 비싸게
만들고는, 그 소리를 수단으로 서로 모임을 갖는 겁니다. 하지만
향연에 참여한 사람들이 훌륭하고 좋은, 교양이 있는 사람들인
경우는, 아울로스 부는 여인네나 춤추는 여인네, 하프 켜는 여인
네 등을 볼 수 없을 겁니다. 그들은 그러한 헛되고 유치한 것들
없이 자신들의 목소리를 수단으로 충분히 교제할 수 있어서, 포
도주를 아주 많이 마시고도 절도 있게 자기 순서를 지켜 이야기
e 하기도 하고 듣기도 하지요.[171] 그래서 지금과 같은 모임도, 우리
중 대부분이 그런 사람들이라고 자처하는 사람들 사이에서 그
런 모임이 벌어질 때는, 남의 소리나 시인들을 필요로 하지 않아
요. 시인들에게 그들이 하는 이야기가 무엇에 관한 것인지 물어
볼 수 없는데, 대중들은 논의 중에 이들을 인용하면서 어떤 이는
그 시인이 생각하는 게 이거라고 주장하고 다른 이는 다른 거라
고 주장하면서 자신들이 검증할 수 없는 사안에 대해 대화를 나
348a 누지요. 하지만 저들은[172] 이러한 모임은 집어치우고 그들 자신

이 그들 스스로와 자기들끼리만 모임을 갖고, 자기 자신들의 논의 속에서 서로를 시험하고 서로에게 시험받지요. 제 생각으로는 저와 선생님이 오히려 이런 사람들을 모방해야 할 것 같습니다. 시인 자신들은 제쳐 두고 우리 자신들끼리만 서로를 상대로 논의를 하면서, 진리와 우리 자신에 대한 시험을 하는 거지요. 만약 선생님께서 질문을 더 하고 싶으시면, 저는 선생님께 대답을 해 드릴 준비가 되어 있습니다. 하지만 선생님이 원하시면, 우리가 검토하기를 중도에서 멈춘 문제들에 대해서 끝을 보도록 대답을 해 주십시오."

내가 이 이야기와 이런 식의 다른 이야기들을 했을 때, 프로타 b
고라스님은 어느 쪽을 할지 분명한 말씀이 없으셨어. 그러자 알키비아데스가 칼리아스를 보면서 말했지. "칼리아스, 지금도 프로타고라스님이 잘하고 계시는 것으로 보이나요? 대답을 할지 안 할지를 분명히 밝히려 하지 않으시는데요? 제게는 잘하고 계시는 것으로 보이지 않네요. 대화를 하시든지 아니면 대화하기를 원치 않는다고 말씀을 하셔야죠. 그래서 프로타고라스님이 그러하시다는 것을 우리가 알고, 소크라테스님은 다른 어떤 사람과 대화를 하시도록 말이에요. 혹은 다른 누구 원하는 사람이 있으면, 그가 또 다른 사람과 대화를 하고요."

알키비아데스가 이렇게 이야기하고 칼리아스와 거기 있던 다 c
른 사람들 거의 모두가 그렇게 요구하자, 적어도 내가 보기에는,

프로타고라스님이 창피해하면서 가까스로 대화하기로 마음을 먹고, 자신이 대답을 할 테니 질문하라고 하셨지.

그래서 내가 말했어. "프로타고라스님, 제가 저 스스로 매번 난처해하는 문제들을 살펴보는 것 말고 달리 뭔가를 원해서 선생님과 대화한다고 생각하지 말아 주세요. 저는 호메로스가 다음과 같이 이야기한 것이 매우 일리가 있다고 생각하거든요.

d 둘이 함께 걸어가면, 한 사람이 다른 사람보다 먼저 알아차리기 마련이오.[173]

우리 인간들은 모두, 무슨 일을 하든 무슨 말을 하든 무슨 생각을 하든, 그렇게 할 때 아무래도 더 잘 할 수 있을 테니까요. '혼자만 알아차리게 된다면' 그는 곧장 돌아서서 그것을 보여 주고 함께 확인할 사람을 만나게 될 때까지 그런 사람을 찾게 되지요. 마찬가지로 저도 그 때문에 다른 누구보다도 선생님과 대화하는 것이 즐겁습니다. 제대로 된 사람이 검토할 만한 문제면 다른 문
e 제들도 그렇지만, 특히나 덕과 관련해서는 선생님이 가장 잘 검토하실 수 있다고 생각해서 말이죠. 사실 선생님 말고 다른 누가 그럴 수 있겠어요? 자신은 제대로 된 사람이지만 다른 이들을 그렇게 만들지는 못하는 다른 어떤 사람들처럼, 선생님은 선생님 자신이 훌륭하고 좋은 사람이라고만 생각하시는 게 아니

죠. 선생님은 선생님 자신도 좋은 사람이고 다른 사람들도 좋은 사람으로 만들 수 있으시지요. 선생님은 스스로에 대해서 그토록 확신을 가지셔서, 다른 사람들은 그 기술을 숨기는데, 선생님 349a
은 모든 그리스인들에게 공개적으로 자신을 선전하시면서 '소피스트'라는 명칭을 자신에게 붙이시기도 했어요. 그리고 교양과 덕의 교사임을 공언하시고 자신이 그에 대한 보수를 받을 자격이 있다고 처음으로 주장하셨지요. 그러니 이것들에 대한 검토를 위해서 질문도 하고 의견도 구하는 데, 어찌 선생님께 요청을 하지 않을 수 있겠어요? 안 그럴 도리가 없는 거지요. 이제 저는 제가 처음에 이것들에 관해서 질문했던 것들을, 일부는 선생님께서 다시 처음부터 상기시켜 주시고 일부는 함께 검토해 보기를 원합니다. 제 생각에 질문은 다음과 같은 것이었지요. 지혜와 b
분별과 용기와 정의와 경건, 이들은 하나의 것에 대한 다섯 개의 이름인지, 아니면 어떤 고유한 본성의 것이 그 이름들 각각의 근저에 있어서, 각각이 자기 자신의 기능을 가지며, 그것들 중 어떤 것도 다른 어떤 것과 같은 종류의 것이 아닌 것인지요? 선생님은 이것들이 하나의 것에 대한 이름들이 아니라, 이 이름들 각 c
각이 고유한 것에 적용되고, 이것들 모두는 덕의 부분들인데, 금의 부분들처럼 서로서로 비슷하고 그것들을 부분으로 가지는 전체와도 비슷한 것이 아니라, 얼굴의 부분들처럼 그것들을 부분으로 가지는 전체와도 비슷하지 않고 서로서로도 비슷하지 않으며, 각각이 고유한 기능을 가진다고 주장하셨죠.[174] 이것들이 여전히 그때처럼 생각되시면, 그렇다고 말씀해 주세요. 만약 뭔가 좀 다르게 생각되신다면, 그것을 분명히 밝혀 주세요. 지금 뭔가 다르게 이야기하신다고 해서 제가 선생님께 뭐라고 그러는 일은
d 없을 겁니다. 사실 그때는 저를 시험하시느라고 그런 말씀을 하셨다고 해도 저는 놀라지 않을 테니까요."

그분이 말했지. "소크라테스, 나는 당신에게 다음과 같이 이야기합니다. 이것들 모두는 덕의 부분들이고 그것들 중 넷은 서로 상당히 유사합니다. 하지만 용기는 그것들 모두와 아주 많이 다르죠. 내가 진실을 말하고 있다는 것을 다음과 같은 사실을 통해 알 수 있을 거예요. 한편으로 지극히 부정의하고 불경하며 무분별하고 무지하지만 다른 한편으로 지극히 용기가 출중한 사람들을 많이 볼 수 있을 테니까요."

e 내가 말했지. "잠깐만요, 선생님이 이야기하시는 것을 검토해 볼 필요가 있습니다. 선생님은 용기 있는 사람들이 대담하다고 하시겠습니까, 아니면 달리 어떠하다고 하시겠습니까?" – 그분이 말했지. "대담하지요. 그리고 그런 사람들은 많은 사람들이 그리로 가기 두려워하는 것들을 향해서 나아가는 데 과감합니다." – "자 그럼, 선생님은 덕이 훌륭한 것이라고 주장하십니까? 덕이 훌륭한 것이어서 선생님 자신을 그것의 교사로 내세우시는 것입니까?" – 그분이 말했지. "가장 훌륭한 것이라고 주장합

니다. 내가 정신이 나가지 않았다면 말이에요." – 내가 말했지.
"그중의 일부는 추하고 일부는 훌륭한 것입니까, 아니면 그것 전
부가 훌륭한 것입니까?" – "전부가 더할 나위 없이 훌륭한 것이
죠." – "그럼 우물에 대담하게 잠수해 들어가는 사람들이 누구인
지 아십니까?" – "알지요. 잠수부들입니다." – "잠수할 줄 알기 350a
때문에 그럴까요, 아니면 뭔가 다른 것 때문에 그럴까요?" – "알
기 때문에 그렇지요." – "말을 타고 싸우는 데 대담한 사람들은
누구입니까? 말 탈 줄 아는 사람들입니까, 말 탈 줄 모르는 사람
들입니까?" – "말 탈 줄 아는 사람들이지요." – "방패 가지고 싸
우는 데 대담한 사람들은 누구입니까? 방패 다룰 줄 아는 사람
들인가요, 안 그런 사람들인가요?" – 그분이 말했지. "방패 다룰
줄 아는 사람들이지요. 그리고 만약 당신이 이걸 묻고 있는 거라
면, 다른 모든 경우에서도 아는 사람들이 알지 못하는 사람들보
다 더 대담하고, 스스로도 배웠을 때가 배우기 전보다 더 대담합 b
니다." – 내가 말했지. "그런데 이것들 모두에 대해서 무지하면
서도 이것들 각각에 대해서 대담하게 구는 사람들을 본 적이 있
으십니까?" – 그분이 말했지. "본 적이 있고말고요. 그것도 지나
치게 대담하게 구는 사람들을 말이죠." – "이 대담한 사람들이
용기 있기도 한 것 아닙니까?[175]" – 그분이 말했지. "하지만 그렇
다면 용기가 추한 것이 될 것입니다. 이 사람들은 정신 나간 사
람들이니까요." – 내가 말했지. "그럼 용기 있는 사람들이 어떤

사람들이라고 이야기하시는 겁니까? 대담한 사람들이라고 이야기하시는 것 아닙니까?" – 그분이 말했지. "지금도 그렇게 이야
c 기합니다.[176]" – 내가 말했지. "방금과 같은 방식으로 대담한 사람들은 용기 있는 것이 아니라 정신 나간 것으로 드러나지 않았습니까? 그리고 다시 저쪽 편에서 보자면,[177] 가장 지혜로운 사람들이 가장 대담하기도 한 것이고, 가장 대담하기에 가장 용기 있는 것이죠? 그래서 이 논의에 따르면 지혜가 용기이겠지요?"

그분이 말했지. "소크라테스, 내가 당신에게 대답으로 제시한 이야기를 제대로 기억하지 못하는군요. 나는 당신에게 용기 있는 사람들이 대담한지에 대해 질문을 받아서 이에 동의했습니다. 하지만 대담한 사람들이 용기 있는지에 대해서도 질문을 받은 것은 아니에요. 내게 그 질문을 그때 했더라면, 모두 그런 것
d 은 아니라고 했을 것입니다. 내가 동의한 게 잘못되었다는 것, 즉 용기 있는 사람들이 대담하지 않다는 것은 당신이 어디서도 입증하지 못했습니다. 그러고 나서 당신은 아는 사람들이 스스로도 이전보다 더 대담하고 다른 알지 못하는 사람들보다도 더 대담하다는 것을 보여 줍니다. 그러고서는 이를 바탕으로 용기와 지혜가 같다고 생각합니다. 하지만 그런 식으로 하다가는 당신은 근력도 지혜라고 생각할 수 있을 겁니다. 우선 당신이 그런 식으로 해서 내게 근력 있는 사람들이 능력이 있는지를 묻는
e 다면, 나는 그렇다고 하겠죠. 그 다음에 레슬링 할 줄 아는 사람

들이 모르는 사람들보다, 또 스스로도 레슬링을 배웠을 때가 배우기 전보다 더 능력이 있는지를 묻는다면, 그렇다고 할 것입니다. 이것들에 내가 동의하고 나면, 이 동일한 증거들을 사용해서 당신은 내가 동의한 바에 따르면 지혜가 근력이라고 이야기하는 게 가능할 수도 있을 겁니다. 하지만 나는 여기서든 어디서든 능력 있는 사람들이 근력이 있다는 데 동의하지 않습니다. 근력 있는 사람들이 능력이 있다는 데에는 동의하지만 말이에요. 나는 351a
능력과 근력은 같은 것이라고 하지 않고, 전자 즉 능력은 지식으로부터도 나오고 광기와 화로부터도 나오지만, 근력은 타고난 몸의 상태와 좋은 양육으로부터 나온다고 합니다. 마찬가지로 저쪽 편에서도 대담함과 용기가 같은 것이라고 하지 않습니다. 그래서 용기 있는 사람들은 대담하지만, 대담한 사람들이 모두 용기가 있는 것은 아니게 되는 것이죠. 대담함은, 능력처럼, 인간에게 기술로부터도 생기고 화로부터도 광기로부터도 나오지만, 용기는 타고난 영혼의 상태와 좋은 양육으로부터 나오는 거 b
니까요."

내가 말했지. "프로타고라스님, 선생님은 어떤 사람들은 잘 살고 어떤 사람들은 못 산다고 이야기하시나요?" – 그분이 그렇다고 했지. – "그러면, 어떤 사람이 고통스럽고 고생스러워하면서 산다면 그가 잘 사는 것으로 여겨지겠습니까?[178]" – 그분이 말했지. "아닙니다." – "즐겁게 삶을 살다가 죽는다면 어떻습니

까? 그 사람은 그렇게 해서 잘 살았던 것이리라고 여겨지지 않
c 습니까?" – 그분이 말했지. "내게는 그렇게 여겨지네요." – "그럼 즐겁게 사는 것은 좋고 즐겁지 않게 사는 것은 나쁜 것이네요." – 그분이 말했지. "훌륭한 것들에 즐거워하면서 사는 경우에는 그렇지요." – "뭐라고요, 프로타고라스님? 선생님도 대중들처럼 즐거운 어떤 것들을 나쁘다고 하고 고통스러운 어떤 것들을 좋다고 하는 것은 아니시겠죠?[179] 제 말은 이런 겁니다. 어떤 것들이 즐거운 한에서, 그 측면에서는 그것들이 좋은 것이 아닌가요? 이것들로부터 어떤 다른 것이 따라 나오는지 아닌지는 제쳐 두고 말이죠. 또한 고통스러운 것들도 마찬가지여서, 고통스러운 것인 한에서는 그것들이 나쁜 것이 아닌가요?" – 그분이
d 말했지. "나는 당신이 물어보듯이 그렇게 단순하게 즐거운 것들 모두가 좋은 것이고 고통스러운 것들 모두가 나쁜 것이라고 대답해야 하는 것인지 모르겠어요. 지금의 대답과 관련해서만이 아니라 내 남은 삶 전체와 관련해서도, 다음과 같이 대답하는 것이 더 안전해 보입니다. 즐거운 것들 중에 좋지 않은 것이 있고, 다른 한편 고통스러운 것들 중에서도 나쁘지 않은 것이 있고, 나쁜 것도 있으며, 셋째로 어느 쪽도 아닌 것, 즉 좋지도 나쁘지
e 도 않은 것도 있다고 말이에요." – 내가 말했지. "즐거움에 참여하거나 즐거움을 산출하는 것을 즐거운 것이라고 부르지 않으시나요?" – 그분이 말했지. "당연히 그렇습니다." – "제 말은, 어떤

것이 즐거운 것인 한에서는 그것이 좋은 것이 아닌가 하는 것입니다. 그러니까 즐거움 자체가 좋은 것이 아닌지를 묻고 있는 것입니다." - 그분이 말했지. "소크라테스, 당신이 매번 이야기하듯이, 그것을 검토해 봅시다. 그래서 그 검토한 결과가 합리적으로 보이고 즐거운 것과 좋은 것이 동일한 것으로 드러난다면[180] 우리가 동의를 하게 될 테고, 그렇지 않다면 그때에는 논쟁을 하게 되겠지요."

내가 말했지. "그러면 선생님께서 주도해서 검토하시기를 원하시나요, 아니면 제가 주도할까요?"

그분이 말했지. "당신이 주도하는 것이 마땅합니다. 논의를 시작한 것도 당신이니까요."

내가 말했지. "그렇다면, 다음과 같은 식으로 하면 이 문제가 352a
우리에게 분명해질까요? 마치 어떤 사람이 겉모습을 통해서 건강에 관해서나 몸의 다른 어떤 기능에 관해서 검토할 때, 얼굴과 손을 보고 나서 '자 이제 더 확실하게 검토할 수 있도록 옷을 벗어서 가슴과 등도 보여 주세요'라고 말하는 것처럼, 저도 검토를 위해서 그런 식으로 하고 싶어요. 좋음과 즐거움에 대한 선생님의 입장이 선생님이 주장하시는 그런 것이라는 걸 관찰하고 나서, 이런 말을 해야 되겠습니다. '자 이제, 프로타고라스님,
이 문제에 대해서도 선생님 생각을 드러내 주세요. 앎과 관련해 b
서 어떤 입장을 취하시나요? 이것도 선생님은 대중들과 마찬가

지로 생각하시나요, 아니면 다르게 생각하시나요? 대중들은 앎에 대해서, 그게 강력하거나 주도하는 것이거나 지배하는 것이 아니라고 생각하지요. 그들은 그게 그런 것이 아니어서, 앎이 사람 안에 있는 경우에도 종종 앎이 아니라 다른 어떤 것, 때로는 화, 때로는 즐거움, 때로는 괴로움, 어떨 때에는 사랑, 그리고 종
c 종 두려움이 그를 지배한다고 생각하지요. 한마디로 그들은 앎에 대해서 그것이 마치 노예처럼 다른 모든 것들에 끌려다닌다고 생각하는 거예요. 그러니까 선생님도 앎에 대해서 그런 식으로 생각하시나요, 아니면 앎이 훌륭한 것이고 사람을 지배하는 성격의 것이어서, 누군가가 좋은 것들과 나쁜 것들을 알기만 하면 그는 그 어떤 것에도 굴복당하지 않고 앎이 지시하는 것 외의 다른 어떤 것을 행하지 않는다고, 그래서 현명함[181]이 인간을 구하기에 충분하다고 생각하시나요?"

그분이 말했지. "나는 당신이 이야기하는 대로라고 생각합니
d 다, 소크라테스. 더구나 다른 누구보다도 내가, 지혜와 앎이 인간에 속하는 것들 중에서 가장 강력한 것이라고 주장하지 않는다면 부끄러운 일이지요."[182]

내가 말했지. "훌륭하고 참된 말씀이십니다. 그런데 대중들은 저와 선생님을 믿지 않고, 다음과 같이 주장한다는 것을 알고 계실 겁니다. 가장 좋은 것을 알고 있고, 또 그것을 할 수 있는데도, 그것을 하려 하지 않고 오히려 다른 것을 하려고 하는 사람

들이 많이 있다고 말이죠. 그리고 도대체 그런 이유가 뭐냐고 제가 물어보면 모두들, 그렇게 하는 사람들은 즐거움이나 괴로움에 져서, 혹은 제가 지금 막 이야기한 것들 중 하나에 굴복당해 e
서 그렇게 한다고 주장합니다."

그분이 말했지. "내 생각엔, 소크라테스, 사람들은 다른 많은 것들도 틀리게 이야기합니다."

"자 그럼 저와 함께 사람들에게 그들의 이 경험[183]이 무엇인지 설득하고 가르쳐 주도록 시도해 보시죠. 즐거움에 지는 것, 즉 가장 좋은 것들을 알면서도 그 때문에 그것들을 행하지 않는 353a
다고 그들이 주장하는 그 경험 말이에요. 우리가 그들에게 '여러분, 당신들이 맞는 이야기를 하는 게 아니라 거짓을 이야기하고 있습니다'라고 이야기한다면, 아마도 그들은 우리에게 이렇게 물을 것입니다. '프로타고라스와 소크라테스, 우리가 겪는 이것이 즐거움에 지는 것이 아니라면, 도대체 무엇입니까? 당신들은 그것이 뭐라고 주장하십니까? 우리에게 말씀해 주세요.'"

"소크라테스, 왜 우리가 대중들의 믿음을 검토해야 합니까? 그들은 뭐가 되었든 닥치는 대로 이야기하는데요?"

내가 말했지. "저는 이것이 우리가 용기에 대해서 그것이 덕의 b
다른 부분들과 도대체 어떤 관계를 맺고 있는지를 발견하는 데 상관이 좀 있다고 생각합니다. 그러니 선생님께서 우리가 조금 전에 결정했던 바를 지키는 것이 좋겠다고 생각하시면, 따라 주세요. 즉, 제가 생각하기에 이 문제가 명백하게 되는 데 가장 훌륭한 방식대로 제가 이끌기로 한 것 말이죠. 만약 그러기를 원치 않으신다면, 이야기를 접도록 하겠습니다. 그게 선생님께 좋다면요."

그분이 말했지. "아니, 당신 이야기가 맞아요. 당신이 시작한 대로 끝까지 계속해 주세요."

c 내가 말했지. "그들이 다시 우리에게 이렇게 묻는다고 해 보지요. '그러면 당신들은 그게 뭐라고 주장하십니까? 우리가 즐거움에 지는 것이라고 이야기한 것 말이에요.' 저는 그들에게 이렇게 대답하겠습니다. '들어 보세요. 저와 프로타고라스님이 당신들에게 설명해 드리도록 해 보겠습니다. 여러분, 여러분은 다음과 같은 경우에 그런 일이 당신들에게 일어난다고 주장하시지 않습니까? 예컨대, 먹을 것이나 마실 것, 혹은 성적 쾌락이 즐거워 종종 그것에 굴복하고, 그래서 해로운 줄 알면서도 그것을 행하는 경우 말이에요.'" – "그들은 그렇게 주장할 것입니다." – "저와 선생님은 다시 그들에게 물어보겠지요. '여러분은 어떤 점에서 그

d 것들이 해롭다고 주장하십니까? 그것들이 당장 즐거움을 제공하고 그것들 각각이 즐겁다는 점에서입니까, 아니면 나중에 병을 만들고 가난이나 다른 그런 많은 것들을 초래한다는 점에서입니까? 나중에 이런 것들 중 어떤 것도 초래하지 않고 그저 즐거워하게만 만들어 주는데도, 어떤 방식으로든 즐거워하게 만들

어 준다는 바로 그 이유 때문에 그것들이 나쁜 건가요?' 당장의
즐거움 그 자체를 산출한다는 점에서 나쁜 게 아니라 나중에 생
겨나는 것들, 병이나 그 밖의 것들 때문에 나쁜 거라는 대답 말 e
고 그들이 다른 어떤 대답을 할 거라고 우리가 생각할까요, 프로
타고라스님?" - 프로타고라스님이 말했지. "내 생각에 대중들은
그렇게 대답할 겁니다." - "'병을 만듦으로써 고통을 만들고, 가
난을 만듦으로써 고통을 만드는 것이 아닌가요?' 제 생각엔 그
들이 동의할 것입니다." - 프로타고라스님이 동의했지. - "'여
러분, 나와 프로타고라스님이 주장하듯이,[184] 여러분에게 그것들
이 명백하게 나쁜 것인 이유는 그것들이 고통을 결과로 가져오
고 다른 즐거움들을 빼앗아 간다는 것 말고 다른 어떤 이유가 아
니지 않나요?' 그들은 동의하겠지요?" - 우리 둘 모두에게 그들 354a
이 그러리라고 여겨졌지. - "그들에게 다시 그 반대의 것을 물어
본다고 해 보죠. '다른 한편으로 좋은 것들이 고통스럽다고 이야
기하는 여러분, 여러분은 다음과 같은 것들, 예컨대 신체단련,
군복무, 의사의 치료, 즉 소작술, 절개술, 약물요법, 단식요법 등
을 통해 이루어지는 치료가 좋기는 하지만 고통스러운 것이라
고 이야기하는 것 아닙니까?' 그들은 그렇다고 하겠지요?" - 그
분에게도 그렇게 여겨졌지. - "'그러면 그것들을 다음과 같은 점
에서, 즉 당장 극도의 고통과 아픔을 제공한다는 점에서 좋은 거 b
라고 부르는 겁니까, 아니면 그것들로부터 나중에 건강이나 몸

의 좋은 상태, 나라의 안녕, 다른 이들에 대한 지배와 부 등이 생긴다는 점에서 그러는 겁니까?' 제 생각에 그들은 후자라고 할 겁니다." - 그분에게도 그렇게 여겨졌지. - "'이것들이 즐거움을 결과로 가져오고 괴로움의 해방과 회피를 결과로 가져온다는 것 외에 다른 어떤 이유 때문에 이것들이 좋은 것인가요? 아니면 여러분은 즐거움과 괴로움 외에 다른 어떤 궁극적 기준을
c 이야기할 수 있습니까? 그것에 비추어 이것들을 좋은 것이라고 부르는 기준 말이에요.' 제 생각에 그들은 그럴 수 없다고 할 겁니다." - 프로타고라스님이 말했지. "내게도 그럴 수 없으리라고 여겨지는군요." - "'당신들은 즐거움을 좋은 것이라고 생각해서 좇고 괴로움을 나쁜 것이라고 생각해서 피하는 것이 아닌가요?'" - 그분에게도 그렇게 여겨졌지. - "'그러니 당신들은 그것, 즉 괴로움을 나쁜 것이라고 생각하고 즐거움을 좋은 것이라고 생각하는 것이에요. 당신들이 즐거워함 자체도 나쁘다고 이야기할 때는, 그것이 가지고 있는 것보다 더 큰 즐거움을 빼앗아 가거나 그것 안에 있는 즐거움들보다 더 큰 괴로움을 초래하는
d 바로 그런 때이니까요. 당신들이 다른 어떤 점에서, 그리고 다른 어떤 궁극적 기준에 비추어서 즐거워함 자체를 나쁜 것이라고 부른다면, 우리에게도 이야기해 줄 수 있겠습니다만, 사실은 그렇게 못 할 겁니다.'" - 프로타고라스님이 말했지. "내게도 그들이 못 할 거라고 여겨집니다." - "'그러면, 괴로워함 자체에 대

해서도 동일한 방식이 다시 적용되지 않겠어요? 당신들이 괴로
워함 자체를 좋은 것이라고 부르는 때는, 그 안에 있는 것들보다
더 큰 괴로움을 해방시켜 주거나 그 괴로움보다 더 큰 즐거움을
초래하는 바로 그런 때이지요? 괴로워함 자체를 좋은 것이라고
부를 때, 내가 이야기하고 있는 것 외에 다른 어떤 궁극적 기준 e
을 참조하고 있는 것이라면, 우리에게 이야기해 줄 수 있겠지만,
사실 그렇게 못할 테니까요.'" - 프로타고라스님이 말했지. "당신
이야기가 맞습니다."

내가 말했지. "'여러분, 당신들이 다시 내게 "도대체 무엇 때문
에 이에 관해서 그렇게 많은 것을, 또 그렇게 여러 방식으로 이
야기하는 거요?"라고 되묻는다면, 나는 양해해 달라고 이야기
하겠습니다. 우선은 당신들이 '즐거움에 진다'고 부르는 것이 도
대체 무엇인지를 증명하기가 쉽지 않기 때문이고, 그 다음으로
는 모든 증명이 여기에 달려 있기 때문입니다. 하지만 지금이라
도, 즐거움 말고 다른 어떤 것이 좋은 것이고 고통 말고 다른 어 355a
떤 것이 나쁜 것이라고 어떻게든 당신들이 주장할 수 있다면, 논
의를 무르는[185] 것이 가능합니다. 아니면, 당신들은 괴로움 없이
즐겁게 삶을 사는 것으로 충분합니까? 만약 그것으로 충분하고,
이런 것들로 귀결되지 않는 다른 좋은 것이나 나쁜 것을 어떤 것
도 당신들이 댈 수 없다면, 그 다음에 따라 나오는 것을 들어 보
세요. 나는 당신들에게, 사정이 이러하다면 당신들의 이야기가

우스꽝스러운 것이 된다고 주장합니다. 어떤 사람이 나쁜 것들이 나쁜 줄 알면서도 즐거움에 이끌리고 압도당해서 그것을 안 할 수 있는데도 한다고 당신들이 이야기할 때, 그 이야기 말이에
b 요. 당신들은 또한 그런 사람이 당장의 즐거움 때문에 그것에 져서 좋은 것들을 알면서도 행하려 하지 않는다고 이야기하기도 하지요. 이런 것들이 우스꽝스럽다는 것은 다음과 같이 하면 분명해질 것입니다. '즐거움', '고통스러움', '좋음', '나쁨' 등의 여러 이름을 우리가 동시에 사용하지 말고, 이것들이 둘이라는 것이 드러났으니 이름도, 처음에는 '좋음'과 '나쁨', 그 다음에는 다시 '즐거움'과 '고통스러움' 이렇게 둘씩만 사용해서 그것들을 부
c 른다면 말이죠. 이렇게 하기로 하고서, 어떤 사람이 나쁜 것들을 나쁜 줄 알면서도 행한다고 이야기해 봅시다. 누군가가 우리에게 "무엇 때문에?"라고 묻는다면,[186] 우리는 "졌기 때문에"라고 할 겁니다. "무엇에?"라고 그가 우리에게 묻겠지요. 우리는 더 이상 "즐거움에"라고 이야기할 수 없습니다. '즐거움'이란 이름을 '좋음'이란 다른 이름으로 바꾸었으니까요. 그러니까 우리는 그에게 대답으로 "졌기 때문에"라고 이야기하고, 그가 "무엇에?"라고 물으면, "맹세코, 좋음에"라고 말할 겁니다. 그러면, 우리에
d 게 질문을 한 사람이 마침 무례한 사람이기라도 하다면, 그는 웃어 대면서 이야기할 겁니다. "정말 웃기는 사태를 이야기하시는군요. 누군가가 그것들이 나쁜 줄 알면서도, 또 그걸 해야만 하

는 것도 아닌데도, 좋은 것들에 져서 나쁜 것들을 행한다면 말이에요.” 그는 이야기할 겁니다. “당신들이 판단하기에[187] 그 좋은 것들이 그 나쁜 것들을 이길 만한 가치가 없는 것들인가요, 그럴 가치가 있는 것들인가요?” 우리는 대답으로 분명, 그럴 가치가 없는 것들이라고 이야기할 겁니다. 안 그러면, 우리가 즐거움에 졌다고 하는 사람이 잘못한 것이 없을 테니까요. 아마도 그는 이렇게 이야기할 겁니다. “그럼 어떤 점에서 좋은 것들이 나쁜 것들만 한 가치가 없거나 나쁜 것들이 좋은 것들만 한 가치가 없는 건가요? 한쪽은 더 크고 다른 한쪽은 더 작다거나 한쪽은 더 많고 다른 한쪽은 더 적다는 점 말고 다른 어떤 점에서인가요?” 우 e
리는 그것 외에 다른 것을 말할 수 없을 겁니다. 그는 이야기할 겁니다. “그러면 당신들이 ‘진다’는 말로 의미하는 것이 더 작은 좋은 것들 대신에 더 큰 나쁜 것들을 취하는 것이라는 게 분명합니다.” 이건 그 정도면 됐고요. 이제 이름을 다시 바꾸어서 이 동일한 것들에 ‘즐거움’과 ‘고통스러움’을 적용해서, 어떤 사람이 고통스러운 것들을 – 전에는 ‘나쁜 것들’이라고 이야기했지만 이제는 ‘고통스러운 것들’이라고 이야기해야죠. – 고통스러운 줄 알면서, 즐거운 것들에 져서 행한다고 이야기해 봅시다. 이 즐거 356a
운 것들이 그것들을 이길 만한 가치가 없다는 것이 분명한데도 말이죠. 그런데 괴로움과 관련해서 즐거움에게 ‘가치 없음’[188]이란, 서로 간에 넘침과 모자람 외에 다른 뭐가 있겠어요? 다시 말해서, 서로 간에 더 크고 더 작게 되는 것이나, 더 많고 더 적게 되는 것이나, 더하고 덜하게 되는 것 말이에요. 만약에 누군가가 "하지만, 소크라테스, 당장의 즐거움은 나중 시간의 즐거움이나 괴로움과 아주 많이 차이가 납니다."라고 이야기한다면, 저는 이렇게 주장할 겁니다. 즐거움과 괴로움에서 차이가 나는 것 말고 다른 어떤 방식으로 차이가 나는 것은 아니겠지요? 차이가 날
b 다른 어떤 방식은 없으니까요. 그럼, 마치 무게를 잘 재는 사람처럼, 즐거운 것들을 다 모으고 괴로운 것들을 다 모아서 가까운 것이든 먼 것이든 저울에 올려놓고 어느 쪽이 더 많은지 이야기해 보세요. 즐거운 것들을 즐거운 것들과 비교해서 재는 경우에는 언제나 더 크고 더 많은 쪽을 택해야 하고,[189] 괴로운 것들을 괴로운 것들과 비교해서 재는 경우에는 더 적고 더 작은 쪽을 택해야 하지요. 즐거운 것들을 괴로운 것들과 비교해서 재는 경우에는, 즐거운 것들이 고통스러운 것들보다 넘치면, 먼 것들이 가까운 것들보다 넘치든 가까운 것들이 먼 것들보다 넘치든, 이런 것들을 가지고 있는 그 행동을 해야 하고, 고통스러운 것들이 즐
c 거운 것들보다 넘치면, 행하지 말아야 하지요. 이와 다른 방식이지는 않겠지요, 여러분?' 저는 이렇게 주장할 것입니다. 그리고 그들이 달리 이야기할 수 없다는 것을 압니다." – 그분에게도 역시 그렇게 여겨졌지.

"저는 이렇게 주장할 겁니다. '사정이 이러하니, 제게 이걸 대

답해 보세요. 동일한 크기가 가까이서는 당신들의 시각에 더 크
게 보이고 멀리서는 더 작게 보이지요. 그렇지 않나요?'" – "그
들이 그렇다고 할 겁니다." – "'두꺼움과 많음도 마찬가지죠?
또 같은 소리가 가까이서는 더 크고 멀리서는 더 작지요?'" – "그
들이 그렇다고 하겠지요." – "'만약에 우리가 잘 행동하는 것이
양이 큰 것은 택해서 행하고 작은 것은 피해서 행하지 않는 것 d
에 달려 있었더라면, 무엇이 우리 삶의 구원 수단으로 드러났을
까요? 측정의 기술이었을까요, 아니면 보이는 것의 힘이었을까
요? 아니, 이 힘은 우리를 헤매게 하고 동일한 것에 대해서 종
종 마음이 왔다 갔다 하게 만들고 큰 것들과 작은 것들의 선택
과 행동에서 후회를 하게 만드는 것이었죠? 반면에 측정의 기
술은 그 보이는 것을 무력하게 만들고, 참된 것을 밝혀 줌으로 e
써 영혼이 참된 것에 머물러 안식을 갖게 해 주고, 삶을 구원했
을 텐데 말이에요?' 이런 것들과 관련해서 우리를 측정의 기술이
구원했을 거라고 사람들이 동의할까요, 아니면 다른 기술이 그
랬을 거라고 할까요?" – "측정의 기술입니다." 그분이 동의하셨
지. – "'만약 우리 삶의 구원이 짝수와 홀수의 선택에 달려 있었
더라면 어땠을까요? 같은 종류의 것을 같은 종류의 것과 비교해
서, 혹은 다른 종류의 것을 다른 종류의 것과 비교해서, 그게 가
까이 있든 멀리 있든, 더 많은 것을 올바로 선택해야 했을 때와
더 적은 것을 올바로 선택해야 했을 때 말이에요. 그런 경우 뭐

357a 가 우리의 삶을 구원했겠습니까? 앎이 아니었겠어요? 그리고 그건 측정의 앎의 일종 아니었겠습니까? 그 기술이 넘침과 부족함에 관한 것이니까요. 그리고 그 앎이 짝수와 홀수에 관한 것이니, 그건 다름 아닌 산술이었겠지요?' 사람들이 우리에게 동의할까요, 안 할까요?" - 프로타고라스님에게도 역시 그들이 동의할 거라고 여겨졌어. - "'좋아요, 여러분. 우리 삶의 구원이[190] 사
b 실 즐거움과 괴로움의 올바른 선택, 더 많고 더 적고 더 크고 더 작고 더 멀리 있고 더 가까이 있는 즐거움과 괴로움의 올바른 선택에 있다는 것이 드러났으니, 이것은 우선 서로 간의 상대적인 넘침, 부족함, 같음의 검토인 측정술이라는 것이 드러난 게 아닙니까?'" - "그럴 수밖에요." - "'측정술이니까, 그것은 필연적으로 기술이고 앎이라는 것이 분명하지요.'" - "그들이 동의할 겁니다." - "'이것이 어떤 종류의 기술이고 앎인지는 다음번에 검토하기로 하지요.[191] 하지만 당신들이 우리에게 질문했던 것에 관해서 나와 프로타고라스님이 해야 하는 증명을 위해서는, 이것
c 이 앎이라는 사실, 그 정도면 충분합니다. 기억하고 계시다면, 당신들은 다음과 같은 상황에서 질문을 했지요. 우리가, 어떤 것도 앎보다 강하지 않고, 이게 안에 있는 곳에서는 언제나 이것이 즐거움과 다른 모든 것을 다 굴복시킨다고 서로 동의하고 있을 때 말이에요. 당신들은 그때 즐거움은 앎을 가지고 있는 사람도 종종 굴복시킨다고 주장했고, 우리가 당신들에게 동의하

지 않자 그 다음에 우리에게 질문했지요. “프로타고라스와 소크라테스, 우리가 겪는 이것이 즐거움에 지는 것이 아니라면, 그건 도대체 무엇이고, 당신들은 그게 뭐라고 주장하십니까? 우리에게 말해 주세요.” 그때 우리가 곧바로 당신들에게 “무지입니다.” d
라고 이야기했다면, 당신들은 우리를 비웃었을 겁니다. 하지만 이제는 당신들이 우리를 비웃는다면, 당신들 자신도 비웃는 셈이 될 거예요. 즐거움과 괴로움 – 이것들은 곧 좋음과 나쁨인데요 – 이것들의 선택과 관련해서 잘못을 범하는 사람들은 앎의 결여 때문에 잘못을 범하는 것이라는 데 당신들이 동의했으니까요. 당신들은 결여된 것이 앎이라는 것만이 아니라, 더 나아가 앞에서 측정의 앎이라고 동의했던 앎이라는 데까지도 동의를 했지요. 그리고 앎이 없이 잘못 행해진 행동은 무지 때문에 행해진 e
것이라는 걸 당신들 자신도 알고 있겠지요. 그래서 즐거움에 진다는 것은 이것, 즉 가장 큰 무지이고, 여기 이 프로타고라스님이 그것을 치료해 주는 사람이라고 주장하며 프로디코스와 히피아스도 그렇게 주장합니다. 그런데 당신들은 그것이 무지가 아닌 다른 어떤 것이라고 생각해서 당신들 자신도 안 그러고 당신들의 자식들도 이런 것들의 교사인 여기 이 소피스트들에게 보내지 않습니다. 그건 가르쳐 줄 수 있는 게 아니라는 이유로 말이죠. 그러는 대신에 당신들은 돈에 연연한 나머지 이들에게 돈을 안 주고, 그렇게 함으로써 사적으로나 공적으로나 잘못 행동

하고 있는 거지요.'

358a 우리는 대중들에게 이런 대답을 했을 것입니다. 저는 이제 프로타고라스님과 함께 당신들에게 묻습니다. 히피아스와 프로디코스 (당신들도 논의에 함께 참여해야 하니까요), 당신들 보기에 내가 참된 이야기를 하는 것 같습니까, 거짓된 이야기를 하는 것 같습니까?" – 이야기된 것들이 엄청나게 참되다고 모두에게 여겨졌어. – 내가 말했지. "그러면 당신들은 즐거운 것이 좋은 것이고 고통스러운 것이 나쁜 것이라는 데 동의하시는 겁니다. 여기 이 프로디코스의 이름 구별하기는 좀 제쳐 두시길 간청할게요. '즐거움'이라고 부르든 '유쾌함'이라고 부르든 '기쁨'이라고 부르든,[192] 어떤 근거에서 어떤 방식으로 이것들을 당신이 이름 붙
b 이고 싶어 하든, 훌륭한 프로디코스, 내가 의도하는 바를 고려해서 그걸 내게 대답해 주세요." – 프로디코스는 웃으며 동의했고, 다른 사람들도 그랬지. – 내가 말했지. "자 그럼, 여러분, 다음의 것은 어떻습니까? 괴로움 없이 즐겁게 사는 것을 목표로 하는 모든 행동은 훌륭한 것이 아닙니까? 그리고 훌륭한 일은 좋고 이득이 되는 것이지요?" – 그들이 동의했지. – 내가 말했어. "그럼, 즐거운 것이 좋은 것이면, 다른 것이 자기가 행하는 것보다 더 좋고, 할 수 있는 것이라는 걸 알거나 혹은 그렇다고 생각하고서
c 도,[193] 더 나은 것을 할 수 있는데 그 원래의 것을 하는 사람은 아무도 없을 겁니다. 또 자기 자신에게 지는 것은 무지에 다름 아

니고, 자기 자신을 이기는 것은 지혜에 다름 아니지요." – 모두가 여기에 동의했어. – "그럼 어떻습니까? 무지란 다음과 같은 것, 즉 대단히 중요한 문제들에 대해서 거짓된 믿음을 가지고 있고 거짓된 생각을 하고 있는 것이라고 이야기들 하시나요?" – 여기에도 모두가 동의했지. – 내가 말했어. "그러면 나쁜 것들을 향해서는 누구도 기꺼이 나아가지 않고, 나쁘다고 생각하는 것들을 향해서도 그렇고, 좋은 것들 대신에 나쁘다고 생각하는 것 d
들을 향해서 가기를 원하는 것은 모름지기 인간의 본성에 속한 것이 아닐 테지요? 또 두 가지 나쁜 것들 중에 하나를 선택할 수밖에 없을 때 더 작은 것을 택할 수 있는데 더 큰 것을 택하는 사람은 없겠지요?" – 우리 모두가 이 모든 것에 동의했어. – 내가 말했지. "그러면 어떻습니까? 여러분이 '무서움'과 '두려움'이라고 부르는 어떤 게 있지요? 그걸 이렇게 이야기하면 맞을까요? (당신에게 하는 말입니다, 프로디코스.) 여러분이 그걸 '무서움'이라고 부르든 '두려움'이라고 부르든, 나는 그게 일종의 나쁜 것의 예견이라고 이야기합니다." – 프로타고라스님과 히피아스에게는 무서움과 두려움이 그런 거라고 여겨졌고, 프로디코스에게는 무 e
서움은 그렇지만, 두려움은 그런 게 아니라고 여겨졌어.[194] – 내가 말했지. "아무래도 상관이 없습니다, 프로디코스. 이걸 보세요. 앞에서 이야기된 것들이 참이라고 한다면, 어떤 사람이 자기가 무서워하지 않는 것들을 향해서 갈 수 있는데도 무서워하는 것들을 향해서 가기를 원할까요? 아니면 우리가 동의한 것들에 따르면 이것이 불가능한가요? 무언가를 무서워하면 그것을 나쁘다고 생각한다는 데 동의했고, 무언가를 나쁘다고 생각하면 누구도 기꺼이 그것을 향해서 가거나 그것을 취하지 않는다는 데
359a 동의했으니까요." – 이것들도 모두에게 그렇게 여겨졌지.

내가 말했어. "그럼 이게 이렇다고 놓고 나서, 프로디코스와 히피아스, 여기 이 프로타고라스님이 처음에 대답한 것이 어떻게 맞는 이야기인지 우리에게 변론하시라고 합시다. 맨 처음에 대답한 것 말고요. 그때는 덕의 부분들이 다섯인데 그중 어떤 것도 다른 것과 같은 종류의 것이 아니고, 각자 자신의 고유한 기능을 갖는다고 했죠. 그걸 이야기하는 것이 아니라 나중에 말한 것을 이야기하는 겁니다. 나중에는, 넷은 서로 상당히 유사
b 한데, 하나, 즉 용기는 나머지 것들과 아주 많이 다르다고 했지요. 그리고 다음과 같은 증거를 통해서 내가 그것을 알 수 있으리라고 했지요. '소크라테스, 당신은 한편으로 지극히 불경하고 부정의하고 무분별하고 무지하지만 다른 한편으로 지극히 용기 있는 사람들을 볼 수 있을 겁니다. 이로 인해서 당신은 용기가 덕의 다른 부분들과 많이 다르다는 것을 알 수 있을 겁니다.'[195] 그때 곧바로 저는 그 대답에 많이 놀랐지만, 당신들과 그것을 살펴본 지금은 더욱더 놀라고 있습니다. 어쨌든 저는 이분께 용기 있는 사람들이 대담하다고 이야기하시는지를 물었지요. 이분은

'그렇고 또 과감하다'[196]고 하셨지요." 내가 말했어. "프로타고라 c
스님, 이런 대답을 하신 것을 기억하시나요?" – 그분이 동의했지. – 내가 말했어. "자 그럼, 용기 있는 사람들이 무엇을 향해서 나아가는 데 과감하다고 말씀하시는지 우리에게 이야기해 주세요. 비겁한 사람들이 그러는 것들을 향해서입니까?" – 그분이 아니라고 했지. – "분명 다른 것들을 향해서이지요." – 그분이 말했지. "그렇습니다." – "비겁한 사람들은 대담하게 할 수 있는 것들[197]을 향해서 나아가고, 용기 있는 사람들은 무서운 것들을 향해서 나아가는 건가요?" – "사람들이 그렇게 이야기하지요, 소크라테스." – 내가 말했지. "맞는 말씀입니다. 하지만 저는 그것
을 묻고 있는 것이 아닙니다. 그게 아니라, 선생님은 용기 있는 d
사람들이 무엇을 향해서 나아가는 데 과감하다고 주장하시나요? 무서운 것들을 향해서, 그게 무섭다고 생각하면서 그리로 나아가는 데 과감한 건가요, 아니면 그렇지 않은 것들을 향해서인가요?" – 그분이 말했지. "앞의 경우는 당신이 이야기한 논변에서 좀 전에 불가능하다는 것이 증명됐지요." – 내가 말했지. "그것도 맞는 말씀이세요. 그래서 그게 제대로 증명된 것이라면, 누구도 자기가 무섭다고 생각하는 것을 향해서 나아가지 않습니다. 자기 자신에게 진다는 것이 무지라는 게 밝혀졌으니까요." – 그분이 동의했지. – "그러니, 자신이 대담하게 할 수 있는 것으로 여기는 것들을 향해서는, 비겁한 사람들이든 용기 있는 사람들

e 이든 모두 다 그리로 나아가고, 적어도 이 점에 있어서는 비겁한 사람들과 용기 있는 사람들이 동일한 것들을 향해서 나아가는 겁니다." – 그분이 말했지. "하지만, 소크라테스, 비겁한 사람들과 용기 있는 사람들은 서로 완전히 반대되는 것을 향해서 나아갑니다. 예컨대, 한쪽은 전쟁에 가기를 원하고 다른 쪽은 가지 않기를 원하지요.[198]" – 내가 말했지. "훌륭한 것인데 가기를 원하는 건가요, 추한 것인데 그러는 건가요?" – 그분이 말했지. "훌륭한 것인데 그러는 거지요." – "훌륭한 것이라면, 좋은 것이기도 하다고 앞에서 동의했지요. 훌륭한 행위는 모두 좋은 거라고 동의했으니까요." – "맞는 이야기입니다. 내게는 항상 그렇
360a 게 생각되어 왔지요." – 내가 말했지. "옳습니다. 그런데 전쟁에 가는 것이 훌륭하고 좋은 것인데 그리로 가지 않기를 원하는 쪽이 어느 쪽이라고 주장하시죠?" – 그분이 말했지. "비겁한 사람들입니다." – 내가 말했지. "훌륭하고 좋은 것이라면 즐거운 것이기도 하지 않습니까?" – 그분이 말했지. "여하간 그것도 동의되었지요." – "그럼, 비겁한 사람들은 그런 줄 알면서도, 더 훌륭하고 더 좋으며 더 즐거운 것을 향해서 가지 않기를 원하는 건가요?" – 그분이 말했지. "하지만 우리가 그것에도 동의한다면, 앞에서 동의한 것을 깨뜨리는 게 될 겁니다." – "용기 있는 사람은 어떻습니까? 더 훌륭하고 더 좋으며 더 즐거운 것을 향해서 가는 것이 아닙니까?" – 그분이 말했지. "그렇다고 동의할 수밖에

없지요." – "일반적으로 이야기해서, 용기 있는 사람들이 두려워할 때는 추한 두려움을 두려워하지 않고,[199] 추한 대담함에 대담 b
하게 굴지도 않지요." – 그분이 말했지. "맞습니다." – "추하지 않으면 훌륭한 것 아닙니까?[200]" – 그분이 동의했지. – "훌륭하면, 좋기도 하지요?" – "그렇지요." – "비겁한 사람들이나 무모한 사람들이나 정신 나간 사람들은 반대로 추한 두려움을 두려워하고 추한 대담함에 대담하게 구는 것이 아닙니까?" – 그분이 동의했지. – "그들이 추하고 나쁜 것에 대담한 것은 무식과 무지로 인해서가 아니라 다른 어떤 것에 의해서인가요?" – 그분이 말했지. "그로 인해서입니다." – "그러면 어떻습니까? 비겁한 사람 c
들이 무엇으로 인해서 비겁하다고 할 때, 그 무엇을 '비겁함'이라고 부르시나요, '용기'라고 부르시나요?" – 그분이 말했지. "나는 '비겁함'이라고 부릅니다." – "무서운 것들에 대한 무지로 인해서 그들이 비겁한 것으로 드러났지 않습니까?" – 그분이 말했지. "정말 그렇습니다." – "그러니 바로 이 무지로 인해서 그들이 비겁한 것이네요?" – 그분이 동의했지. – "이들이 무엇으로 인해서 비겁하다고 할 때, 그 무엇이 비겁함이라고 선생님이 동의하셨지요?" – 그분이 동의했어. – "그럼 무서운 것과 무섭지 않은 것에 대한 무지가 비겁함이지 않겠어요?" – 그분이 고개를 끄덕이셨지. – 내가 말했어. "하지만 용기는 비겁함의 반대지요?" – 그 d
렇다고 그분이 말했지. – "무서운 것과 무섭지 않은 것에 대한 지혜가 이들에 대한 무지의 반대가 아닌가요?" – 이번에도 여전히 고개를 끄덕이셨지. – "그리고 이들에 대한 무지가 비겁함이지요?" – 이번에는 아주 가까스로 고개를 끄덕이셨지. – "그러니 무서운 것들과 무섭지 않은 것들에 대한 지혜가, 이들에 대한 무지와 반대되는 것으로, 용기이지요?" – 이번에는 더 이상 고개를 끄덕이기를 원하지도 않으셨고, 침묵을 지키셨지. – 그리고 내가 말했어. "프로타고라스님, 왜 제가 묻는 것에 긍정도 부정도 안 하시나요?" – 그분이 말했지. "직접 끝내시죠." – 내가 말했지.
e "하나만 더 질문하면 됩니다. 아직도 처음처럼, 지극히 무지하면서 지극히 용기 있는 사람들이 있다고 생각되십니까?" – 그분이 말했지. "소크라테스, 당신은 이기기를 좋아해서 나보고 대답하라는 것 같군요. 그럼 당신 비위를 맞추어 드리죠. 우리가 동의한 바에 따르면 그런 것은 불가능한 것으로 보인다고 이야기하겠습니다."

내가 말했지. "제가 이 모든 것을 질문한 이유는, 덕과 관련된 것들이 도대체 어떠하며 덕이란 것이 도대체 무엇인지 검토하고 싶어서이지 다른 이유 때문이 아닙니다. 이게 분명하게 밝
361a 혀지면 저와 선생님 각각이 그것에 대해서 긴 논의를 늘어놓았던 문제가 분명하게 될 거라는 것을 아니까요. 저는 덕이 가르쳐 줄 수 없는 것이라고 했고, 선생님은 가르쳐 줄 수 있는 것이라고 하셨죠. 그런데 제가 보기에는 지금까지 논의의 귀결이 마치

사람인 양 우리를 비난하고 비웃으며, 목소리라도 가졌다면 다음과 같이 이야기할 것 같네요. '소크라테스와 프로타고라스, 당신들은 이상하군요. 당신은 앞에서는 덕이 가르쳐 줄 수 없는 것이라고 이야기하고서는, 이제는 자신의 이야기에 반대되는 것에 애를 쓰고 있네요. 정의든 분별이든 용기든, 모든 것이 다 앎이 b
라는 것을 증명하려고 하고 있는데, 그런 식이라면 덕은 아주 명백히 가르쳐 줄 수 있는 것일 텐데 말이에요. 프로타고라스가 이야기하고자 한 것처럼 덕이 앎이 아닌 다른 것이었다면, 그것은 분명 가르쳐 줄 수 있는 것이 아니었을 겁니다. 하지만 당신이 지금 애써 증명하려 하듯이 덕 전체가 앎으로 드러나는 경우,[201] 그것이 가르쳐 줄 수 없는 것이라면 그게 놀라울 일이죠. 다른 한편 프로타고라스는 아까는 덕이 가르쳐 줄 수 있는 것이라고 해 놓고서는 이제는 그 반대로 덕이 뭐가 되었든 앎은 아니라고 c
주장하려 애쓰고 있는 사람처럼 보여요. 그런 경우에는 덕이 무엇보다도 가르쳐 줄 수 없는 것일 텐데요.' 프로타고라스님, 저는 이 모든 것이 무섭게 뒤죽박죽이 된 것을 보고, 이들이 분명해지기를 바라는 마음이 아주 큽니다. 그래서 저는 우리가 이만큼까지 왔으니, 덕이 무엇인지에까지 나아가고, 그리고 다시 그것에 대해서 그게 가르쳐 줄 수 있는 것인지 아닌지를 살펴보기를 원합니다. 저 에피메테우스가, 선생님이 이야기하시듯 분배를 하면서 우리를 잊어버렸던 것처럼, 우리의 탐구에서도 혹시 d

라도 우리를 속여서 넘어뜨리지 않도록 말이에요. 그 옛날이야기에서도 제게는 에피메테우스보다 프로메테우스가 더 맘에 들었습니다. 그를 모범으로 삼아서 저는 제 삶 전체를 위해 미리 생각하면서 이 모든 일들에 수고를 들이고 있는 겁니다. 그리고 처음에도 이야기했듯이, 선생님이 괜찮으시다면, 선생님과 함께 이런 것들을 철저히 검토할 수 있다면 그게 제일 좋겠습니다."

그러자 프로타고라스님이 말했지. "소크라테스, 나는 당신의
e 열의와 논의 전개 방식에 찬사를 보냅니다. 나는 내가 다른 점에서도 못난 사람이 아니지만, 질투를 할 사람도 절대 아니라고 생각합니다. 사실 당신에 대해서 많은 사람들에게 이야기하기도 했지요. 내가 만나 본 사람들 중에서 월등히 당신에게 아주 많이 탄복한다고요. 당신 또래 사람들 중에서는 특히나 더 그렇고요. 그래서 당신이 지혜에 있어서 명성을 날리게 된다면 나는 놀라지 않을 것이라고 이야기합니다. 그런데 이것들에 대해서는 당신이 원할 때 언제 다시 살펴보도록 하지요. 이젠 이미 뭔가 다른 것으로 화제를 돌릴 때입니다."

362a 내가 말했지. "선생님께 그렇게 여겨지신다면, 그렇게 해야지요. 사실 가야 한다고 말씀 드렸던 곳에 갈 시간이 한참 지났어요. 아름다운 칼리아스[202]의 청을 들어주느라 머물렀던 것이죠."

이런 이야기를 주고받고서, 우리는 떠났네.

주석

1 어디서 나타나는 건가, 소크라테스? : 소크라테스는 프로타고라스와의 본 대화 도중(335c)에 다른 곳에 가서 할 일이 있다는 이야기를 하고, 마지막(362a)에는 가야 하는 곳에 많이 늦었다는 이야기를 한다. 본 대화의 틀이 되는 지금 이 이름 모를 동료와의 만남과 대화가 바로 그 할 일이었던 셈이다.

2 알키비아데스의 젊음을 쫓아다니다 온 것이 분명한 게지? : 여러 대화편에서 소크라테스는 잘생긴 소년들에 대한 애호를 가지고 있는 것으로 묘사되며, 그중에서도 알키비아데스는 그의 거의 공식적인 애인이었다고 할 수 있다. 여기에서 '젊음'이라고 번역한 그리스어 hōra는 원래 시간을 나타내는 말인데, 의미전성에 의해서 한창인 때, 그리고 그런 때의 아름다움을 나타내는 말로 사용된다. 이 부분의 내용을 문자 그대로 옮기면, 소크라테스가 알키비아데스의 한창 때의 아름다움을 사냥하다가 왔다는 이야기가 된다.

3 남자가 다 됐어 : 그리스에서 동성애는 사랑하는 자인 성인 남자와 사랑받는 자인 소년 사이의 관계에서 생기는 것이 일반적이었다. 그래서 대개는 소년이 성적인 서비스를 제공하고 성인 남자는 교육을 제공

하는 방식의 관계였던 것이다. 어른이 되어서도 사랑받는 자의 위치에 있는 것은 보통 수치스러운 일로 여겨졌다.

4 **호메로스는 수염이 처음 난 자의 젊음이 가장 멋지다고 했는데** : 『일리아스』 24. 324, 『오뒤세이아』 10. 279. 여기에서 '젊음'이라고 번역한 hēbē는 위에서 '젊음'이라고 번역한 hōra보다 더 직설적으로 젊음을 의미한다.

5 **젊은이** : 여기에서 '젊은이'라고 번역한 그리스어는 neanias이다. 그리스어에서는 연령대에 따른 호칭이 우리말보다 세분화되어 있었던 것으로 보인다. 처음으로 교육기관에 다닐 만한 나이의 아이를 pais라고 하고, 그보다 어린 아이들은 paidion, paidarion, paidiskos 등으로 불렀다. 아직 젊은이라고 하기 전 단계의 청소년을 ephēbos라고 불렀고, pais와 ephēbos 중간 단계의 소년을 pallax, boupais, antipais, mellephēbos 등으로 부르기도 했다. 어른, 혹은 남자(anēr)가 되었지만 아직 결혼하기 전 단계 나이인 젊은이를 neanias라고 불렀으며(그리스 남성의 결혼 적령기는 30살 정도로 여겨졌다), ephēbos와 neanias 사이의 젊은이를 대략 어린 순서대로 meirakion(혹은 meirakiskos)과 neaniskos라고 부르기도 했다. 경우에 따라서는 meirakion과 neanias, neaniskos와 neanias가 구별 없이 사용되기도 했으며, 이들 모두가 우리말로 '젊은이'에 해당되겠다.

6 **클레이니아스의 아들** : 알키비아데스를 일컫는다. 그리스에서는 보통 출신 지역이나 아버지의 이름이 성을 대신했다. 그래서 어디 출신, 누구의 아들 따위의 표현이 이름에 잘 붙어 다닌다.

7 **가장 지혜로운 것이 어찌 더 아름다워 보이지 않겠나** : '아름답다'에 해당하는 그리스어 kalos는 미적 가치와 도덕적 가치를 포함해서 모든 종류의 긍정적 가치를 지니는 것을 나타내는 말이다. 그래서 칭찬이나 찬미를 받고 감탄을 자아내고 명예를 얻을 수 있는 대상은 모두 kalos라고 할 수 있다. 우리말에서 '아름다운 행동'이나 '아름다운 삶' 등의 표현에서 '아름답다'는 말이 이렇게 사용되기도 하지만, 그리스어에서는 그보다 적용의 폭이 더 넓다고 생각하면 되겠다.

8 **친구** : 직역하면 "복된 자여" 정도의 의미가 된다. 그리스어는 우리말보다 호칭 방법이 훨씬 더 다양했는데, 이 호칭들의 문자적 의미를 번역하면 우리말에서 대단히 어색하게 여겨진다. 그래서 (여기에서만이 아니라 앞으로도) 호칭의 문자적 의미를 따라 옮기지 않고 그런 호칭을 통해서 전해지는 정서를 포착해서 옮기려고 하였다.

9 **뭐 특별한 일이 없으면, 얘는 일어나라 그러고 여기 앉아서** : 시중드는 노예가 옆에 앉아 있었던 것으로 보인다. 흥미로운 것은 소크라테스에게 특별한 일이 없었다는 것이다. 소크라테스는 프로타고라스와의 대화 중에 다른 곳에 가서 할 일이 있다며 대화를 박차고 일어서려 하는데(335c), 대화가 끝나고 여기에 와서는 특별한 일이 없다면서 그 대화 전체를 동료들에게 들려주고 있는 것이다.

10 **파손의 동생 히포크라테스** : 파손과 히포크라테스에 대해서는 알려진 바가 없다. 사실 파손이 형인지 동생인지도 알 수 없지만, 정황상 형으로 간주하였다. 313a에서 히포크라테스가 중요한 일에 대해 아버지나 파손과 상의했어야 한다는 이야기가 나오는데, 이것을 보면 파손을 형으로 간주하는 것이 자연스러워 보인다.

11 **뭔 일이 터졌다는 소식** : 직역하면, 뭔가 더 새로운 것. 여기에서 더 새로운 것이란 나쁜 일을 의미한다. 변화가 적은 전통 사회에서 새로운 것은 보통 나쁜 것을 의미하기 때문에 이러한 관용적 표현이 있었던 듯싶다.

12 **침상을 더듬더니** : 아직 날이 밝지 않아서 어둡다는 이야기이다.

13 **오이노에** : 아테네는 데모스(dēmos)라는 139개의 행정구역으로 나뉘어 있다. 데모스는 그 행정구역의 거주민을 의미하기도 하며, 민주정을 의미하는 dēmokratia라는 말이 바로 여기에서 나왔다. 오이노에는 아테네의 데모스 중 하나이다.

14 **잠이 피로로부터 나를 풀어 주자마자** : 잠이 나를 풀어 준다는 것은 호메로스의 간접인용이다. 호메로스에서 이 표현은 잠에서 깨어나는 것을 의미하는 것으로 사용되었는데(『일리아스』 2. 71), 여기에서는 '피로로부

터'라는 말을 덧붙여 피로회복의 계기가 중심이 되도록 만들었다.

15 **거침없음** : '거침없음'이라고 번역한 그리스어 andreia는 일반적으로 용기라는 뜻으로 쓰이지만, 지금처럼 거침없음의 의미로 사용되기도 한다. "무식하면 용감하다"는 우리 속담에서도 그렇듯이, 사람들은 흔히 거침없이 어떤 일을 하는 것과 용기를 서로 혼동하곤 한다. 사실 용기는 이 대화편의 중심 주제 중 하나이며, 대화편의 마지막 부분에서 용기가 거침없음, 혹은 대담함과 같은 것인지 여부를 따지는 긴 논증이 등장한다. 이 논증을 통해서 소크라테스는 용기가 사실은 지혜라고 주장하는 것이다. 히포크라테스의 거침없음은 이 대화편의 중심 주제에 대한 복선이라고 하겠다.

16 **어이구야** : 직역하면 "제우스와 신들이여"가 된다. 주 8에서 이야기했던 것과 같은 이유에서 (여기에서만이 아니라 앞으로도) 신에 대한 호칭을 통한 감탄사는 그냥 우리말에서 적절한 감탄사로 옮긴다. 예컨대, 영어의 "Jesus Christ!"나 "Holy Cow!"를 "예수 그리스도여!"나 "성스러운 소여!"라고 번역하지 않는 것과 같은 취지이다.

17 **히포니코스의 아들 칼리아스의 집에 묵고 계신다고 해요** : 칼리아스는 소피스트들의 후원자로 가장 유명한 사람이었다. 『소크라테스의 변명』 20a에서 그는 다른 누구보다도 소피스트들에게 돈을 많이 쓴 사람으로 묘사되기도 한다. 뒤에서 보게 되겠지만, 현 대화 시점에서 칼리아스의 집에는 프로타고라스를 비롯해 프로디코스와 히피아스 등 당대에 가장 유명했던 소피스트들이 머물고 있었다.

18 **결심의 힘** : 원문에는 힘(rhōmē)이라는 말밖에 없다. 하지만 여기에서 히포크라테스의 육체적 힘이 문제되고 있는 것이 아니라는 사실은 따로 이야기할 필요도 없다. 또 결심의 힘이라고 하더라도 이것이 단순히 결심이 굳은지 그렇지 않은지 그 정도를 이야기하는 것이 아님도 분명해 보인다. 『파이돈』의 유명한 구절(100a)에서 소크라테스는 가장 힘이 있는(errhōmenos) 주장을 가설로 삼아 그로부터 논의를 전개해 나가는 소위 '가설의 방법'에 대해서 이야기한다. 힘이 있는 주장은 그

만큼 논박을 견디어 낼 수 있는 주장이라고 하겠다. 『프로타고라스』의 뒷부분에서는 앎이 가장 강력하다는 것을 보이는 논증이 제시된다. 앎이 행동의 근거를 확고부동하게 만들어서 행동에 흔들림이 없게 해 준다는 것이다. 히포크라테스의 힘을 시험해 본다는 것은 그의 결심이 얼마나 정당한 근거에 기초하고 있는지를 시험해 보는 것이 될 것이다.

19 **아스클레피오스의 후예인 코스 사람 히포크라테스** : 아스클레피오스는 전설적인 의사, 혹은 의술의 신이다. 고대 그리스에서는 코스와 크니도스에 잘 알려진 의학 학파들이 있었으며, 이 학파의 성원들은 아스클레피오스의 후예들이라고 불렸다고 한다. 히포크라테스는 물론 히포크라테스의 선서로 유명한 그 히포크라테스이다. 그는 기원전 460년경에 태어났고 코스의 의학 학파를 창시했다.

20 **아르고스 사람 폴뤼클레이토스나 아테네 사람 페이디아스** : 폴뤼클레이토스와 페이디아스는 당대에 가장 유명한 조각가들이었다. 폴뤼클레이토스는 아르고스에서 태어나지는 않았으나 거기에 그의 학파가 있었다고 한다. 그는 인체의 비례에 대한 책을 쓰기도 했으며, 그 책의 단편 일부는 지금도 남아 있다. 페이디아스는 파르테논 신전 건립에도 관여했고, 그 신전의 유명한 아테나 여신상을 만든 사람이다. 『메논』 91d에는 프로타고라스가 소피스트 기술로 해서 페이디아스와 다른 10명의 조각가를 합친 것보다 돈을 더 많이 벌었다는 언급이 있다.

21 **글 선생과 키타라 선생과 체육 선생에게서 배운 것과 같은 종류의 것** : 당시에 글 선생(grammatistēs)은 읽기와 쓰기만이 아니라 호메로스 등의 시를 가르치기도 했다. '키타라 선생'이라고 번역한 그리스어 kitharistēs는 원래 키타라라는 악기 연주자를 나타내는 말이다.(키타라는 일종의 전문가용 뤼라 정도로 생각하면 되겠다.) 여기에서는 연주보다 교육이 중점이어서 '키타라 선생'이라고 번역했다. 글 선생과 키타라 선생이 가르치는 내용을 합쳐서 시가(mousikē) 교육이라고 할 수 있고, 시가 교육과 체육 교육이 당시에 교양 교육을 구성했다. 325d~326c에 보다 자세한 교육 내용이 나온다.

22 **그 이름이 말해 주듯이, 지혜로운 것들을 아는 자** : '소피스트'의 그리스어는 sophistēs이고 '지혜로운 것들을 아는 자'는 그리스어로 tōn sophōn epistēmōn이 된다. sophistēs의 ist와 epistēmōn의 ist가 발음이 겹치고, 그래서 히포크라테스가 이런 이야기를 할 수 있는 것이지만, 이 이야기가 어원상으로 정당화되는 이야기는 아니다.

23 **어떤 종류의 일을 주관하는 사람** : '주관하는 사람'의 그리스어는 epistatēs이고 '아는 사람'이라는 의미의 epistēmōn과 발음과 철자의 유사성이 있다. 소크라테스는 이런 식의 언어유희를 사용하면서 어떤 일을 아는 사람이 그 일을 주관하는 사람이라고 전제하고 있다.

24 **다른 사람을 그것에 대해서 알도록 만들어 주기도 하는 바로 그 분야에 관해서라는 게 분명합니다** : 서구의 번역자들 사이에서 텍스트 읽기와 번역이 많이 갈리는 부분이다. 여기에서는 아담(Adam) 부부의 텍스트를 따랐다. OCT는 히포크라테스의 대답에 물음표를 붙여 두었는데, '분명하다'는 어조와 잘 어울리지 않아 보인다. 전해지는 사본들에서는 다른 사람을 알도록 만들어 주는(epistasthai (poiei)) 분야가 아니라 자신이 아는(epistatai) 분야로 되어 있는데, 히포크라테스가 그 이전의 예에서 다른 사람을 알도록 만들어 준다는 것을 그대로 받는 것이 아니라 그 예로부터 이런 추론을 하고 있다고 보는 것은 그다지 적절하지 않아 보인다. 그 때문인지 최근의 서구 번역들 중 다수가, 전해지는 사본의 epistatai를 살리면서 이 문장을 히포크라테스가 하는 대답이 아니라 소크라테스의 계속된 질문으로 본다. 즉, 소크라테스의 질문은 "소피스트는 무슨 분야에 관해서 말하는 데 능통하게 만들어 주지? 그가 아는 분야에 관해서라는 것이 분명한가?"이고, 여기에 대해서 히포크라테스가 "그렇기는 하지요"라는 대답을 하는 것으로 보는 것이다. 하지만 이 경우 히포크라테스가 마지막에 더 이상은 할 이야기가 없다고 하는 것과 잘 어울리지 않아 보인다. 앞에서 무슨 이야기를 했어야지 더 이상 할 이야기가 없다고 하는 것이 자연스러운 것이다.

25 **그런데 자네가 몸보다 훨씬 더 … 써 버릴 태세이네** : 그리스어 문장은 한

국어 문장보다 훨씬 길 수 있기 때문에 이렇게 긴 문장이 나오면 보통은 번역에서 여러 문장으로 나누어서 번역한다. 하지만 여기에서는 소크라테스가 약간의 흥분 상태에서 한 호흡에 긴 이야기를 하는 것으로 보고, 그러한 분위기를 어느 정도 살려 보겠다는 취지에서 문장을 많이 나누지 않았다.(사실 처음 질문을 제외하고는 소크라테스의 이야기 전체가 그리스어로는 한 문장이다.)

26 **배울 거리는 다른 그릇에 담아 올 수가 없고** : 소크라테스는, 329a에서 볼 수 있듯이, 책은 배울 거리를 담아 놓을 그릇이 되지 못한다고 생각한다.

27 **우리가 아직 어리니까 말이야** : 소크라테스의 극 중 나이는 30대 후반 정도이다. 히포크라테스는 아마도 10대 후반 정도로 생각해야 할 듯싶다.

28 **고자인 문지기** : 고자인 문지기를 두는 경우는 드물었고, 부자들만 그렇게 할 수 있었다고 한다. 한편 여기서처럼 문지기가 퉁명스러운 것은 그리스 희극에 자주 등장한다. 그래서 일단 문지기와의 대화를 통해서 플라톤이 『프로타고라스』에 희극적인 분위기를 부여하고 있다고 볼 수 있다. 또한 소크라테스가 칼리아스의 집을 하데스(저승)에 비유하고 있다는 점을 고려하면(주 35 참조), 퉁명스럽고 고자인 문지기가 하데스의 문지기인 머리 셋 달린 개 케르베로스에 비견되고 있다고 볼 수도 있겠다.

29 **주랑** : '주랑'으로 번역한 그리스어는 prostōion이고, 어원적으로는 '앞-주랑'이라는 뜻이다. 주랑식 건물에는 주랑들이 안뜰을 정방형으로 둘러싸고 있고, 이 주랑들 바깥쪽으로 방들이 있었다. 이러한 주랑이 방들 앞에 있다고 해서 앞을 의미하는 접두사 pro가 붙어 있지만, 번역에서 살리지는 않았다. 프로타고라스가 거닐고 있는 주랑은 안뜰에서 대문 쪽으로 통하는 면에 있는 주랑일 것이다.

30 **그와 어머니가 같은 형제인 페리클레스의 아들 파랄로스** : 페리클레스는 아테네의 전성기가 '페리클레스의 시대'라고 불릴 정도로 아테네에서 가장 유명한 정치지도자이다. 파랄로스와 조금 뒤에 나오는 그의 형 크산티포스의 어머니는 페리클레스의 첫 번째 부인이었고, 파랄로스

를 낳고 나서 페리클레스와 이혼한 후 히포니코스와 결혼해서 칼리아스를 낳았다고 한다.(플루타르코스는 『페리클레스』 24.8에서 페리클레스의 부인이 히포니코스와 먼저 결혼해서 칼리아스를 낳고 그 다음에 페리클레스와 결혼해서 크산티포스와 파랄로스를 낳은 다음에 다시 다른 남자와 결혼한 것으로 기록하고 있으나, 오늘날 일반적으로 받아들여지지 않고 있다. 이와 관련해서 주 41을 참조하라.)

31 **글라우콘의 아들 카르미데스** : 카르미데스는 플라톤의 외삼촌이다. 『국가』에 등장하는 플라톤의 형 글라우콘은 바로 외할아버지의 이름을 따서 이름이 붙은 것이다. 그리스에서는 할아버지의 이름을 따서 손자의 이름이 붙는 경우가 많았는데, 이처럼 외할아버지의 이름을 따는 경우들도 있었다. 카르미데스는 대화편 『카르미데스』의 주요 화자이며, 아테네가 스타르타에게 지고 나서 등장하는 30인 과두정의 주요 인물 중 하나가 된다. (이차 문헌들에서 간혹 카르미데스가 30인에 포함되는 것으로 이야기되기도 하지만, 그는 30인 통치자 중 한 명은 아니었다. 그는 『일곱째 편지』 324c에 언급되는 51인 중, 피레우스를 관할했던 10인 중 한 명이었다.)

32 **필로멜로스의 아들 필리피데스** : 필리피데스의 집안은 부유했던 것으로 알려져 있고, 할아버지의 이름을 따서 이름이 붙은 그의 아들 필로멜로스는 플라톤의 라이벌이라고도 할 수 있는 이소크라테스의 제자가 된다.

33 **멘데 사람 안티모이로스** : 안티모이로스에 대해서는 따로 알려진 바가 없다. 플라톤의 대화편에 간혹 실존 인물이 아닌 사람들이 등장하기도 하지만, 안티모이로스가 실존 인물이 아니라고 볼 특별한 이유가 있는 것도 아니다. 다만 이 사람이 실존 인물이라면, 그의 이름은 상당히 특이하다고 할 수 있다. '안티모이로스(antimoiros)'는 그리스어로 '운명에 거스르는 자' 정도의 의미이다. 어쨌거나 직업적으로 소피스트가 되려고 교육을 받는 사람의 이름으로서는 적절해 보인다고도 하겠다.

34 **가무단** : 그리스 비극이나 희극에는 가무단(choros)이 등장한다. 비극에 등장하는 가무단은 보통 15명의 단원으로 구성되었고, 희극의 경우는

보통 24명의 단원으로 구성된 가무단이 등장했다. 소크라테스가 프로타고라스를 따르는 무리를 '가무단'이라고 부르는 것은 그들의 질서정연한 움직임 때문이지만, 다른 한편으로는 플라톤이 지금 의식적으로 일종의 희극(이나 비극)을 작성하고 있다는 것을 시사해 주기도 한다.

35 **"그자 다음에 알아보았네"** : 『오뒤세이아』 11. 601의 인용이다. 인용된 구절이 등장하는 『오뒤세이아』의 맥락은 오뒤세우스가 예언자 테이레시아스를 만나러 하데스(저승)에 내려가서 그곳에 있는 여러 유명한 죽은 사람들을 보게 되는 것이다. "그자 다음에 알아보았다"는, 특별히 인용 가치가 없어 보이는 말을 굳이 호메로스를 거론하면서 인용함으로써, 소크라테스는 소피스트들이 모여 있는 칼리아스의 집을 하데스에 비유하고 있는 셈이다.

36 **상석** : '상석'이라고 번역한 그리스어 thronos는 이 맥락에서는 학교 선생이 앉는 의자를 의미한다. 이와 대비해서 학생들이 앉는 긴 의자는 bathron이라고 불렸다. 조금 뒤에 히피아스 주변 사람들이 앉아 있는 것으로 나오는 '걸상'이 bathron의 번역어이다.

37 **아쿠메노스의 아들 에뤽시마코스** : 에뤽시마코스와 그의 아버지는 모두 의사이다. 에뤽시마코스는 『향연』에서 연설자 중 한 명으로 등장한다. 그와 그의 아버지는 모두 415년 신성모독에 연루되어 아테네에서 추방되었거나 사형당했다.

38 **뮈리누스 사람 파이드로스** : 파이드로스는 『향연』의 첫 번째 연설자이며, 『파이드로스』의 주요 화자이다. 뮈리누스는 아테네의 데모스(주 13 참조) 중 하나이니, 그도 아테네 사람이다. 그는 415년에 신성모독으로 기소되어 아테네에서 추방되었다가 나중에 복권된다.

39 **안드로티온의 아들 안드론** : 안드론은 『고르기아스』 487c에서 지나치게 철학 공부를 많이 하면 안 된다는 칼리클레스의 견해에 동조하는 사람으로 묘사된다. 할아버지의 이름을 딴 그의 아들 안드로티온은 이소크라테스의 나름 이름 있는 제자였다. 4세기에 데모스테네스는 이 안드로티온을 공격하면서 그의 아버지 안드론이 채무 때문에 투옥된 적이

있다는 언급을 한다. 안드론은 411년 400인 과두정의 일원이었고, 400인 과두정이 넉 달 만에 몰락하고 나서는 자신을 보존하려고 안티폰을 비롯한 400인 과두정 지도자들을 고발하는 데 앞장섰다고 한다.

40 **"탄탈로스를 보았네"** : 『오뒤세이아』 11. 582의 인용이다. 탄탈로스는 오뒤세우스가 하데스에서 보게 되는 여러 유명한 사람 중 하나이다. 표준적인 신화에 따르면, 탄탈로스는 자신의 아들 펠롭스를 죽여 신들의 잔치에 음식으로 내놓는다. 이에 대한 대가로 그의 가문인 아트레우스 가문은 저주를 받아 자식 살해와 식인, 인신 공양 등의 비극이 대대로 이어져 내려오게 된다. 탄탈로스 자신은 하데스에서 먹을 것과 관련한 형벌을 받게 된다. 그는 목까지 물에 잠겨 있지만 물을 마시려고 하면 물이 내려가서 마실 수 없고, 과일 달린 나뭇가지가 머리 바로 위에 있지만 손을 뻗으면 가지가 올라가서 먹을 수 없게 되는 것이다. 영어 단어 tantalize가 바로 여기에서 유래했다. 소크라테스가 프로디코스를 탄탈로스에 비유하는 것은, 일차적으로는 그가 프로디코스의 이야기를 듣고 싶지만 소리가 울려서 들을 수 없는 것(316a)에 기인하는 것으로 보인다. 하지만 약간 확대해석하면 이것을 프로디코스의 방법론에 대한 풍자적 비판으로 볼 수도 있겠다. 337a~c에서 보여 주듯이 프로디코스는 단어의 의미 구분을 하는 것으로 유명했다. 그러한 의미 구분들에 뭔가 철학적으로 심오한 함축이 있는 듯 보이지만, 실제로는 손을 뻗쳐도 아무것도 잡을 것이 없는 소득 없는 구별들이라는 암묵적 시사를 하고 있는 것으로 볼 수 있는 것이다.

41 **히포니코스님이 전에 창고로 사용했던 어떤 방에 있었어** : 히포니코스는 그리스에서 가장 부유하다는 명성을 가지고 있었다. 대화가 이루어지고 있는 시기에 히포니코스는 여전히 살아 있었지만, 아들 칼리아스에게 집안 관리를 넘겨준 것으로 보인다. 장성한 아들에게 집안 관리를 넘겨주는 일은 그리스에서 있을 수 있었던 것으로 보이지만, 표준적인 연대 추정에 따르면 칼리아스가 대화 시점에서 10대 후반이기 때문에 의아스러운 점이 있다. 플라톤이 연대에 대해 혼동을 했거나 칼리아

스에 대한 표준적인 연대 추정이 잘못되었을 가능성도 배제할 수 없겠다. 칼리아스의 어머니가 페리클레스보다 먼저 히포니코스와 결혼했다는 플루타르코스의 보고가 맞는다면, 칼리아스의 나이를 표준적인 연대 추정보다 10살 정도 더 많은 것으로 잡을 수도 있겠다(주 30 참조).

42 **좀 어린 젊은이** : 여기에서 '젊은이'로 번역한 그리스어는 meirakion이다. 그리스어의 연령대에 따른 호칭에 대해서는 주 5를 참조하라.

43 **아가톤** : 아가톤은 『향연』의 연설자 중 한 명이다. 그는 416년에 비극 경연 대회에서 일등상을 받았으며, 이에 대해 축하하기 위해서 사람들이 모인 것이 『향연』의 배경이 된다.

44 **파우사니아스의 애인** : 파우사니아스는 『향연』의 연설자 중 한 명이며, 거기에서도 아가톤과 동성 연인 관계에 있는 것으로 묘사된다. '애인'이라고 번역한 그리스어 ta paidika는 원래 '아이 같은 것들'이라는 의미이지만, 그리스 동성애 관계에서 사랑받는 자를 지칭하는 말로 사용되었다(주 3 참조).

45 **케피스의 아들과 레우콜로피데스의 아들인 두 명의 아데이만토스** : 케피스의 아들 아데이만토스에 대해서는 특별히 알려진 바가 없다. 레우콜로피데스의 아들 아데이만토스는 알키비아데스와 평생 친분 관계를 유지한 사람이다. 이 사람도 415년 신성모독죄로 기소되기도 했고, 펠로폰네소스 전쟁 말기에 장군으로 참전하기도 한다. 스파르타의 뤼산드로스에게 포로로 잡힌 아테네인들 중에서 유일하게 처형당하지 않은 인물이며, 이것은 그가 아테네를 배반했다는 증거로 여겨지곤 한다. 아리스토파네스의 희극 『개구리』 1512행에서 아테네를 구하기 위해서 없어져야 하는 인물들 중 한 명으로 묘사된다.

46 **칼라이스크로스의 아들 크리티아스** : 크리티아스는 플라톤의 외삼촌인 카르미데스와 사촌지간이다. 404~3년 30인 과두정의 핵심 인물이 된다.

47 **미리 생각해 주는** : '미리 생각해 주다(promētheisthai)'라는 동사는 뒤에 나오는 신화의 프로메테우스와 어원이 같다. 361d에서 소크라테스는 자신을 미리 생각하는 프로메테우스에 빗댄다.

48 **호메로스나 헤시오도스, 시모니데스** : 호메로스는 따로 설명이 필요 없는 그리스 시대 최고의 시인이며, 당시 그리스인들은 호메로스의 시를 통해서 교양 교육을 받기도 했다(주 21 참조). 헤시오도스는 호메로스와 비슷한 시기(8세기)의 시인으로 『신들의 계보』나 『일과 날』 등의 작품을 통해서 그리스 시대에 호메로스에 비견될 만한 영향력을 갖고 있었다. 시모니데스는 6세기와 5세기 초반에 활동했으며 교훈적 서정시들을 주로 남겼다. 호메로스와 헤시오도스는 위대한 시인들의 예로 흔히 언급되지만, 시모니데스가 여기에 함께 언급된 것은 다소 특이한데, 이것은 뒤에서 시모니데스의 시에 대한 해석이 길게 논의되는 것(339a–347a)에 대한 일종의 예견이라고 볼 수도 있겠다.

49 **오르페우스나 무사이오스 일파가 그랬습니다** : 오르페우스는 우리에게는 오르페우스와 에우뤼디케의 신화로 잘 알려져 있지만, 고대 그리스에서는 오르페우스 비교의 창시자로 알려지기도 했다. 오르페우스 비교는 영혼불사와 윤회 등을 믿었던 것으로 보이며, 비교이니만큼 특별한 입교의식(teletai)을 가지고 있었다. 무사이오스는 여기에서처럼 보통 오르페우스와 붙어서 같이 언급되곤 한다. 고대에서부터 무사이오스가 오르페우스의 제자라는 설, 아들이라는 설, 스승이라는 설 등 다양한 설이 있었다.

50 **타라스 사람 이코스** : 이코스는 472년 올림픽 5종 경기(멀리뛰기, 창던지기, 원반던지기, 달리기, 레슬링을 하루에 겨루는 경기)의 우승자이며, 이후 체육 훈련자가 되었다고 한다. 『법률』 8권 840a에서 그는 용기와 분별(혹은 절제)을 겸비한 사람으로 묘사되기도 한다.

51 **원래 메가라 사람인 셀림브리아 사람 헤로디코스** : 헤로디코스는 『국가』 3권 406a에서 의술과 체육을 결합한 사람으로 묘사된다. 거기에서 소크라테스는 이런 방법을 통해서 죽을병을 질질 끌어서 겨우 생명을 연장하는 것에 대해서 비판한다.

52 **아가토클레스** : 아가토클레스는 『라케스』 180d에서 음악 선생으로 언급된다.

53 **케오스 사람 퓌토클레이데스** : 퓌토클레이데스는 『알키비아데스 I』 118c에서 페리클레스를 가르친 것으로 언급된다.

54 **젊은이** : 여기서 '젊은이'라고 번역한 그리스어는 neaniskos이다. 히포크라테스가 neaniskos라고 불리고 있다는 점에서, 그는 앞에서 neanias라고 불린 알키비아데스보다는 어리고 meirakion이라고 불린 아가톤보다는 더 나이가 든 것으로 설정되어 있다고 볼 수도 있겠다. 그리스어에서 연령대에 따른 호칭에 대해서는 주 5를 참조하라.

55 **헤라클레아 사람 제욱시포스** : '제욱시포스'라는 이름의 화가는 따로 알려진 바가 없다. 하지만 『고르기아스』 453c에서도 언급되고 있는 헤라클레아 출신 제욱시스는 매우 유명한 화가였고, 이 두 사람이 실제로 같은 사람이었을 가능성이 높다. '이피게네이아'를 애칭으로 '이피스'라고 하고, '암피아라오스'를 '암피스'라고 했다는 기록이 있는데, 마찬가지로 '제욱시스'가 원래 '제욱시포스'의 애칭이었을 수 있는 것이다. 영어에서 '윌리암'과 '빌', '토마스'와 '톰' 등이 같은 이름인 것과 비슷하다고 보면 되겠다.

56 **테베 사람 오르타고라스** : 오르타고라스는 371년 테베가 스파르타를 물리치고 그리스의 패권을 장악하는 데 기여한 테베의 장군 에파메이논다스에게 아울로스를 가르쳤다고 한다.

57 **아울로스** : 아울로스는 오보에와 비슷한 종류의 관악기이다.

58 **"… 계산법과 천문학, 기하학, 음악을 가르치면서 말이에요." 이 말을 하면서 그분은 히피아스 쪽을 봤어** : 히피아스가 가르친다고 언급된 과목들은 『국가』 7권에서 수호자들이 받을 수학 교육의 내용과 거의 일치한다. 여기에서 '음악'이라고 번역한 mousikē는 보통은 시가를 가리키는 말이지만, 여기에서는 수학의 일종인 화성학을 의미(하거나 최소한 포함)하는 것으로 보아야 할 것이다. 여기에서 mousikē와 병렬적으로 언급되고 있는 것들은, 계산법과 기하학뿐만 아니라 천문학도, 당시에 이미 일종의 수학으로 여겨졌다. 『테아이테토스』 145a에서 수학자 테오도로스가 이 네 가지에 정통하다고 이야기된다.

59 그 배울 거리란 잘 숙고하는 것이에요 : 여기에서 '잘 숙고하는 것'이라고 번역한 그리스어는 euboulia이다. 『국가』 4권 428b~d에서 이상국가가 지혜로운 것은 euboulia를 가지고 있기 때문이라는 이야기가 나오고, 『알키비아데스 I』 125e~127d에서 나라를 다스리기 위해서는 euboulia가 필요하다는 이야기가 나온다.

60 시민적 기술 : '시민적 기술'이라고 번역한 그리스어는 politikē technē이다. 이것은 '정치적 기술'이라고 번역할 수도 있는 말이다. 즉, 이것은 제대로 된 정치지도자가 되기 위해서 갖추어야 하는 기술이라는 의미도 있고, 제대로 된 시민이 되기 위해서 갖추어야 하는 기술이라는 의미도 있는 것이다. 아테네와 같은 민주정에서 이 두 가지가 그렇게 분명하게 구별되지 않았다고 하더라도, politikē technē라는 말이 가지고 있는 중의성은 주목할 만하며, 이후의 논의에서 중요한 함축을 가질 수도 있다.

61 의장단 : '의장단'이라고 번역한 그리스어는 prytaneis이다. 아테네의 139개 데모스(dēmos–주 13 참조)는 다시 10개의 부족(phylē)으로 편성되었고, 각 부족에서 추첨으로 50명씩 선출되어 500인 협의회(boulē)가 구성되었다. 각 부족에서 선출된 50명은 약 36일씩 돌아가면서 의장단이 되었다. 매일 의장단에서 다시 추첨으로 선출된 한 명이 대표(epistatēs)가 되어 그날의 일을 주관했으며, 그날 민회나 협의회가 있으면 의장 역할을 했다. 4세기에 가면 이 제도가 바뀌어서 proedroi라고 불리는 전임 의장단이 따로 구성된다.

62 치안대 : '치안대'라고 번역한 그리스어 toxotai는 원래 궁수들을 의미한다. 이들은 스퀴티아 출신 노예들로 나라의 치안을 담당했다. 노예들에게 치안을 맡기는 것이 의아스럽게 여겨질 수도 있겠는데, 그렇게 한 것은 아마도 시민들끼리 서로에게 힘을 행사해서 '손을 더럽히기' 싫어서였을 것으로 생각된다.

63 배 주인 : 배를 소유하고서 무역하는 사람을 의미한다.

64 덕 : 고대 그리스 철학을 통틀어 아마도 가장 중요한 단어 중 하나일

aretē를 여기에서는 '덕'이라고 번역한다. '탁월함'이나 '훌륭함' 등의 번역어도 현재 사용되고 있지만, 당시 그리스인들이 aretē라는 말을 들었을 때 가장 먼저 떠올렸을 것들이 탁월함이나 훌륭함 일반이 아니라 지혜, 용기, 분별(혹은 절제) 등의 것들, 즉 오늘날 우리가 '덕'이라고 부르는 것들이라는 점을 고려하여 '덕'이라는 번역어가 더 적절하다고 판단하였다.

65 **방임되어 있는 짐승들이 이리저리 돌아다니며 풀을 뜯어 먹는 것처럼** : '방임되어 있는 짐승들(aphetoi)'은 원래 신전에 속해서 노역이 없는 짐승들을 가리킨다. 페리클레스의 아들들이 이 자리에 있는 것을 기억하면, 지금의 언급은 일단 그들을 대놓고 욕하는 것이 되는 셈이지만, 다른 한편 그들이 찾아온 소피스트들에게도 어느 정도의 비판이 가해지고 있다고 하겠다.

66 **클레이니아스** : 『알키비아데스 I』 118e에서 알키비아데스는 자신의 동생 클레이니아스가 정신 나간 녀석이라고 이야기한다.

67 **아리프론** : 아리프론은 페리클레스의 형제이고 알키비아데스에 대해서 공동 후견인이었다.

68 **이 친구한테** : 여기에 있는 3인칭 지시대명사가 누구를 가리키는 것인지에 대해 해석이 갈린다. 아리프론이 클레이니아스를 페리클레스한테 돌려보낸 것으로 해석하는 경우와 (아리프론과) 페리클레스가 클레이니아스를 알키비아데스한테 돌려보낸 것으로 해석하는 경우다. 후자가 더 자연스럽다고 보고 후자를 택한다.

69 **밝혀 보여 주실** : '밝혀 보여 주다'라고 번역한 동사의 명사형 epideixis는 소피스트들이 자신들의 기술을 뽐내느라 펼쳐 보이는 연설을 지칭하는 말로 사용되기도 했다. 이후에 나오는 프로타고라스의 연설은 흔히 '위대한 연설'이라고 불리며, 프로타고라스의 능력이 최대한 발휘되고 있는 것이다. 플라톤의 대화편에서 소크라테스의 상대자가 이렇게 멋진 모습을 보여 주는 경우는 거의 없다. (플라톤 연구자들 사이에서는 프로타고라스의 연설을 대단히 훌륭한 것으로 보는 사람도 있고 아주 형편없

는 것으로 보는 사람도 있는데, 한계를 가지고 있지만 나름 훌륭한 연설이라고 보는 것이 아마도 제일 정확한 평가일 것이다.)

70 **옛날이야기** : '옛날이야기'라고 번역한 그리스어는 mythos이다. 뮈토스와 로고스(logos, 논변)의 대비는 철학사에서 많이 이야기되지만, 양자를 서로 대비시켜서 생각한 것은 5세기부터 시작되었다. 즉, 흔히 최초의 철학자들이라고 이야기되는 6세기 철학자들은 두 표현을 대비시켜서 이해하지 않았다. 양자를 대비시키는 경우, 뮈토스는 사실 그대로의 이야기가 아니라는 뉘앙스를 가지며 여기에서도 그러한 뉘앙스를 읽을 수 있을 듯하다. 지금까지 전해 내려오는 단편 중 하나에서 프로타고라스는 신들이 있는지 없는지 모르겠다고 이야기한다.

71 **흙과 불, 그리고 흙과 불이 혼합된 것들** : 물, 불, 흙, 공기, 이렇게 네 가지가 그리스인들이 기본적으로 받아들였던 원소들이다. 이 중 불과 흙은 각각 가장 가벼운 원소와 가장 무거운 원소이다. 여기에서 흙과 불이 혼합된 것들이란 바로 공기와 물을 가리키는 것으로 보는 것이 적절할 것이다.

72 **프로메테우스와 에피메테우스** : 어원적으로 '프로메테우스(Promētheus)'와 '에피메테우스(Epimētheus)'는 각각 '미리 생각하는 자'와 '나중에 생각하는 자'라는 의미이다.

73 **내가 분배하고 나면, 형이 검사해** : '검사한다'고 번역한 그리스어 episkopein은 어원적으로 '나중에 본다'는 정도의 의미가 된다. 각자의 이름에 비추어 보면 프로메테우스가 분배하고 에피메테우스가 검사하는 것이 옳다고 할 수 있겠다.

74 **작음으로 에워싼 것들은 날개 달린 피신책이나 땅속의 거처를 분배해 주었고** : 호메로스를 연상시키는 시적인 표현들이다.('날개 달린 피신책'이라고 번역한 원어는 '날개 달린 도망(ptēnos phygē)'이다. 현재의 번역에서 살린 것보다 원어는 더 시적인 표현을 사용하고 있다고 하겠다.) 여기에서뿐만 아니라 프로타고라스의 연설 부분은 대화편의 다른 부분과 문체가 많이 다르다. 사실 19세기와 20세기 초반까지만 해도 여기에 등장하는 연설

이 역사적인 프로타고라스의 작품인지 플라톤의 창작인지에 대한 논란이 상당히 있었다. 오늘날 플라톤 연구자들은 이 연설이 플라톤의 창작이라는 데에 대개 동의하고 있지만, 역사적 프로타고라스가 이와 비슷한 글을 썼고 플라톤이 그 글의 내용과 문체를 모방하고 있을 가능성도 배제할 수는 없겠다.

75 **제우스로부터 오는 사계절** : 날씨와 계절을 관장하는 신은 제우스였다. 원문은 '계절들'에 정관사가 붙어 있어서 제우스로부터 오는 계절들 전부를 지칭하는 것인데, 우리말에는 정관사 같은 것이 없으므로 '사계절'이라고 번역한다.

76 **능력들을 남김없이 다 써 버렸답니다** : '이성이 없는 것들에게(eis ta aloga)'라는 말이 T 사본과 W 사본에는 있지만, B 사본에는 없다. OCT는 T 사본과 W 사본을 따랐지만, 여기서는 B 사본을 따른다. 애초에 이 말이 굳이 필요하지도 않고, 또 인간에서 이성적이라는 규정이 아직 주어질 수 없는 시점이기 때문에 인간 외의 동물을 '이성이 없는 것들'이라고 부르는 것이 적절하지도 않다. '이성이 없는 것들에게'라는 말은 필사자가 사본의 행간에 주석처럼 달아 놓은 것이 본문에 끼어들어 간 것으로 볼 수 있겠다.

77 **제우스의 경비들** : 제우스의 경비들의 이름은 '비아(Bia, 폭력)'와 '크라토스(Kratos, 힘)'로 알려져 있다. 아이스퀼로스의 『결박된 프로메테우스』에서는 이들이 프로메테우스를 결박하는 것으로 나온다.

78 **신의 몫** : '신의 몫'이라고 번역한 그리스어는 theia moira이다. moira는 원래 할당된 몫을 의미하고, 의미전성에 의해서 운명이나 운의 의미로도 사용된다. 그리고 theia moira라고 붙어서 사용되는 경우, 이것은 보통 '신적인 운', 즉 '신적인 섭리'의 의미를 갖는다. 『메논』 99e에서도 그런 용례를 볼 수 있다. 하지만 여기에서는 moira의 원래 의미, 즉 신에게 할당된 몫이라는 의미로 사용되어서, 아테나와 헤파이스토스가 가지고 있었던 기술적 지혜(entechnos sophia)를 지칭하고 있다.

79 **시민적 기술은 아직 갖고 있지 못했는데** : 프로타고라스는 한편으로는 기

술들과 덕을 구별하면서 다른 한편으로는 덕도 일종의 기술인 것으로 이야기하고 있다. 그래서 그는 321d에서 기술적 지혜(entechos sophia)와 시민적 지혜(politikē sophia)를 구별하지만, 여기에서는 양자를 '전문기술적인 기술(dēmiourgikē technē)'과 '시민적 기술(politikē technē)'이라고 부르고 있는 것이다.(그리고 그는 322e 이하에서 시민적 기술을 '시민적 덕'이라고 부른다.) 이것은 프로타고라스만 그러는 것이 아니라 소크라테스도 마찬가지이다. 312b 이하에서 소크라테스도 비슷한 구별을 하고 있고, 356d 이하에서는 덕을 일종의 측정의 기술이라고 이야기하는 것이다. 보통 소크라테스가 덕을 기술에 비유한다고 알려져 있는데, 지금 이야기한 두 가지 계기가 그러한 유비에 모두 포함되어 있다는 것은 기억할 만하다.

80 **염치와 정의** : '염치'로 번역한 그리스어는 aidōs이다. 이것은 신과 다른 사람들의 감정과 견해에 대한 두려움과 존중, 그리고 그러한 감정을 상하게 하거나 그러한 견해에 어긋나는 행동을 했을 때 부끄러워하는 것을 의미한다. aidōs를 가지지 못한 상태를 hybris('오만불손' 정도로 번역할 수 있겠다)라고 하며, 고대 그리스 전통에서 모든 비극의 씨앗이 바로 휘브리스라고 할 수 있다. '정의'로 번역한 그리스어는 dikē로, 정의를 이렇게 부르는 것은, 옛날이야기를 하고 있는 맥락에 적절하게 예스러운 표현법이다. 정의에 해당하는 그리스어 dikaiosynē는 6세기부터 사용되기 시작하여 5세기 후반에는 이미 일상 언어로 확고히 자리 잡은 것으로 보인다. 프로타고라스는 예스럽고 시적인 표현들이 많이 사용된 옛날이야기를 끝내고, 바로 뒤에서(322e) 당시의 일상 언어를 사용해서 그 옛날이야기를 해설하며 dikē와 aidōs를 dikaiosynē와 sōphrosynē(분별 혹은 절제, 주 82 참조)라고 바꾸어 부르고 있다. 프로타고라스의 옛날이야기는 전반적으로 호메로스와 헤시오도스의 분위기를 풍기고 있는데, 프로메테우스 신화의 기본 형태가 헤시오도스의 『신들의 계보』와 『일과 날』을 통해서 전해져 내려오고 있으며(아이스퀼로스가 『결박된 프로메테우스』에서 신화의 내용을 조금 변형시키는 것과 마찬

가지로 프로타고라스도 여기에서 신화의 내용을 조금 변형시키고 있다.), 『일과 날』 192행에서는 타락한 인간 족의 모습이 염치와 정의가 없는 상태로 묘사되고 있기도 하다.

81 **전문기술에서의 탁월함** : 여기에서 '탁월함'이라고 번역한 단어는 우리가 '덕'으로 번역하고 있는 '아레테(aretē)'이다. 사실 여러 학자들이 지적하고 있듯이, 목공술이나 다른 전문기술의 아레테를 이야기하는 것 자체가 이미 자연스러운 것이 아니다. 이 자리에 자연스럽게 올 단어는 '아레테'가 아니라 '테크네(technē, 기술)'지만, 프로타고라스가 지금의 맥락에서 기술과 덕을 비교하면서 '아레테'와 '테크네'를 교환 가능한 말로 사용하고 있어서 이런 표현이 가능했다고 할 수 있다(주 79 참조). 경우에 따라서는 소크라테스가 어떤 기술과 관련한 아레테를 이야기하기도 하는데(예컨대 『알키비아데스 I』 125c, 135a), 이런 경우에서도 그가 덕을 기술에 비유하는 맥락에서 그런 이야기를 한다는 것은 기억할 만하다. 그러니까 기술과 관련한 아레테를 이야기할 때에는 '아레테'라는 말을 어느 정도 일상 어법에서 벗어나게 유비적으로 사용하고 있는 것이다. 그렇긴 하더라도 우리말의 '덕'에는 도덕적 함축이 너무 강해서 '전문기술에서의 덕'이라고 옮기는 대신에 '전문기술에서의 탁월함'이라고 옮긴다. 323a에서도 같은 방식으로 '아레테'를 '탁월함'이라고 옮겼다.

82 **정의와 분별** : 주 80에서 이야기했듯이, 프로타고라스는 '아이도스(aidōs)'와 '디케(dikē)'를 '소프로쉬네(sōphrosynē)'와 '디카이오쉬네(dikaiosynē)'로 대치하고 있다. '소프로쉬네'는 아마도 그리스 철학 전체를 통틀어 가장 번역하기 어려운 단어가 아닐까 생각한다. 『프로타고라스』에서도 언급되는(343b) 델포이 신전에 새겨져 있는 경구들인 '너 자신을 알라'와 '어떤 것도 지나치지 않게'가 '소프로쉬네'라는 덕의 기본적인 지침이 된다. 이 경구들에서 시사되듯이 소프로쉬네의 덕은 지적인 측면과 품성적인 측면을 함께 가지고 있다. 323b~c에 등장하는 예에서처럼 누군가가 피아노 연주를 제대로 할 줄 모르면서 자신이

잘한다고 주장하는 경우, 혹은 싸움 실력은 형편없으면서 전쟁터에 나가서 이길 것이라고 호언장담하는 경우, 그 사람은 자기 자신을 모르는 것이고 그런 사람은 소프로쉬네를 갖추지 못한 사람이다. 이런 맥락에서는 '소프로쉬네'를 우리말로 '분별' 정도로 번역하는 것이 적합할 것으로 생각한다. 품성적인 측면에서 보자면, 누군가가 무제한적으로 쾌락을 추구하는 경우, 그는 '어떤 것도 지나치지 않게'라는 지침에 어긋나는 행동을 하는 사람이고 그런 사람도 소프로쉬네를 갖추지 못한 사람이다. 이런 맥락에서는 '소프로쉬네'를 (통상적인 번역에 따라서) 우리말로 '절제'라고 번역하는 것이 적합할 것이다. 플라톤에서는 소프로쉬네의 지적인 측면과 품성적인 측면이 중첩되어 등장하는데, 대화편에 따라서 강조점이 조금씩 달라지기도 한다. 『프로타고라스』에서는 그중 지적인 측면에 보다 강조점이 놓여 있다. 사실 일반적으로 이야기해서 소프로쉬네의 지적인 측면과 품성적 측면 중에 지적인 측면이 보다 근본적이었다고 할 수 있다. 즉, 어떤 것도 지나치지 않게 하는 것이 나 자신을 아는 것의 근거가 되는 것이 아니라, 나 자신을 아는 것이 어떤 것도 지나치지 않게 하는 것의 근거가 되는 것이다. 다른 말로 하자면, 절제가 분별의 근거가 되는 것이 아니라 분별이 절제의 근거가 되는 것이다. 지적인 덕과 품성적인 덕이 분명하게 구분되는 아리스토텔레스에서 와서는 소프로쉬네가 품성적인 덕으로 완전히 자리잡게 되고, 아리스토텔레스의 영향으로 '소프로쉬네'에 대한 번역어가 '절제'로 굳어지게 되었다고 볼 수 있다. 하지만 여기에서는 '소프로쉬네'를 일률적으로 '분별'이라고 번역하기로 한다.

83 **이성적으로 징계하려는 자는 과거의 부정의한 행동 때문에 징벌을 하는 것이 아니라** : 여기에서 '징벌'로 번역한 그리스어는 timōria이고 '징계'로 번역한 그리스어는 kolasis이다. 아리스토텔레스의 『수사학』 1.10.1369b12~14에 따르면, 티모리아는 복수를 목적으로 하는 벌이고 콜라시스는 교정을 목적으로 하는 벌이다. 플라톤이 일반적으로 그러한 구별을 하고 있는 것으로 보이지는 않지만, 적어도 이 맥락에서

는 그와 비슷한 구별을 하고 있는 것처럼 보인다.

84 **보육 교사** : '보육 교사'로 번역한 그리스어는 paidagōgos이다. 원래 아이를 학교에 데려다 주고 데려오는 일을 하는 가정 노예를 의미하지만, 의미가 전성되어 인도자나 지도자의 의미로 사용되기도 한다. 여기에서는 원래의 의미에 충실하게 사용된 것으로 생각된다. 파이다고고스는 아이를 학교에 데려다 주는 일만 하는 것이 아니라 간단한 것들은 직접 가르치기도 했다고 한다.

85 **가장 뛰어나게 되도록** : OCT는 사본에 없는 hōs를 넣어서 읽고 있는데, 이 경우 "가능한 한 뛰어나게 되도록"이 된다. 그러한 추가가 불필요하다고 생각해서 사본들을 따른다.

86 **펜으로 밑줄을 그어서** : 원어는 선을 밑에 그린다는 말이다. 여기에 대해서 두 가지 해석이 있다. 하나는 밑줄을 긋는 것으로 해석하는 것이고, 다른 하나는 밑 글자를 써 놓는 것으로 해석하는 것이다. 전통적으로 전자의 해석이 더 많은 지지를 받아 왔고, 20세기 중반에 밑줄이 그어진 글판이 발견된 이후에는 더욱 광범위하게 지지를 받고 있다.

87 **정의로운 처벌** : 여기에서 '정의로운 처벌'로 옮긴 것은 dikē이다. 연설의 신화 부분에서는 이 말이 '정의'의 의미로 사용되었지만 그것은 예스러운 표현법일 따름이다(주 80 참조). 5세기 이후에는 '정의'라는 말은 dikaiosynē라는 말로 굳어지고, dikē는 송사나 처벌을 의미하는 말로 사용되었다. 그냥 '처벌'로 옮겨도 무방하겠으나, 같은 연설 안에서 디케가 '정의'의 의미로 사용되었던 사실을 고려하여 '정의로운 처벌'이라고 옮긴다.

88 **시인 페레크라테스가 작년에 레나이아 축제에서 무대에 올렸던** : 희극 시인인 페레크라테스에 대해서는 그다지 많이 알려진 바가 없다. 고대의 보고에 따르면, 그는 421/420년에 『야만인들』이라는 작품을 무대에 올렸다고 하는데, 이런 보고가 맞는다면, 『프로타고라스』의 작중 시기와 맞지 않아서 이와 관련한 약간의 논란이 있다. 일반적인 견해는 단순히 별로 중요하지 않은 문제에 대해서는 플라톤이 연대를 정확하게 따

지지 않았다는 것이다. '레나이아 축제에서'라고 번역한 것은 직역하면 '레나이온에서'이다. 디오뉘소스를 기리는 레나이아 축제는 원래 아크로폴리스에 있는 레나이온에서 열렸는데, 이 축제의 모든 공연이 더 이상 레나이온에서 열리지 않게 되었을 때에도 계속 관용적으로 '레나이온에서'라는 표현이 사용되었다. 『야만인들』의 공연 시기에는 이 축제의 공연들은 레나이온이 아니라 디오뉘소스 극장에서 열렸을 가능성이 있다.

89 **그 작품에 등장하는 인간혐오자들처럼** : 직역하면, "그 가무단 사이에 있었던 인간혐오자들처럼"인데, 그 작품에 등장했다는 것에 대한 일종의 제유법이라고 여겨진다. 지금까지 남아 있는 단편들만 가지고는 이 작품의 정확한 내용이 어떠한 것인지 추정하기 어렵고, 따라서 인간혐오자들은 어떤 사람들이며 그들과 야만인들과의 관계가 어떠한지는 알 수 없다.

90 **에우뤼바토스와 프뤼논다스** : 이들은 그리스 희극이나 연설문 등에서 악인의 대명사 격인 사람들로 언급되는 사람들이다.

91 **신전에 가서 나의 가르침의 값어치가 얼마라고 생각하는지 맹세하고 그만큼을 맡겼지요** : 프로타고라스는 가르침의 공정한 보수를 받는 것에 대해 관심이 많았던 것으로 보인다. 이와 관련한 다양한 보고가 있으며, 그 중 에우아틀로스와의 일화가 가장 유명하다. 에우아틀로스는 프로타고라스에게 배우고 나서 첫 번째 재판에서 이기면 돈을 지불하기로 했는데, 에우아틀로스는 그 후에 한 번도 재판에 참여하지 않았다. 그래서 프로타고라스가 수업료에 대한 재판을 걸겠다는 위협을 하면서, 에우아틀로스가 이기면 계약에 의해서 돈을 지불해야 하고, 지면 재판에 졌으니 돈을 지불해야 한다고 주장했다. 이에 대해서 에우아틀로스는 자신이 이기면 재판에 의해서 돈을 지불하지 않아도 되고, 지면 계약에 의해서 돈을 지불하지 않아도 된다고 응수했다고 한다.

92 **폴뤼클레이토스의 아들들** : 폴뤼클레이토스에 대해서는 주 20을 참조하라. 그의 아들들에 대해서는 전혀 알려진 바가 없다.

93 **이들에게는 아직 희망이 있지요. 아직 젊으니까요** : 페리클레스의 아들들은 펠로폰네소스 전쟁이 발발하자마자인 329년에 아테네에 역병이 돌았을 때 모두 죽는다. 지금 대화의 배경이 333년이나 332년이라는 추정이 맞는다면, 이 대화가 있고 얼마지 않아서 그들이 모두 죽는 것이다. 이러한 사실은 플라톤의 독자들은 이미 다 알고 있는 사실이었을 것이다. 그래서 플라톤이 프로타고라스로 하여금 이런 이야기를 하도록 하는 것은, 대화가 이루어지고 있는 현재의 밝은 분위기에 사실은 어두운 전조가 깔려 있다는 것을 보여 주는 장치가 된다.

94 **책이 그렇듯이** : 여기에서 볼 수 있듯이 플라톤은 책을 통해서 배울 수 없다는 생각을 가지고 있으며, 그러한 생각은 『파이드로스』 275d~e에서 보다 자세히 전개된다.

95 **지금 우리가 보았듯이** : 직역하면, "사태 자체가 보여 주듯이" 정도의 의미가 된다.

96 **누군가가 이 문제에 대해서 저를 설득할 수 있다면, 그것은 바로 선생님이 되겠습니다** : 직역하면, "다른 어떤 사람에게 내가 설득될 수 있다면, 선생님에게도 설득될 것입니다."가 된다.

97 **그것을 제 영혼에 채워 주십시오** : 소크라테스는 다시 배움이 영혼의 양식이라는 생각(313c)을 내비치고 있다. 『국가』 585a~b에서 배고픔과 목마름이 육체가 비어 있는 상태이듯이 무지와 멍청함은 영혼이 비어 있는 상태라고 이야기하는 것도 비슷한 생각의 표명이라고 하겠다.

98 **그럼 이것들도 덕의 부분들인가요, 지혜와 용기 말이에요?** : 지혜와 용기야말로 가장 대표적인 덕들이다. 소크라테스의 질문은, 프로타고라스가 자신의 연설에서 지혜와 용기의 덕을 명시적으로 언급해서 부각시키지 않았다는 사실을 상기시켜 준다. 지혜는 덕의 부분으로 이야기된 것이 아니라, 기술적 지혜와 시민적 지혜를 이야기하면서(321d) 포괄적으로 언급될 따름이며, 용기는 326c에서 간접적으로 암시될 따름이다.

99 **앎** : 앞에서 '지혜(sophia)'라고 했던 것을 여기에서 '앎(epistēmē)'이라고 바꾸어 부르고 있다.

100 **정의는 어떤 것입니까** : '것'에 해당하는 그리스어는 pragma이다. 어원적으로는 '행해지는 것'이라는 의미이지만, 보통 더 넓은 의미로, 행위나 관심의 대상 일반을 가리키는 말로 사용된다. 플라톤에서는 종종 이것이 이름(onoma)과 대비되는 사물이나 사태 일반을 나타내는 말로 사용된다(예컨대, 『크라틸로스』 390e~391b). 우리말의 '것'은 사용범위가 너무 다양하고 넓으며 또 결정적으로 의존명사라는 단점이 있어서 pragma의 번역어로 적절하지는 않으나, 더 나은 대안을 찾을 수 없어서 그냥 '것'이라고 번역한다. 인용부호를 통해서 사용과 언급을 구분하는 현대적인 어법을 따르면, 지금의 질문은 "'정의'라는 말이 지칭하는 대상이 있는가?" 정도가 되겠다.

101 **경건 자체가 경건한 것이 아니라면** : 정의가 정의롭다거나 경건이 경건하다는 이야기는 현대에는 일종의 범주 혼동의 오류로 여겨지곤 한다. 이 문제를 피해가기 위해서 이것이 소위 '바울식 서술(Pauline predication)'이라는 제안이 있었다. 바울이 『고린도 전서』 13장에서 사랑은 오래 참고 온유하며 시기하지 않는다는 식의 이야기를 하는데, 이것은 단순히 사랑하는 사람들은 오래 참고 온유하며 시기하지 않는다는 의미라는 것이다. 이에 따르면 경건이 경건하다는 이야기는 경건한 사람들이 경건하다는 이야기가 된다. 하지만, 단순히 이런 생각을 표현하기 위해서 경건 '자체'가 경건하다는 이야기를 한다는 것은 이상스러워 보인다. 사실 사랑이 오래 참는다는 이야기도 단순히 사랑하는 사람이 오래 참는다는 이야기에 불과한 것으로 보이지는 않는다. 오히려 사랑 자체가 오래 참음이라는 성질을 가지고 있어서 사랑하는 사람들을 오래 참도록 해 준다는 해석이 더 자연스러워 보이는 것이다. 즉, 바울 자신이 한 이야기도 소위 '바울식 서술'이 아니라고 보는 것이 더 자연스럽다는 것이다. 정의가 정의롭다거나 경건이 경건하다는 말이 범주 혼동의 오류를 범하는 것으로 여겨지는 이유는, '정의'나 '경건'이라는 말이 어떤 종류의 것들을 지칭할 수 있는지에 대한 현대적 전제들이 깔려 있기 때문이다. 그래서 "경건이 경건하

다"는 말을 들으면, 예컨대 '경건'이라는 말의 의미나 그에 해당하는 추상개념이 경건하다는 이야기를 들은 것처럼 생각하게 되고, 그 때문에 이것이 범주 혼동의 오류를 범하고 있다는 느낌을 갖게 되는 것이다. 하지만 그런 현대적 전제들이 없다면 경건이 경건하다는 말이 범주 혼동의 오류를 범하는 것으로 여겨질 필요가 없다. 한마디 덧붙이자면, 그렇다고 해서 '정의 자체'나 '경건 자체' 등의 표현이 플라톤 중기에 등장하는 이데아들을 가리켜야만 하는 것은 아니라는 사실도 기억할 필요가 있다. 예컨대, 『프로타고라스』에서 소크라테스가 시사하고 있듯이, '경건'이라는 말이 지칭하는 대상이 좋음과 나쁨에 대한 앎이라면, 그러한 앎이 그 자체로 경건하다는 이야기에는 아무런 범주 혼동의 요소도 없고, "경건 자체가 경건하다"는 말에서 '경건 자체'가 이데아를 가리킨다고 볼 이유도 전혀 없는 것이다.

102 **경건은 정의롭지 않은 종류의 것이고, 따라서 부정의한 것이며** : 여기에서 소크라테스는 경건이 정의롭지 않은 것이라는 주장으로부터 경건이 부정의한 것이라는 주장을 이끌어 내는 것으로 보이며, 이러한 추론은 모순과 반대를 혼동하는 오류를 범하는 것이라는 지적을 하는 학자들이 적지 않다. 그런데 어떤 것이 합법적인 것이 아니라는 주장으로부터 그것이 불법적인 것이라는 주장을 이끌어 내는 것이 모순과 반대를 혼동하는 것이 아니듯이, '정의로운 것'이라는 술어를 붙일 수 있는 대상들이 모두 정의로운 것과 부정의한 것으로 이분된다는 전제가 있다면, 위의 추론도 모순과 반대를 혼동한 오류를 범하는 것이 아니다. 즉, 소크라테스가 이런 추론을 하는 것으로부터, 그가 오류를 범하고 있는 것이 아니라 정의로운 것과 부정의한 것에 대한 이분법 전제를 받아들이고 있다는 결론을 이끌어 낼 수도 있는 것이다. (소크라테스가 모순과 반대를 혼동하지 않는다는 것과 관련해서는 주 169를 참조하라.)

103 **'어리석음'이라고 부르는 뭔가가 있지요?** : '어리석음'이라고 번역한 그리스어는 aphrosynē이다. 어원적으로 aphrosynē는 정신(phrēn)이

없음을 의미하고 우리가 '분별'이라고 번역하고 있는 sōphrosynē는 정신을 유지하고 있음을 의미한다. 따라서 어원상으로는 이 둘이 반대라는 것이 당연해 보인다. 하지만 소크라테스가 aphrosynē와 sōphrosynē가 반대라는 것을 논증을 통해서 보이려고 하면서(332a~e), sophia(지혜)와 aphrosynē가 반대라는 것은 당연한 것으로 전제하고 있다는(332a) 데에서 볼 수 있듯이, 당시의 일상 언어에서는 aphrosynē와 sophia가 오히려 반대의 의미로 사용되었던 것으로 보인다. 이러한 사실을 반영하여 aphrosynē를 '어리석음'이라고 번역한다.

104 **분별 있게** : sōphrosynē를 '분별'로 번역하는 것에 대해서는 주 82를 참조하라.

105 **분별로 인해서** : 그리스어에서 3격은 '~에 의해서'를 의미할 수도 있고, '~를 가지고'를 의미할 수도 있다. 영어라면 전자에는 by를, 후자에는 with를 사용할 테고, 그리스어에서도 전치사 hypo와 meta를 사용해서 둘을 구분해서 표현할 수도 있다. 사실 소크라테스도 뒤에서는 '동일한 것에 의해서'나 '빠름을 가지고'처럼 이 두 가지 전치사를 사용한 표현들을 쓰고 있기도 하다. 우리말에서는 이 둘을 포괄하는 표현을 찾기가 어려운데, 이 맥락에서 '~를 가지고'라는 표현을 쓸 때에도 단순한 수반보다는 더 강한 관계를 염두에 두고 있는 것으로 보고, 양자를 포괄하는 번역어로 '~로 인해서'라는 표현을 택한다.

106 **이들은 같은 소리를 내지도 않고** : 여기에서 소크라테스는 어느 정도 음악적인 은유를 사용하고 있다. 앞 문장에서 '조화롭게(mousikōs)'라고 번역한 것은 '음악적으로'라고 번역될 수도 있는 말이고, 지금 '같은 소리를 낸다(synāidein)'고 번역한 말은 '같이 노래 부른다'고 번역될 수 있는 말이다. 이러한 은유는 프로타고라스가 연설에서 음악 교육을 언급한 것(326b)에 호응하고 있다.

107 **하나에는 반대가 여럿이 아니라 하나만 있는 게 필연적인 반면에** : 전해져 오는 사본들과 그것을 따른 OCT에는 '여럿에게(pleiosin)'로 되어 있

으나 많은 번역자들이 하듯이 '여럿이(pleiō)'로 고쳐 읽는다. OCT를 따를 경우, 자연스러운 해석은 '하나에는 반대가 하나만 있고 여럿에는 그렇지 않은 것이 필연적인 반면에' 정도가 된다. '하나는 하나에만 반대가 되고 여럿에 반대가 되지는 않는 것이 필연적인 반면에'라고 해석하는 것이 불가능하지는 않을지 모르지만, 그리스어의 구문상 이것은 대단히 부자연스러운 해석이다.

108 **볼일이 좀 있어서** : 실제로 소크라테스에게 중요한 볼일이 있었다고 보기는 어렵다(주 1과 주 9 참조). 프로타고라스와 헤어지고 나서 그는 바로 동료와 만나서 프로타고라스와 한 대화 전체를 들려주고 있는 것이다.

109 **반외투** : '반외투'라고 번역한 그리스어는 tribōn이다. 트리본은 스파르타인들이 주로 입던 반외투를 가리키는 말이다. 아테네인들은 보통 '키톤(chitōn)'이라고 불리는 어깨에 거는 옷과 그 위에 걸치는 '히마티온(himation)'이라고 불리는 겉옷을 입었다. 트리본은 보다 거친 소재로 만들어져서 아테네에서 트리본을 입는 사람은 대개 가난한 사람이거나 검소한 사람, 혹은 금욕주의를 실천하는 사람들이었다.

110 **지혜 사랑** : '지혜 사랑'은 philosophia의 번역이다. 플라톤에서 philosophia는 물론 '철학'이라고 번역할 수 있는 특정한 활동을 의미하기도 하지만, 지금의 경우처럼 보다 일반적인 의미에서의 지혜 사랑을 의미하기도 한다.

111 **크리손** : 크리손은 440년대에 세 번 연속 올림픽 경기(83-85기)에서 우승한 유명한 단거리달리기 선수다.

112 **장거리달리기 선수** : 직역하면 돌리코스(dolichos) 달리기 선수이다. 돌리코스 달리기는 당시 올림픽 종목이었고, 오늘날 마라톤처럼 출발점과 결승점은 경기장 안에 있고 중간에는 시내를 도는 경기였다. 돌리코스는 거리의 단위인데, 1 돌리코스가 정확히 얼마나 먼 거리였는지에 대해서는 엇갈리는 보고들이 있어서 정확하게 알 수 없지만, 대략 4~5000미터 정도였던 것으로 보인다.

113 **초장거리달리기 선수** : 직역하면 온종일 달리기 선수이다. 오늘날 마라톤을 초장거리달리기라고 하는데, 마라톤의 유래가 된 것으로 유명한 페이디피데스가 온종일 달리기 선수였다.

114 **훌륭하지 못한 말씀입니다, 칼리아스** : 그리스어로는 ou kalōs legeis, ō Kallia이다. 칼리아스가 칼로스하게 이야기하지 않는다는 언어유희를 볼 수 있다.

115 **우리 각자가 자신의 의견을 분명하게 밝혀야 하니까 하는 말씀입니다** : 각자가 자신의 의견을 밝혀야 한다는 것이 민주정이 제대로 작동하기 위한 전제 조건이다. 대화의 방식에 대한 지금의 논의와 그에 대한 소크라테스의 논평(338b~c)을 통해서 플라톤은 아테네 민주정이 작동하는 방식에 대해 일종의 비판을 가하고 있는 것으로 볼 여지가 있다.

116 **공평하게 듣는 사람이 되어야 합니다. 하지만 동등하게는 아니에요** : 프로디코스는 이런 식으로 비슷한 말의 의미 구별을 하는 것이 특기이다. 『크라튈로스』 384b에는 이름의 올바름에 대한 프로디코스의 강연이 50드라크마이며, 소크라테스는 그 강연은 아니고 1드라크마짜리 강연을 들었다는 언급이 있다.(대략적으로 말해서, 숙련공의 일당이 1드라크마, 비숙련공의 경우 반 드라크마였다고 한다.)

117 **흐뭇해하게 될 것입니다. 즐거워하게 될 것은 아니에요** : 프로디코스의 의미 구분 중에서 즐거움과 관련한 의미 구분은 특히 잘 알려져 있었다. 예컨대, 아리스토텔레스는 『변증론』 2권 112b22에서 프로디코스가 즐거움(hedonē)을 기쁨(chara)과 유쾌함(terpsis)과 흐뭇함(euphrosynē)으로 나누었다는 보고를 한다. (참고로, '유쾌함(terpsis)'은 데모크리토스의 쾌락주의와 관련해서 중요한 단어이며, 기쁨(chara)과 즐거움(hedonē)의 구별은 스토아학파의 무정념(apatheia) 사상을 정확하게 이해하기 위해서 반드시 필요한 매우 중요한 구별이다.) 『프로타고라스』의 마지막 부분에 등장하는 쾌락주의와 관련해서, 플라톤이 여기에서 프로디코스로 하여금 정신적 쾌락과 육체적 쾌락을 구분하도록 하고 있

다는 것은 흥미로운 일이다(주 133 참조).

118 **법에 있어서가 아니라 본성에 있어서 그렇습니다** : '법'에 해당하는 그리스어 노모스(nomos)는 단순히 법만을 의미하는 것이 아니라 제도와 관습, 규범 등 모든 인위적인 것을 통칭하는 말로 사용될 수 있다. '본성'으로 번역한 퓌시스(physis)는 이와 대비해서 자연적인 것을 통칭하는 말이다. 노모스와 퓌시스가 대립하는지 그렇지 않은지, 또 양자가 대립한다면 둘 중 어느 쪽을 우선시해야 하는지와 관련한 논쟁이, 소피스트들의 등장과 함께 5세기에서 가장 뜨겁게 논의되던 문제 중 하나였다.

119 **그리스의 지혜의 전당** : 아테네를 이야기하는 것이다.

120 **대답하는 사람이 어떻게 대답해야 한다고 내가 주장하는지를 보여 드리도록 해 보겠습니다** : 이후에 소크라테스는 프로타고라스가 대답했던 것보다 훨씬 긴 대답을 하기도 한다. 사실 소크라테스가 불만을 터뜨린 직접적인 원인이 된 프로타고라스의 대답 자체가 그렇게 긴 것도 아니었다. 우리 번역으로 600자가 좀 안 되는 정도이니, 짧은 대답은 아닐지 몰라도 특별히 긴 대답이라고 할 수도 없는 것이다. 이에 비해서 소크라테스가 프로타고라스의 질문에 대답할 때에는 한 번에 우리 번역으로 8000자가 넘는 대답을 하기도 한다. 소크라테스가 단순히 몽니를 부린 것이 아니라고 한다면, 애초에 그의 불만은 프로타고라스의 대답의 길이 자체에 기인한 것이 아니었을 가능성도 있겠다.

121 **시모니데스** : 시모니데스는 6세기에서 5세기에 걸쳐서 활동했다. 그는 페르시아 전쟁에서 죽은 그리스인들을 위한 묘비명들을 쓴 것으로 유명하며, 『국가』에서 정의에 대한 본격적인 논의의 시발점이 되는 "각자에게 갚을 것을 돌려주는 것이 정의다."라는 주장도 시모니데스의 것이다.

122 **스코파스** : 스코파스 일가는 알레우아스 일가와 함께 테살리아를 다스리던 여러 가문들 중 가장 영향력 있는 두 가문이었으며, 시모니데스가 테살리아에 머무를 때 이들의 후원을 받았다. 시모니데스는 종종

테살리아인들이 무식하다는 불평을 했다고 하는데, 스코파스가 그런 무식한 테살리아인의 대표 격이었다. 한번은 시모니데스가 스코파스 일가를 위한 찬가에서 별자리 쌍둥이자리의 배경이 되는 디오스쿠로이 형제를 여러 번 언급하자, 스코파스는 찬가를 지은 보수의 반은 자기가 내겠지만, 나머지 반은 디오스쿠로이 형제에게 받으라고 했다고 한다.

123 **반듯하여** : 원어는 정사각형으로 되어 있다는 뜻이다. 피타고라스학파의 영향으로 이 표현이 완벽한 사람을 의미했다고 하는데, 영어에서 square나 우리말에서 '방정하다'는 표현도 비슷한 정서를 나타내고 있다고 하겠다.

124 **이 송가를 아시나요** : 시모니데스의 이 시는 고대에도 많이 인용된 유명한 시이지만, 이후의 논의에서 언급되고 있는 것들이 남아 있는 전부이다. 이 시의 전체 모습을 재구성하는 것과 관련해서 두 가지 서로 다른 의견이 있는데, 모두 부록에 소개되어 있다.

125 **피타코스** : 피타코스는 7세기에서 6세기에 걸쳐 활동한 뮈틸레네의 장군으로 아테네와의 전쟁에서 승리한 공으로 뮈틸레네의 통치자로 선출되기도 하였다. 그는 전통적으로 7현인 중 한 명으로 여겨졌다. 고대의 보고에 따르면, 피타코스는 친구인 페리안드로스가 폭군으로 변하는 것을 보고 지금의 이야기를 하면서 통치자의 자리에서 내려오기를 간청했다고 한다. 이 이야기를 듣고서 솔론이 "훌륭한 것은 어렵다(chalepa ta kala)"는 유명한 이야기를 했다는 설도 있다.

126 **탁월하기** : '탁월하기'라고 번역한 그리스어는 esthlon emmenai이다. 프로타고라스와 소크라테스의 대화에서는 '탁월하다(esthlos)'와 '좋다(agathos)'라는 말이 동의어로 간주되고 있으나, 시모니데스의 시에서 둘의 의미가 다르게 쓰였다고 보는 학자들도 있다. 그렇게 보는 학자들이 다수인 것은 아니지만, 어쨌든 둘의 의미가 다르게 쓰였다고 보는 학자들은 esthlos는 전통적이고 귀족적인 가치를 표현하는 말로 쓰였고, agathos는 새로운 좋음, 곧 도덕적 좋음을 나타내는 말로 쓰

였다고 생각한다. emmenai는 그리스어의 be 동사인 einai의 서사시체 표현이다. einai를 '있다'라고 번역할 수 있기 때문에 '탁월하다'라고 번역한 말은 '탁월한 사람으로 있다'라고 번역될 수도 있다.

127 **스카만드로스** : '스카만드로스'는 강의 이름이자 그 강이 의인화된 신의 이름이기도 하다. 그는 아킬레우스가 자신을 모욕했다고 해서 트로이 전쟁에서 트로이 편에서 싸운다.

128 **시모에이스** : '시모에이스' 역시 강의 이름이면서 신의 이름이다. 인용되고 있는 맥락에서 시모에이스는 스카만드로스의 도움 요청을 받지만, 그가 등장하기도 전에 헤파이스토스가 불로 스카만드로스를 제압해서 아킬레우스를 구한다.

129 **사랑하는 아우여, 우리 둘이 함께 이자의 힘을/ 제지하여 …** : 『일리아스』 21. 308~9의 인용이다.

130 **완전히 무너뜨리지** : 원어는 도시를 무너뜨려서 파괴한다는 의미이다. 『일리아스』의 인용된 구절 바로 다음에 스카만드로스가 아킬레우스가 트로이 성을 무너뜨리지 않도록 하자는 이야기를 하고 있는데, 소크라테스가 그 표현을 이어 받고 있는 것이다.

131 **다시 똑바로 세워 주기** : '다시 똑바로 세워 주기'라고 번역한 그리스어는 epanorthōma이다. 이 단어는 통상 '바로잡기'의 의미를 가지고 있지만 어원적으로는 '다시 똑바로 세워 주기'라는 의미이고, 소크라테스는 지금 이 단어의 어원적인 의미를 살려서 이야기하고 있는 것으로 보인다. 소크라테스는 시모니데스의 시가 잘못되었다는 것을 인정하고 거기에서 틀린 부분을 바로잡는 것이 아니라, 프로타고라스의 공격을 받아서 쓰러져 있는 그 시를 새로운 해석을 통해서 다시 일으켜 세우려고 하고 있는 것이다. 그런 점에서 소크라테스는 이 단어를 앞에서 사용한 '완전히 무너뜨리기'라는 표현과 호응시켜서 사용하고 있다.

132 **시가 기술** : '시가 기술'이라고 번역한 그리스어는 mousikē이다. 무시케는 원래 무사(뮤즈)들이 주관하는 기술들을 의미한다. 오늘날 식으

로 이야기하자면 이것은 음악과 공연예술, 그리고 인문학 전체를 통칭하는 말이라고 할 수 있다.

133 **바라기와 욕구하기가 동일한 것이 아니라고** : 소크라테스가 여기에서 바라기(boulesthai)와 욕구하기(epithymein)의 구분을 언급하는 것은 흥미로운 일이다. 어떤 학자들은 양자의 구별이 플라톤에서 중요한 구별이라고 주장하지만, 플라톤이 일관적으로 양자를 구별하고 있는지에 대해서는 학자들 사이에서 많은 논란이 있다. 둘을 가장 분명하게 구분하고 있는 것으로 보이는 곳은 『카르미데스』 167e인데, 여기에서 소크라테스는 바람(boulēsis)은 좋음을 대상으로 하고, 욕구(epithymia)는 즐거움을 대상으로 한다고 이야기한다.(아리스토텔레스는 이 구별을 그대로 받아들이며, 아리스토텔레스에서 이 구별이 중요한 구별이라는 데에는 논란의 여지가 없다.) 하지만 다른 대화편들은 차치하고라도, 적어도 『프로타고라스』에서는 소크라테스가 이 구별을 받아들이고 있다고 할 수 없다. 351b~358d에 이르는 유명한 논증은 이런 구별을 근본적인 것으로 받아들이는 경우 성립할 수 없다. 같은 이야기를 주 117에서 언급된 정신적 쾌락과 육체적 쾌락의 구분에 대해서도 할 수 있을 것이다.

134 **되기와 있기가 동일한 것으로 생각되나요** : 되기(genesthai)와 있기(einai)의 구별, 좀 무겁게 이야기하면 생성과 존재의 구별은 플라톤 이래 서양철학에서 대단히 중요한 구별이 되었다. 플라톤의 소위 중기 대화편들에서는 이 구별이 현상계와 이데아계의 구별의 형태로 나타나게 되지만, 여기에서는 단순히 변함없는 상태를 유지하는 것과 그렇지 못한 것의 구별일 따름이다. 사실, 중기 대화편들에서 이 구별이 이데아계와 현상계의 구별이 되는 것도, 현상계의 사물은 변함없는 상태를 유지할 수 없는데 이데아들은 그런 상태를 갖고 있기 때문이다.

135 **'덕의 앞길에 신들이 땀방울을 가져다 놓았으니' … '정상에 도달하고 나면, 전에는 어려웠지만, 그 다음에 … 쉽나니'** : 헤시오도스의 『일과 날』

289~292행 이하를 따온 것이다. 이 구절들은 고대에 매우 유명한 구절들이었으며, 플라톤은 이 구절들을 『국가』 2권 364c 이하와 『법률』 4권 718e 이하에서도 인용한다.

136 **제가 여기 이 프로디코스의 제자임으로 해서 경험이 있는 것과 달리 말이죠** : 주 116에서 언급했듯이 소크라테스는 『크라튈로스』 384b에서 자신이 프로디코스의 1드라크마짜리 강연을 들었다고 한다. 여기에서 소크라테스는 자신이 이름의 올바름과 관련한 프로디코스의 기술에 경험이 있지만 프로타고라스는 그에 대한 경험이 없다고 이야기하는데, 흥미롭게도 역사적인 프로타고라스 역시 언어의 올바른 사용(orthoepeia)에 대해 관심을 가지고 있었다고 한다. 예컨대 그는 『일리아스』 1. 1에서 여성형인 menin(분노)이 원래는 남성형이 되어야 한다는 주장을 하기도 하고, 명령법으로 쓰인 aeide(노래하라)가 희구법이 되어야 한다는 주장을 하기도 하는 것이다(DK80 A26~29).

137 **'무섭다'** : '무섭다'로 번역한 그리스어는 deinos이다. 이 말은 무섭다는 의미도 있으나, 무서운 것들에만 적용되는 것이 아니라 보통의 상태를 넘어서 있는 것들 일반에 적용될 수 있는 말이다. 그래서 '끔찍하다', '영리하다', '능통하다', '놀랍다', '강력하다', '대단하다', '위험하다', '험악하다' 등으로 다양하게 번역될 수 있는 말이다. 프로타고라스는 "시구절들에 관해서 능통한 것이 인간에게 교양의 가장 큰 부분"이라는 이야기로 시모니데스의 시에 대한 해석에 관해 논의를 시작하는데(339a), 그때 '능통하다'로 번역한 말도 deinos였다. 프로타고라스가 그런 이야기로 논의를 시작했다는 것을 염두에 두면, 341b에서 소크라테스가 좋은 것들을 deinos하다고 부르는 것이 창피하지 않느냐는 비난을 자신이 프로디코스에게 받았다는 이야기를 하는 것은 재미있는 일이다.

138 **이 사람에게 물어보는 것이 마땅하니까요** : 프로디코스도 시모니데스와 같이 케오스 출신이다.

139 **조야한 사투리** : '조야하다'고 번역한 barbaros라는 말은 원래 알아듣

지 못하는 외국어를 하는 사람이 "발발발발" 하는 소리를 내는 것 같다고 해서 생긴 단어로, 그리스어를 사용하지 않는 사람이나 그 언어, 특히 페르시아 사람이나 그 언어를 지칭하는 말이었다.(페르시아 전쟁 후에는 이 말이 야만적이라는 의미를 가지게 되었고, 영어 barbarian이 여기에서 나왔다.) 하지만 지금의 맥락에서처럼, 제대로 되지 못한 그리스어를 쓰는 사람이나 그런 사람이 사용하는 말을 나타내는 데에도 이 단어를 사용하기도 했다.

140 **탁월하기가 나쁘다고 이야기하고서는 그 다음에 신만이 이것을 가질 수 있다면서 그 특권을 신에게만 할당하지는 않았을 것이 분명하니까요** : 시모니데스의 실제 시를 재구성하는 데에는 현재 크게 두 가지 입장이 있다. 19세기부터 여러 가지 논란이 있다가 20세기에 들어서서 의견이 대충 좁혀졌고, 그렇게 대강의 합의가 이루어진 형태가 데니스 페이지(Denys Page)가 편집한 『그리스 서정시인들(*Poetae Melici Graeci*)』에 실린다. 이후 이 시는 그 책에 실린 순서에 따라서 PMG 542로 불리게 된다. 하지만 2008년에 아담 베레스포드(Adam Beresford)가 기존의 재구성과 전혀 다른 새로운 재구성을 제안하며, 캠브리지 텍스트를 편집한 니콜라스 데니어(Nicholas Denyer)도 베레스포드의 재구성을 받아들이게 된다. 이 두 재구성에서 가장 중요한 차이가 생기는 것은 바로 "신만이 그런 특권을 가질 수 있다"는 구절이 어디에 위치하는가의 문제 때문이다. 전통적인 재구성에서는 이 구절이 피타코스를 인용하고 비난한 구절 다음에 오는 것이지만, 베레스포드 등에 따르면 그런 경우 소크라테스가 탁월하기가 나쁘다는 이야기를 시모니데스가 한 것처럼 이야기하고 있는 것과 맞지 않는다는 문제가 있다. 새로운 재구성에서는 이 구절이 시모니데스의 시 첫 행, 즉 '진실로 좋은 사람이 되기란 어렵다'는 구절 바로 다음에 온다. 새로운 재구성의 문제는 소크라테스가 '탁월하기가 나쁘다'는 말과 '진실로 좋은 사람이 되기란 어렵다'는 말을 혼동해서 인용하고 있는 것이 된다는 점이다. 본 역자는 전통적인 재구성의 문제를 해결하는 것이 더

쉽다고 생각해서 전통적 재구성을 받아들이지만, 부록에서 베레스포드의 재구성도 소개하기로 한다.

141 **무분별한 사람이며** : '무분별한'이라고 번역한 그리스어는 akolastos이다. 이 말은 원래 훈계를 받고 자라지 않아서 고삐 풀린 망아지처럼 행실이 방종한 사람을 의미하지만, 지금의 맥락에서는 행실이 아니라 생각이 제대로 되어 있지 않은 사람을 뜻하는 것으로 사용되고 있다. 또한, 349d와 359b에서처럼, 이 말은 우리가 '분별 있는'으로 옮기고 있는 sōphrōn과 대비되는 말로 사용되기도 하는데, 이런 점을 모두 고려하여 이 단어를 '무분별한'이라고 옮긴다.

142 **케오스 사람답지 않다** : 케오스 사람들은 품성이 훌륭한 것으로 유명했다. 『법률』 1권 638b에서는 케오스인들이 아테네인들에게 패한 것이, 훌륭한 사람들이 항상 전쟁에서 이기는 것은 아니라는 예로 제시되기도 한다.

143 **선생님 표현대로, 시구절들에 관해서** : 프로타고라스는 338e에서 시구절들에 관해서 능통한 것이 인간에게 교양의 가장 큰 부분이라고 이야기했다. 소크라테스는 342a~343d까지 서론 격의 이야기를 마치고 나서 343c~347a에 이르기까지 시모니데스의 시 거의 전체에 대해서 시구절 하나하나에 상세한 주석을 붙인다.

144 **지혜 사랑** : 335d에서처럼(주 110) 여기에서도 지혜 사랑(philosophia)은 철학이라는 뜻으로 사용되지 않았다.

145 **라케다이몬** : '라케다이몬'은 스파르타가 있는 지역을 나타내기도 하지만 흔히 '스파르타'와 동의어로 사용된다.

146 **소피스트** : 여기에서는 '소피스트'라는 말이 어원을 따라서 지혜로운 사람이라는 뜻으로 사용되었다. 어떤 단어를 그 단어의 어원적 의미에 따라 사용하는 것도 일종의 언어유희라고 할 수 있을 텐데, 플라톤은 이런 종류의 언어유희도 곧잘 사용하곤 한다(주 131 참조).

147 **프로타고라스님이 말씀하신 소피스트들처럼** : 316c~317d가 그 이후에 나오는 프로타고라스의 연설에 대한 도입부 역할을 하는 것처럼, 지

금 소크라테스가 하고 있는 이야기는 곧이어 나올 시모니데스의 시에 대한 소크라테스의 본격적인 해석의 도입부 역할을 한다. 프로타고라스의 연설이 그의 소피스트 기술의 정점이라면, 시모니데스의 시에 대한 소크라테스의 본격적인 해석은 그의 소피스트 기술 차용의 정점이다. 소크라테스는 그 해석을 통해서 자신이 소피스트들의 기술을 웬만한 소피스트보다 더 잘 사용할 수 있는 사람이라는 것을 보여 준다.

148 **라코니아 방식을 따르는 사람들** : '라코니아'는 스파르타가 지배력을 행사하는 지역의 이름이다. 좁은 의미에서 스파르타, 혹은 라케다이몬은 라코니아의 중심지만을 가리키며, 넓은 의미에서 사용될 경우에는 그 중심지와 주변 지역을 포괄하는 라코니아 전체를 가리킨다. 많은 고대 그리스인들 사이에서 스파르타는 동경의 대상이었고, 그 때문에 지금 이야기되는 것처럼 스파르타의 방식을 따르는 사람들이 생겨나기도 했다.

149 **귀를 뭉그러뜨리고** : 권투를 많이 해서 귀가 뭉그러지도록 만드는 것을 의미한다. 오늘날도 권투 선수나 레슬링 선수들의 귀가 이렇게 되는 경우들이 있으며, 이런 것을 '꽃양배추 귀(cauliflower ear)' 혹은 '레슬러 귀'라고 부른다고 한다.

150 **가죽끈을 두르고** : 권투를 할 때 주먹이나 팔에 가죽끈을 두르는 것을 의미한다.

151 **외투 뒷단을 짧게 해서** : 아테네인들은 보통 '히마티온(himation)'이라고 불리는 외투를 입었고, 이 외투의 뒷단(anabolē)은 길게 늘어뜨려 입었다. 스파르타인들은 '트리본(tribōn)'이라고 불리는 반외투를 입고 다녔는데(주 109 참조), 이들을 흉내 내는 사람들은 트리본을 입거나 히마티온의 뒷단을 짧게 해서 트리본처럼 입고 다녔던 것으로 보인다.

152 **밀레토스 사람 탈레스** : 탈레스는 흔히 최초의 철학자라고 알려져 있는 사람이다. 탈레스와 그의 제자 아낙시만드로스, 그리고 아낙시만드로스의 제자 혹은 동료인 아낙시메네스를 합쳐서 '밀레토스학파', 혹은

밀레토스가 속한 지역의 이름을 따서 '이오니아학파'라고 통칭한다.

153 **프리에네 사람 비아스** : 비아스는 7현인 중에서도 가장 지혜로운 자라는 이야기를 듣기도 한 사람이다. 프리에네 역시 이오니아 지역에 있었는데, 비아스는 이오니아 지역의 통합을 제안하기도 했다고 한다. 한번은 아테네 해역에서 어부들이 "가장 지혜로운 자에게"라고 쓰여 있는 세발솥을 발견했는데, 민회에서 그 세발솥을 비아스에게 보내기로 결정했다. 하지만 비아스는 가장 지혜로운 자는 아폴론 신이기 때문에 받을 수 없다고 거절했다고 한다.

154 **우리나라 사람 솔론** : 솔론은 흔히 아테네 민주정의 기초를 닦은 사람으로 평가된다. 그는 드라콘의 법률들을 대치하는 법률들을 제정하였고, 이후에 통상 아테네의 법을 만든 사람으로 간주되었다. 솔론은 평가 재산에 따라 시민들을 네 계급으로 나누는 제도를 도입했는데, 이 제도는 전통적인 귀족들의 힘을 약화시켰고 결과적으로 아테네의 민주정이 성립하는 데 크게 기여했다는 평가를 받는다.

155 **린도스 사람 클레오불로스** : 클레오불로스는 린도스의 통치자였다. 클레오불로스는 친구에 대해서는 그가 더 친해지도록, 적에 대해서는 그가 친구가 되도록, 친절하게 대해야 한다는 이야기를 했다고 한다.

156 **케나이 사람 뮈손** : 뮈손의 아버지는 참주였다는 보고도 있으나, 어쨌든 뮈손은 농부였다고 한다. 델포이의 신탁에서 그가 가장 분별력이 있는 사람(sōphronestaton)이라고 했다는 이야기도 있다.

157 **라케다이몬 사람 킬론** : 스파르타에는 다섯 명의 감독관(ephoros)이 왕을 보좌했는데, 킬론은 그러한 감독관이었으며 어떤 보고에 따르면 그가 바로 감독관 제도를 도입한 장본인이라고 하기도 한다. 또 그가 후에 펠로폰네소스 동맹이 형성되는 데 기초가 되는 정책을 만들었다는 보고도 있다.

158 **그런 사람들 중에 … 있지요** : 흔히 그리스의 7현인을 이야기하지만, 그 7현인이 정확하게 누구누구인지에 대해서는 사람마다 의견이 좀 달랐다. 탈레스, 피타코스, 비아스, 솔론은 7현인에 항상 포함되었지

만, 나머지 세 명은 보고자에 따라서 약간씩 차이가 생긴다. 가장 일반적으로 이야기되는 7현인은 여기에서 제시된 사람들 중에서 뮈손 대신에 페리안드로스가 들어가는데, 참주인 페리안드로스에 대해서는 플라톤의 평가가 좋지 않았기 때문에 7현인의 목록에서 뺀 것으로 보인다. 『국가』 1권 335e~336a에서 소크라테스는 시모니데스와 비아스와 피타코스를 긍정적으로 언급하면서 페리안드로스에 대해서는 부정적인 언급을 한다.

159 **'너 자신을 알라'와 '어떤 것도 지나치지 않게'** : 주 82에서 이야기했듯이, 이 두 경구가 우리가 '분별'이라고 번역하고 있는 소프로쉬네(sōphrosynē)를 대변하는 말들이다. 유대교, 기독교, 이슬람교 등의 근동 종교와 비교해서 그리스 종교는 계명이 없는 종교라고 할 수 있는데, 지금의 두 가지 경구가 그래도 그리스 종교에서 가장 계명에 가까운 것이었다고 할 수 있다.

160 **'사실'이란 말을 집어넣었다면** : '사실'이라고 번역한 그리스어는 men이다. men은 대조를 나타내는 불변화사(particle)로, 보통은 de라는 불변화사와 대구를 이루어서 대조되는 두 항을 대비시키는 데 사용된다. de와 대구를 이루지 않고 단독으로 사용되는 경우 men은 강조의 효과를 갖는데, 이런 때에도 대조의 어감이 배경에 깔려 있는 것이 보통이다. 우리말에서 강조의 조사 '은/는'과 비슷한 역할을 한다고 보면 되겠다. 여기에서는 '사실'이라고 번역했는데, '사실'이라는 말에도 강조와 대조의 어감이 배경에 깔려 있다고 생각된다.

161 **전치법** : 전치법(hyperbaton)이란 운율을 맞추거나 강조를 하기 위해서 어구의 위치를 제 위치가 아닌 다른 위치에 놓는 것을 의미한다. 여기가 수사학 기법으로서의 전치법이란 의미로 hyperbaton이 사용된 최초의 예라고 한다.(영어에서도 전치법은 hyperbaton이라고 불린다.) 소크라테스는 전치법이라는 이야기까지 끌어들이면서 '진실로'가 '좋은'을 꾸며 주는 것이 아니라 '어렵다'를 꾸며 주는 것이라고 해석하고 있지만, 대단히 작위적인 해석이다. 시작부터 소크라테스의 소피스

트 기술이 발휘되고 있는 것이라고 보면 되겠다.

162 **그가 산문으로 풀어 말했다면 이렇게 이야기했을 거예요** : 소크라테스는 지금 자신이 시모니데스가 운문으로 쓴 내용을 산문으로 풀어 쓰고 있다는 것이다.

163 **다른 어떤 시인** : 이 시구절의 저자가 누구인지는 알려지지 않았다.

164 **나쁜 행동이란 이것, 즉 앎을 박탈당하는 것밖에 없으니 말이오** : 소크라테스는 잘 행동하는 것을 앎을 습득하는 것과 동일시하고 나쁘게 행동하는 것을 앎을 잃어버리는 것과 동일시하고 있는데, 이것도 물론 작위적인 해석이다. 소크라테스는 계속 자신의 생각을 시모니데스의 시에 억지로 집어넣어서 해석하고 있다.

165 **가장 오랫동안 좋은 사람들, 그래서 가장 좋은 사람들은 신들에게 사랑받는 사람들이다** : 지금 이 구절은 시모니데스의 원래 시에 있던 내용을 소크라테스가 약간 변형해서 인용하고 있다는 데 일반적인 합의가 이루어져 있다. 하지만 이 구절의 정확한 번역과 관련해서는, 번역자나 텍스트 편집자들 사이에서 약간의 해석 차이가 있다. 이 구절의 원문은 epi pleiston de kai aristoi eisin hous an hoi theoi philōsin인데, "가장 많이(가장 많은 정도로, 혹은 가장 많은 영역에서) 가장 좋은 사람들이 신들에게 사랑받는 사람들이다"라거나 "신들에게 사랑받는 사람들이 가장 오랫동안 가장 좋은 사람들이기도 하다" 등으로 번역될 수도 있는 문장이다. 본 역자가 지금의 번역을 택한 이유를 아주 간략히 이야기하면 다음과 같다. 소크라테스는 바로 앞에서 좋은 사람이 좋게도 될 수 있고 나쁘게도 될 수 있다고 이야기했다. 이것으로부터 더 오랫동안 좋은 사람으로 머물러 있는 사람이 더 좋은 사람이라는 생각을 끌어내는 것은 어렵지 않아 보인다. 여기에 자연스럽게 연결될 수 있는 생각은, 가장 오랫동안 좋은 사람, 즉 가장 좋은 사람이 신의 사랑을 받는 사람이라는 것이 될 것이다. 아마도 시모니데스의 원래 시구절은 "신의 사랑을 가장 많이 받은 사람이 가장 좋은 사람이다(hous d' hoi theoi philōsin/ pleiston eisin aristoi)" 정도의 생각을

표현하고 있었을 것으로 보이는데, 그러한 구절을 가장 조금 변형시키면서 지금 소크라테스가 가지고 있었던 생각이라고 추정한 생각을 표현하는 방법이 현재의 원문이 될 것이다.

166 **칭찬허고** : '칭찬하다'라는 말의 그리스어는 epainein이고, 이 단어의 1인칭 현재형 어미는, 아테네가 속한 아티카 지방에서는 -eō이다. 시모니데스의 시에서는 어미가 -ēmi로 사용되었다. 이와 관련해서 주 170을 참조하라.

167 **시모니데스는 기꺼이 나쁜 짓을 하지 않는 사람이면 그들을 칭찬한다고 주장한 것이 아니라, 자기 자신에 대해서 그 '기꺼이'라는 말을 한 것입니다** : 소크라테스의 억지 해석의 정점이라고 하겠다. 시모니데스가 기꺼이 나쁜 짓을 하지 않는 사람이면 칭찬하겠다고 주장한 것이라는 데에는 의심의 여지가 없다.

168 **시모니데스도, 자기도 종종 참주나 그런 어떤 사람을 기꺼이가 아니라 억지로 칭찬하고 칭송했다고 생각한 것 같아요** : 시모니데스는 스코파스 일가의 후원을 받기 위해서 억지로 찬가를 지어 주곤 했다고 한다(주 122 참조).

169 **검정이 섞이지 않은 것은 모두 하얗다고 말하는 것과 같은 뜻으로 하는 게 아닙니다** : 이 구절은 소크라테스가 반대와 모순을 혼동하지 않고 있다는 분명한 증거이다. 굳이 따로 이야기할 필요가 없을 정도로 당연한 이야기이지만, 소크라테스가 『프로타고라스』에 등장하는 논증들에서 반대와 모순을 혼동하고 있다는 주장을 하는 학자들이 좀 있기 때문에, 이런 구절도 있다는 것을 분명히 기억할 필요가 있다. (주 102와 주 200을 참조하라.)

170 **뮈틸레네 방언을 써서 이야기한 겁니다** : 주 166에서 이야기했듯이, '칭찬허네'라는 말의 어미가 아티카 그리스어의 어미처럼 -eō가 아니라 -ēmi로 되어 있다. 실제로 뮈틸레네가 속하는 레스보스 지방에서는 -mi로 끝나는 어미를 많이 사용했다고는 하지만, 시모니데스가 정말로 피타코스에게 이야기하고 있는 것은 아니다. 시모니데스의 출신

지역 방언인 도리아 방언을 사용한 시에서도 종종 이런 어미가 사용되었다고 한다.

171 **아울로스 부는 여인네나 … 자기 순서를 지켜 이야기하기도 하고 듣기도 하지요** : 플라톤의 『향연』에서 벌어지고 있는 향연이 실제로 이런 모습을 가지고 있다. 『향연』에 등장하는 사람들 중에서 (소피스트들이 모여 있는 집에 도저히 참석했으리라고 믿을 수 없는) 아리스토파네스를 제외한 모든 사람들이 지금 이 자리에 있는 것으로 묘사되고 있다(315a~e)는 것도 흥미로운 사실이다.

172 **저들은** : 주어가 생략된 채로 이야기되고 있으며, 그리스어 원문에서는 생략된 주어가 무엇인지가 정확히 제시되어 있지 않다. 하지만, 문맥상 앞에서 말한 교제에 참여하는 사람들이 주어가 되겠다.

173 **둘이 함께 걸어가면, 한 사람이 다른 사람보다 먼저 알아차리기 마련이오** : 『일리아스』 10. 224의 인용이다. 디오메데스가 정찰하러 가기를 자원하면서 동행자가 있으면 더 좋겠다는 이야기를 하는 맥락에서 나온 이야기이다.

174 **선생님은 … 주장하셨죠** : 329d에서 330b까지의 논의에서 프로타고라스가 이렇게 주장하였다.

175 **이 대담한 사람들이 용기 있기도 한 것 아닙니까?** : 소크라테스는 긍정의 대답을 기대하는 질문을 던지고 있다. 이것은 소크라테스 자신이 여기에 긍정하고 있어서일 수도 있고, 프로타고라스가 여기에 긍정하고 있다고 소크라테스가 생각하고 있어서일 수도 있다. 어느 쪽을 택하는지에 따라 소크라테스의 전략과 프로타고라스의 대응에 대한 해석이 달라질 수 있을 것이다.

176 **지금도 그렇게 이야기합니다** : 소크라테스의 질문은 349e에서의 질문을 반복하고 있는 것처럼 보일 수 있고, 프로타고라스도 이 질문을 그렇게 여겨서 '지금도' 그렇게 이야기한다고 대답하고 있다. 그런데 소크라테스는 349e에서의 질문과 달리 여기에서는 '대담한 사람들' 앞에 정관사가 붙어 있는 질문을 던졌다. 술어 자리에 오는 형용사나 명사

에 정관사가 붙어 있는 경우 그 술어는 일반적으로 주어를 규정하는 성질을 나타낸다. 그리고 이 경우, 주어개념과 술어개념 사이에 동일성 관계가 성립하게 된다. 즉, 349e의 질문에서처럼 술어에 정관사가 붙어 있지 않은 경우는 일반적으로 주어와 술어 사이에 동일성 관계가 성립하지 않고, 지금의 질문처럼 술어에 정관사가 붙는 경우는 일반적으로 양자 사이에 동일성 관계가 성립하는 것이다. 하지만 프로타고라스는 조금 뒤에 명시적으로 밝히듯이(350c~d), 이 질문을 동일성 관계가 성립하지 않는 질문으로 받아들이고 있다. 만약 소크라테스가 이 질문에서 술어에 정관사를 붙임으로써 동일성 관계가 성립하는 질문을 의도했다면, 이 지점에서 소크라테스와 프로타고라스 사이에서 의사소통의 장애가 일어나고 있는 것이다.

177 **다시 저쪽 편에서 보자면** : 무지하면서 대담한 사람들은 정신 나간 것으로 드러났으니 이 사람들은 제외하고, 이번에는 앎에 근거해서 대담한 사람들에 국한시켜서 생각해 보자는 것이다.

178 **잘 사는 것으로 여겨지겠습니까?** : 전해지는 사본들에 기록된 것(dokoi an eu zēn)을 따라서 번역한다. OCT는 사본들을 받아들이지 않고, '잘 살 것으로 여겨집니까(dokei an eu zēn)'로 수정했는데, 그러한 수정이 꼭 필요한 것으로 생각되지는 않는다.

179 **하는 것은 아니시겠죠?** : 소크라테스는 여기서 부정의 대답을 기대하는 질문을 던지고 있다. 350b에서처럼, 이것은 소크라테스 자신이 여기에 대해서 부정하고 있어서일 수도 있고, 프로타고라스가 여기에 대해서 부정하고 있다고 소크라테스가 생각해서일 수도 있다(주 175 참조). 이번에도 어느 쪽을 택하는지에 따라 이후 논의에서 소크라테스의 전략과 프로타고라스의 대응에 대한 해석이 달라질 수 있을 것이다.

180 **즐거운 것과 좋은 것이 동일한 것으로 드러난다면** : 엄밀히 말해서 소크라테스의 질문은 즐거운 것과 좋은 것 사이에 동일성 관계가 성립하는지에 대한 질문이 아니다. 즐거운 것이 즐거운 한에서 모두 좋은

것이라고 하더라도, 즐거움 외에 다른 것들이 좋은 것일 가능성은 여전히 열려 있는 것이다. 하지만 프로타고라스는 여기에서 즐거운 것이 좋은 것인지에 대한 질문을 양자의 동일성 여부를 묻는 질문인 것으로 생각하고 있다. 조금 전에 프로타고라스가, 대담한 사람이 용기 있는 사람인지에 대한 질문과 양자의 동일성 여부를 묻는 질문을 분명하게 구별해야 한다고 역설했던 것(350c~d)과 대조적이다.

181 **현명함** : 여기에서 '현명함'이라고 옮긴 그리스어는 phronēsis이다. 아리스토텔레스는 에피스테메(앎, epistēmē)나 소피아(지혜, sophia)와 프로네시스를 구별해서, 에피스테메나 소피아는 학문적 혹은 이론적 성격을 가지는 것이고 프로네시스는 실천적 성격을 가지는 것이라고 규정한다. 하지만 플라톤에서는 이들이 모두 거의 동의어로 사용된다. 사실 '프로네시스'의 가장 좋은 번역어는 '지혜'라고 생각되지만, '지혜'는 이미 sophia에 대한 번역어로 굳어져 있기 때문에, 여기에서는 '프로네시스'를 '현명함'이라고 옮긴다.

182 **다른 누구보다도 내가 … 부끄러운 일이지요** : 프로타고라스는 자신이 잘 숙고함(euboulia)을 가르치는 사람이라고 공언했으며(318e), 자신의 연설 속에서 이것을 시민적 지혜(politikē sophia)와 동일시하였다(e.g. 312d). 따라서 프로타고라스가 지혜가 강력한 것이라고 주장하지 않는다면, 자신이 가르치는 것이 강력하지 못하고 보잘것없는 것이라는 인정을 하는 셈이 되겠다.

183 **경험** : '경험'이라고 번역한 그리스어는 pathos이다. 이 말은 '겪다(paschein)'라는 동사에서 파생된 것으로, 수동적으로 겪는 것이라는 어감을 갖는다.

184 **나와 프로타고라스님이 주장하듯이** : 소크라테스와 프로타고라스가 주장하는 바는 대중들이 그렇게 생각하리라는 것이다. 엄밀히 말해서, 여기에서 소크라테스 자신이, 혹은 프로타고라스가, 그 생각의 내용을 스스로 주장하고 있다거나 거기에 동의하고 있다는 이야기를 하고 있는 것은 아니다.

185 **논의를 무르는** : 여기에서 '무른다'라고 번역한 동사 anatithesthai는 장기 같은 경기에서 한 수 무르기를 할 때 사용하는 단어이다.

186 **누군가가가 우리에게 "무엇 때문에?"라고 묻는다면** : 플라톤 대화편에서는 소크라테스가 가상의 질문자를 끌어들여서 질문을 하게하고, 그에 대한 대답을 생각해 보는 경우가 종종 등장한다. 『프로타고라스』에서도 311b~312a의 소크라테스와 히포크라테스의 대화와 330c~331b의 소크라테스와 프로타고라스의 대화 등에서 그러한 방식이 사용되었다. 그런데 지금 여기에서는 소크라테스와 프로타고라스가 한편이 되어서 대중이라는 가상의 대화 상대자와 대화하는 중에, 다시 가상의 질문자를 도입해서 이번에는 소크라테스와 대중이 한편이 되어 가상의 질문자와 이야기하고 있다는 점에서 대화의 구조가 훨씬 더 복잡하게 설정되어 있다.

187 **당신들이 판단하기에** : 번역자들 사이에서 번역이 많이 갈리는 곳이다. 원문은 en hymin이고, 이에 대한 가장 자연스러운 번역은 '당신들 안에서'가 되겠다. 하지만 '당신들'이 가리키는 것은 가상의 대화 속에서 대화자들이고, 그들은 지금 자신들이 쾌락에 지는 경우를 이야기하고 있는 것이 아니라 쾌락에 지는 사람이 있다는 이야기를 하고 있어서, 이 번역은 문맥에 잘 맞지 않는다. en hymin이 '판단자인 당신들 앞에서' 정도의 의미를 가질 수도 있고, 여기에서 그런 방식의 번역을 택했다. '당신들 안에서'가 사실은 '그런 주장을 하는 당신들 중 한 명이 내적 갈등을 겪을 경우에' 정도의 의미라고 하면서 그런 번역을 취하는 경우도 있고, 아예 en hymin을 텍스트에서 삭제하는 경우도 있으나, 지금 택한 번역까지 포함해서 어떤 대안도 완전히 만족스러워 보이지는 않는다.

188 **'가치 없음'** : '가치 없음'으로 번역한 anaxia라는 말은 지금의 논의를 위해서 플라톤이 만들어 낸 단어인 것으로 보인다.

189 **택해야 하고** : '택해야 한다'라고 번역한 그리스어 lēpteos를 '택할 수밖에 없다'라고 번역하는 것도 불가능하지는 않다. 이 단어를 '택할 수

밖에 없다'로 이해하고, 소크라테스가 소위 심리학적 쾌락주의, 즉 사람들은 자신이 가장 즐겁다고 여기는 것을 택할 수밖에 없다는 입장을 가지고 있다고 해석하는 학자들도 있지만, 본 역자로서는 받아들이기 어려운 해석이다.

190 **우리 삶의 구원이** : 그리스어 1인칭 복수 3격인 hēmin을 'ethical dative'라고 불리는 종류의 관점의 3격으로 보았다. 이것을 단순한 3격으로 보고 "삶의 구원이 … 올바른 선택에 있다는 것이 우리에게 드러났으니"라고 번역하는 것도 가능하다. 소수의 사본 중에는 1인칭이 아니라 2인칭 복수 3격인 hymin으로 된 것도 있는데, 그것을 따를 경우, "삶의 구원이 … 여러분에게 드러났으니"라고 번역해야 할 것이다. 최근의 캠브리지 텍스트는, 이 논증의 결론에 소크라테스 자신도 동의하고 있는 것으로 보고 싶지 않아서인지 hymin을 택하고 있으나, 불필요하고 부적절한 선택이라고 여겨진다.

191 **이것이 어떤 종류의 기술이고 앎인지는 다음번에 검토하기로 하지요** : 일반적으로 받아들여지는 생각이라고 할 수는 없지만, 플라톤의 대화편에서 '다음번에 검토하기로 하자'와 같은 언급이 후대의 대화편에 대한 약속이라고 생각하는 학자들도 있다. 어쨌거나 측정의 기술과 관련해서는 후기 대화편 중 하나인 『정치가』 283d 이하에서 그에 대한 분류와 논의가 있어서, 여기에서의 '약속'이 지켜지는 것 같기도 하다. 하지만 『정치가』에서의 논의는 측정의 기술을, 오늘날 표현으로 하자면, 상대적 측정과 절대적 측정으로 구분하는 것인데, 지금의 맥락과는 잘 맞지 않는다. 소크라테스는 356e~357a에서 홀수와 짝수의 올바른 선택을 보장해 주는 것은 일단 앎이고, 더 나아가서 측정의 앎, 혹은 측정의 기술이며, 그보다 더 나아가서 이것은 산술이라고 이야기하였다. 지금 즐거움과 괴로움의 올바른 선택을 보장해 주는 것에 대해서, 그것이 앎이며 더 나아가서 측정의 기술이라는 것까지 이야기하고, 그보다 더 나아가서 산술과 같은 수준에서 어떤 앎인지는 논의의 목적상 더 따져 볼 필요가 없다고 이야기하는 것이다.

만약 더 따져 보았다면, 그것은 즐거움과 괴로움의 양을 측정하는 기술이 되었을 것이다. 참고로 이야기하자면, 『필레보스』에서는 그러한 기술은 있을 수 없다고 생각할 가능성이 시사되고 있다.

192 **'즐거움'이라고 부르든 '유쾌함'이라고 부르든 '기쁨'이라고 부르든** : 주 117에서 이야기했듯이, 프로디코스는 즐거움(hedonē)을 기쁨(chara)과 유쾌함(terpsis)과 흐뭇함(euphrosynē)으로 나누었다고 한다. 소크라테스의 논증이 이런 식으로 즐거움의 세부 종류들을 구분하는 것 자체에 대해서 반대할 필요는 없다. 하지만 이들이 본질적으로 구별되는 종류의 즐거움들, 즉 하나의 기준에 의해서 서로의 상대적 크기를 비교할 수 없는 종류의 즐거움들이라는 것에 대해서는 반대해야 한다.

193 **알거나 혹은 그렇다고 생각하고서도** : 소크라테스의 지금까지 논증은 앎과 관련한 이야기만 있었다. 그런데 여기에서는 다소 갑작스럽게 아는 경우만이 아니라 믿음, 혹은 생각에 대한 이야기로 논의가 확장되고 있다. 어떤 것이 좋다는 것을 알면서 그것 말고 다른 것을 행하는 것을 아크라시아(akrasia, 보통 '자제력 없음'이라고 번역된다)라고 하는데, 소크라테스는 앎과 관련한 아크라시아만이 아니라 믿음과 관련한 아크라시아, 즉 어떤 것이 좋다고 생각하면서 그것 말고 다른 것을 행하는 것의 가능성도 부정하고 있는 것이다.

194 **프로디코스에게는 무서움은 그렇지만, 두려움은 그런 게 아니라고 여겨졌어** : '무서움'과 '두려움'이라고 번역한 단어들은 각각 deos와 phobos이다. 그리스어에서도 일반적으로 양자를 별로 구분 없이 사용하지만, 프로디코스가 이런 이야기를 할 만한 어감의 차이는 있으리라 여겨진다. 우리말에서 '무서움'과 '두려움' 중에서 '두려움'에 보다 인지적인 요소가 많이 추가된 듯한 어감이 있는 것 같고, 만약 그렇다면 '무서움'보다 '두려움'이 어감상 더 '나쁜 것의 예감'과 동일시되기 쉬워 보인다. 그래서 적어도 이 맥락에서는 deos를 오히려 '두려움'이라고 번역하는 것이 나아 보이기도 하지만, 다른 맥락에서 deos의 상관어인 deinos를 '무섭다'로 옮기고 있어서 여기에서도 deos를 '무서움'

으로 옮긴다.

195 **'소크라테스, 당신은 … 알 수 있을 겁니다.'** : 349d에서 프로타고라스가 한 이야기에 대한 인용이다. 직접 인용의 형식을 띠고 있긴 하지만, 표현이 완전히 같은 것은 아니고 내용만 같은 내용을 전달하고 있다.

196 **'그렇고 또 과감하다'** : 349e3에서 프로타고라스가 한 대답의 직접 인용이다. 주 195에서 언급한 구절과 달리 이번에는 소크라테스가 표현을 동일하게 인용하고 있지만, 생략된 표현이어서 우리말 번역에서는 동일한 표현을 쓸 수 없었다.

197 **대담하게 할 수 있는 것들** : 형용사들 중에 사물이나 사태에 붙을 때와 사람에 붙을 때 체계적으로 의미의 변화가 있는 것들이 있다. 예컨대 '즐겁다'의 경우, 어떤 사물이나 사태가 즐겁다는 것은, 그것이 사람들을 즐겁게 해 주는 것이라는 의미가 된다. '즐겁다' 외에도 '괴롭다', '무섭다' 등이 그러한 종류의 형용사이며, 이들에 해당하는 그리스어 단어들의 경우에도 비슷한 관계가 성립한다. 그런데 우리가 '대담하다'라고 번역하고 있는 그리스어 tharraleos의 경우는 우리말에서 이런 관계가 성립하는 형용사가 없는 것 같다. 지금의 본문은 tharraleos가 사물이나 사태에 붙어 있는 경우인데, 그냥 '대담하다'라고 옮길 수 없어서 '대담하게 할 수 있다'라고 번역한다.

198 **한쪽은 전쟁에 가기를 원하고 다른 쪽은 가지 않기를 원하지요** : 여기에서 '가지 않기를 원한다'라고 번역한 그리스어 표현은 단순히 '원한다(ethelein)'에 부정어(ouk)를 덧붙인 것에 불과하다. 하지만 여기에서 이 표현은 단순히 욕구를 가지지 않는다는 것이 아니라 반대되는 욕구를 가진다는 것을 의미한다. 우리말에서도 '가기를 원하지 않는다'는 말이 '가지 않기를 원한다'는 말과 일반적인 경우에는 같은 뜻이겠지만, 어쨌거나 우리말에서는 두 가지 표현이 모두 가능하기 때문에 의미를 보다 분명히 하기 위해서 '가지 않기를 원한다'라는 번역어를 택한다. 영어에서 'do not want to go there'라는 표현만 사용하고, 'want not to go there'라는 표현은 사용하지 않는 것처럼, 그리스어

에서도 '가기를 원하지 않는다'와 '가지 않기를 원하다'를 구별해서 표현하지 않는다. 사실, 궁극적인 선택의 상황에서는 어떤 행위를 하는 것을 선택하지 않는 것은 바로 그 행위를 하지 않는 것을 선택하는 것이 된다. 주 102에서 시사했듯이, 소크라테스가 정의로운 것과 부정의한 것에 대한 이분법 전제를 받아들이고 있다면, 바로 이런 이유에서일 가능성이 있다.

199 **추한 두려움을 두려워하지 않고** : '추한 두려움'이란 그것을 두려워하는 것이 추한 일이 되는 두려움을 말한다. 추한 두려움을 두려워하지 않는다는 것은 그것을 두려워하는 것이 추한 일이 되는 그 대상을 두려워하지 않는다는 말이다. 그리스어에서나 우리말에서나 이 표현이 '추한 것들을 두려워하는 것 자체에 대해 두려워하지 않는다'라는 의미로 오독될 가능성도 있겠으나, 문맥상 그런 뜻이 아니라는 것은 분명하다.

200 **추하지 않으면 훌륭한 것 아닙니까?** : 추하지 않으면 훌륭하다는 생각에도 주 102에서 언급된 이분법 전제가 작동하고 있다고 볼 수 있겠다. 이와 관련해서 주 169도 참조할 필요가 있다. 특히 주 169에서 언급되는 시모니데스의 시구절이 "모든 것은 아름다우니, 거기에 추한 것이 섞이지 않은 것은."인데, 여기에서 '아름다운'에 해당하는 그리스어와 지금 '훌륭한'이라고 번역한 그리스어가 모두 kalos라는 것은 주목할 만하다. 그러니까 그 자리에서는 소크라테스가 추함이 섞이지 않은 것은 모두 kalos라고 이야기하는 것이 아니라는 주장을 하면서, 여기에서는 추하지 않은 것은 kalos하다는 주장에 동의를 구하고 있는 것이다.

201 **하지만 당신이 지금 애써 증명하려 하듯이 덕 전체가 앎으로 드러나는 경우** : 소크라테스의 논증은 용기와 지혜의 동일성 논증이며, 따라서 소크라테스는 형식적으로는 용기가 앎이라는 것만을 증명하려 하고 있었다. 하지만 소크라테스의 그 논증은 다른 덕들에도 거의 그대로 적용될 수 있고, 따라서 실질적으로 그는 덕 일반이 앎이라는 논증을

한 것과 마찬가지인 셈이다.

202 **아름다운 칼리아스** : 원어는 Kalliāi tōi kalōi로, '칼로스한 칼리아스'라는 식의 언어유희다.

작품 안내

『프로타고라스』 읽기

『프로타고라스』는 『향연』과 더불어 흔히 플라톤의 문학적 역량이 가장 탁월하게 발휘된 대화편으로 여겨지곤 한다. 고대에 '소피스트들'이라는 부제가 붙여지기도 했던 이 대화편에서 플라톤은 다른 어떤 대화편에서보다도 더 등장인물과 배경의 묘사에 공을 들이고 있으며, 그 결과 아테네의 전성기에 아테네에서 가장 부유한 집안에서 벌어진 소피스트들과 촉망받는 젊은이들의 모임을 생생하게 그려 내고 있다. 이 대화편은 플라톤의 대화편들 중에서 가장 밝고 희극적인 분위기를 자아내는 대화편 중 하나이며, 대화편 전체에 걸쳐서 언어유희와 농담, 우스꽝스러운 묘사들이 가득하다. (번역자의 역량부족으로 우리말 번역에서 이러한 분위기를 온전히 담아낼 수 없는 것이 아쉬울 따름이다.)

플라톤의 대부분의 대화편들과 마찬가지로 이 대화편에서도 주인공 격인 인물은 소크라테스이다. 그런데 여기에서 묘사되고 있는 소크라테스는 다른 대화편들, 예컨대 『파이돈』 같은 데에서 보여 주는 진중한 모습을 띠고 있지 않다. 대화가 마음에 들지 않는다고 자리를 박차고 나가 버리려 하기도 하고(335b~d), 억지와 궤변으로 가득 차 있는 이야기를 늘어놓는 것처럼 보이기도 한다(특히 342a~347a). 또한 이 대화편은 소크라테스가 동료에게 자신이 프로타고라스와 나누었던 대화를 전달하는 형식으로 되어 있는데, 그가 공정한 전달자의 역할을 하고 있는지 의심스러워 보이는 구석도 있다. 대화에 참여하고 있는 사람들의 태도와 분위기 등을 전달하면서, 소크라테스는 프로타고라스를 다소 깎아내리는 것 같은 발언을 하기도 하는 것이다(317c, 333e, 335b. cf. 332a). 이러한 요소들 때문에 20세기 초반까지만 해도, 소크라테스의 순교자적인 죽음 이후에는 플라톤이 스승을 이토록 경박하게 묘사했을 리 없다고 보고, 이 대화편이 소크라테스의 죽음 이전에 쓰였다고 추정한 학자들이 있었을 정도이다.

이와 대조적으로, 프로타고라스에 대한 묘사는 우리가 흔히 소피스트에 대해서 가지고 있는 편견과는 다소 차이가 있어 보인다. 우리는 보통 소피스트는 진리에는 전혀 관심이 없고, 논쟁에서 이기는 데에만 관심이 있어서 궤변적인 논증을 사용하여 터무니없는 결론을 이끌어 내곤 하는 사람이라고 생각하기 쉽다. (그러한 소피스트의 모습을 실제로 『에우튀데모스』의 에우튀데모스나 디오뉘소도로스에게서 볼 수 있기도 하다.) 또한 우리는 보통 소피스트는 전통적이고 상식적인 도덕관을 거부하고, 경우에 따라서는 부도덕한 것으로 보이는 견해를 주장하고 옹호하는 사람이라고 생각하기도 쉽다. (그러한 소피스트의 모습을 실제로 『국가』의 트라쉬마코스나 『고르기아스』의 칼리클레스에게서 볼 수 있기도 하다.) 하지만 이 대화편의 프로타고라스에게서는 그러한 모습들을 발견하기가 어렵다. 일단 프로타고라스가 개진하는 생각들은 그다지 상식과 어긋나 보이지 않는다. 거의 유일하게 상식에 어긋나는 주장이라고 할 만한 것이, 전통적으로 그리스에서 교육을 담당하고 있었던 사람들인 시인이나 예언자 등이 모두 사실은 소피스트였다는 주장(316c~e) 정도인데, 이러한 주장을 통해서 그는 소피스트인 자신이 오히려 전통의 계승자임을 자처하고 있는 것으로 볼 수 있다. 또한 프로타고라스가 제시하는 논증들 중 어떤 것도 특별히 궤변으로 생각되지는 않는다. 그가 논쟁을 일종의 경쟁으로 생각하고 있다는 것은 분명하지만, 그렇다고 해서 그가 논쟁에서 이기기 위해서 궤변을 동원하는 것으로 생각되지는 않는 것이다. 논쟁의 승패 차원에서 보면, 둘이 서로 부분적인 승패를 주고받긴 했으나 종합적인 평가에서는 결국 소크라테스의 손을 들어 줘야 하겠는데, 적어도 표면적으로는 오히려 소피스트인 프로타고라스가 소크라테스의 궤변에 말려들어 논쟁에서 진 것처럼 보이기도 한다.

그런데 우리가 기억해야 할 것은, 이 대화편이 실제 있었던 사건의 단순한 기록이 아니며, 둘의 대화를 통해서 지금 이야기한 것과 같은 인상을 받았다면 그러한 인상을 만들어 낸 것이 작가인 플라톤이라는 사실이다. 그리고 물론 소크라테스의 제자인 플라톤에게 소크라테스는 삶과 철학의 영웅이고, 소피스트들은 그가 평생에 걸쳐서 대결을 벌이는 상대방이라고 할 수 있다. 그렇다면 독자인 우리가 던져야 할 질문은, 왜 그러한 플라톤이 소크라테스와 프로타고라스를 각각 그런 식으로 묘사했을까 하는 것이다. 그리고 그 대답은 이 대화편을 피상적으로 읽는 것을 통해서는 얻기 어려워 보인다.

더 나아가서, 이 대화편의 생생한 사건 묘사도 저자인 플라톤의 의도를 짐작하기 더 어렵게 만드는 요소가 된다. 생활 속에서 실제로 일어나는 대화의 상황을 생각해 보면, 실제 대화가 특정 주제에 대해서 기승전결의 형식을 갖추어서 질서정연하게 진행되는 경우는 거의 없다는 것을 알 수 있을 것이다. 『프로타고라스』에서 벌어지는 대화가 생동감을 가지는 한 가지 이유는 이 대화가 실제 대화가 갖는 그러한 무질서한 성격을 충실하게 반영하고 있기 때문이기도 하다. 여기에서의 대화는 대화 중간에 발생하는 우연적인 사건들에 의해서 이리저리 방향이 틀어지다가 결국에 가서는 나중에 더 이야기해 보자는 허울뿐인 약속과 함께 결론 없이 끝나고 만다. 그래서 대화편의 두 가지 큰 주제인 덕이 가르쳐 줄 수 있는 것인가의 문제와 여러 덕들이 사실은 하나인가의 문제가 서로 어떻게 관련이 있는지, 또 중간에 등장하는 시모니데스의 시에 대한 우스꽝스러운 해석이 이들 문제와 어떻게 연관되는지 등을 비롯해서 대화편을 읽은 독자가 자연스럽게 가지게 되는 많은 질문들에 대한 대답은, 역시 이 대화편을 피상적으로 읽는 것을 통해서는 결코 얻을 수 없는 것이다.

이러한 이유로 『프로타고라스』는 다른 어떤 대화편보다도 행간을 읽을 것이 강하게 요구되는 대화편이다. 사실 플라톤의 대화편들을 읽을 때는, 어느 대화편이든 그것이 논문 형식의 글이 아니라 일종의 희곡이나 소설 형식의 글이라는 사실을 간과해서는 안 된다. 플라톤의 대화편을 읽으면서 단순히 등장인물들의 주장이나 논증 등만을 고려해서 읽게 되면, 대화편의 많은 요소를 놓칠 수밖에 없는 것이다. 등장인물들의 대사 내용 자체만이 아니라 그런 대사들이 어떤 순서로, 그리고 각각 어떤 맥락에서 어떤 어조로 이야기되는지, 또 그런 대사를 이야기하는 등장인물들의 관계와 역사적 배경, 또 그런 대화가 벌어지게 되는 사건의 맥락과 역사적 배경 등이 모두 대화편을 이루는 중요한 요소들이다. 한마디로 말해서 드라마적인 요소를 고려하지 않고 플라톤의 대화편을 읽는 것은 절름발이 독법에 불과하다고 하겠다.

플라톤의 대화편이 드라마와 철학의 결합이라고 한다면, 그러한 요소가 가장 극대화된 것이 『프로타고라스』라고 할 수 있다. 그래서 그냥 재미 삼아 한번 읽어 보겠다는 정도의 가벼운 마음가짐으로 읽는 독자가 아니라면(그러한 가벼운 마음가짐으로 읽는 것도 나쁘지는 않을 것이다. 이 대화편은 그렇게 읽어도 나름대로 재미있다.), 특히 철학에 어느 정도 관심이 있고 흔한 철학사 책들을 통해서 플라톤과 소크라테스에 대해서 어느 정도의 정보를 갖고 있는 독자의 경우에는, 『프로타고라스』를 읽는 것이 다소 당혹스러운 경험이 될 수도 있다. 이 대화편에는 드라마적인 요소들을 깊이 고려하지 않고 읽을 경우 이해할 수 없는 기이한 점들이 너무나도 많은 것이다. 『프로타고라스』를 읽다가 뭔가 기이한 점을 발견하게 되면, 그것이 플라톤이 우리 독자에게 드라마적인 요소를 고려하고 행간을 읽으라고 촉구하는 일종의 초대라고 생각하면 좋겠다. 물론 우스꽝스러운 이야기에서 낄낄거리다가 플라톤이 그러한 농담 속에 숨겨 놓은 기이한 요소들을 아예 발견하지 못할 수도 있으니, 정신을 바짝 차리고 기이한 요소들을 발견하려는 노력을 기울이기는 해야 한다. 하지만 정신을 바짝 차려야 한다는 것이 지나치게 진지한 태도로 대화편에 접근해야 한다는 것을 의미하는 것은 아니다. 위에서 이 대화편은 가벼운 마음가짐으로 읽는 것도 나쁘지 않을 것이라고 했는데, 사실 어느 정도 가벼운 마음가짐을 갖지 않으면 이 대화편에 등장하는 농담거리들을 만났을 때 그것이 농담거리라는 것 자체를 이해하지 못할 수도 있다. '반은 농담으로, 반은 진지하게'라는 플라톤적인 구호는 이 대화편을 읽는 독자가 반드시 염두에 두고 있어야 하는 것이다.

물론 행간을 읽는 데에는 언제나 위험이 따른다. 사실, 있는 그대로의 텍스트를 읽겠다고 해도 독자의 해석이 어느 정도 들어가는 것은 피할 수 없는 일이다. 하물며 의도적으로 행간을 읽으려고 한다면, 여기에 개입되는 해석이 자기 멋대로의 엉터리 해석이 될 가능성도 배제할 수 없을 것이다. 행간 읽기가 자의적인 해석에 빠지지 않기 위해서는, 특정 논의가 진행되는 좁은 맥락만이 아니라 대화편 전체의 맥락과 역사적 배경 등에 대한 광범위한 고려가 반드시 필요하다. 플라톤의 작가로서의 위대함은, 외견상 실제 대화의 무질서한 성격을 충실하게 반영하여 사건 묘사에 생생함을 부여하면서도, 보다 깊은 차원에서 대화편의 통일성을 이루어 내며, 더 나아가서 대화편의 철학적 주제가 바로 그 통일성을 이루는 키워드가 되도록 만든다는 데 있다. 『프로타고라스』의 행간 읽기를 인도할 안내자는 바로 그러한 감추어진 통일성이다. 표면적으로는 아무런 연관 없이 무질서하게 펼쳐져 있는 것으로 보이는 요소들이 대화편 전체의 통일성, 그것도 철학적인 주제와 관련한 통일성에 어떤 방식으로 기여할 수 있을지에 대해 행간 읽기를 통해서 짐작해 보자는 것이다. 그리고 그러한 노력이 반드시 성공하리라는 보장은 물론 없겠지만, 대개의 경우 그러한 노력을 충분히 기울이게 되면, 표면적으로 무질서한 요소들이 사실은 놀라울 정도로 세심한 고려에 의해서 바로 그 자리에 바로 그 방식으로 놓여 있다는 것을 파악할 수 있게 될 것이다. 『프로타고라스』를 읽는 것은 분명 도전적인 작업이다. 여기에는 보통의 철학책을 읽을 때의 어려움과는 전혀 다른 종류의 어려움이 있다. 하지만 그러한 어려움을 극복하고 나면, 그것이 그만한 가치가 있었다는 것을 발견하게 될 것이다.

소크라테스와 동료의 대화 :『프로타고라스』 읽기의 부분적 사례

1. 액자 구조

지금까지의 논의는 유감스럽게도 지나치게 추상적이었다. 드라마적인 요소를 고려해야 한다, 농담 속에 숨겨져 있는 기이한 요소들을 발견하려는 노력을 기울여야 한다, 맥락을 잘 살펴야 한다, 대화편 전체의 통일성을 파악하기 위해 노력해야 한다 등등의 이야기는 모두 좋은 이야기인 것 같기는 한데, 구체적으로 도대체 뭘 어떻게 해야 한다는 말인가? 『프로타고라스』 전체에 대해서 구체적으로 뭘 어떻게 해야 하는지에 대해서 이야기하는 것은 결국 『프로타고라스』 해설서를 쓰는 일이 될 테고, 이 자리에서 그런 작업을 할 수는 없다. 여기에서는 독자가 스스로 그런 작업을 할 수 있도록 안내한다는 의미에서, 대화편의 첫 부분을 통해서 그런 작업의 구체적 사례를 보여 주는 시도를 해 보겠다.

플라톤의 대화편들 중에는 소위 액자 구조를 가지고 있는 대화편들이 있다. 본 대화가 액자 속의 그림이라면, 그 본 대화를 누군가에게 전달해 주는 액자 역할의 틀 밖 대화가 따로 있는 것이다. 『프로타고라스』도 소크라테스가 이름을 알 수 없는 동료에게 조금 전에 프로타고라스와 나누었던 대화를 전달해 주는 형식의 액자 구조를 가지고 있다. 액자 구조의 대화편에서 액자가 하는 역할이 무엇인지에 대해서 일률적으로 이야기하기는 어렵지만, 가장 흔히 이야기되는 것은 이것이 일종의 거리두기 장치가 된다는 것이다. 예컨대, 액자 속 그림에 해당하는 대화를 어떤 사람이 다른 사람에게 전해 주고, 그 사람은 또 다른 사람에게 전해 주고 그런 식으로 몇 단계를 거친 대화를 누군가에게 이야기해 주는 방식이거나(예컨대, 『파르메니데스』나 『향연』), 대화가 일어났던 시점과 대화가 전달되는 시점 사이에 시간상의 큰 차이가 있다면(예컨대, 『향연』), 이것은 지금 전달되고 있는 대화의 내용이 사실 그대로가 아니라 대화전달자에 의해 재구성되었다는 것을 알리는 신호 같은 것으로 볼 수 있을 것이다. 또 대화전달자가 대화에 직접 참여한 당사자가 아니라 대화를 옆에서 구경한 사람인 경우(액자 구조를 가진 대부분의 대화편), 대화전달자를 따로 설정한 액자 구조를 갖는 것이 제삼자의 시각에서 대화의 분위기를 전달하는 역할을 수행할 수도 있겠다. 또한 경우에 따라서는 액자 구조의 대화편에서 본 대화가 전달되는 도중에 틀 밖에서 대화하던 사람들이 잠깐 틀 안의 대화에 대한 논평을 하는 식으로 끼어들었다가 다시 본 대화의 전달로 되돌아가는 경우도 있다(예컨대, 『파이돈』이나 『에우튀데모스』). 이런 경우, 액자 구조를 갖는 것이 대화편의 특정 부분에 방점을 찍는 역할을 수행할 수도 있겠다. 하지만 『프로타고라스』에서는 소크라테스가 직접 바로 전에 있었던 대화를 전달하고 있으며, 본 대화가 시작한 이후에는 대화편이 끝날 때까지 대화전달이 중단 없이 이루어진다. 따라서 지금 이야기한 것과 같은 기능들 중 어떤 것도 『프로타고라스』의 액자는 수행할 수 없는 것이다.

소크라테스가 자신이 했던 대화를 직접 전달하는 방식은 그 자신이 느꼈던 감정이나 상황 인식 같은 것도 전달할 수 있게 해주는 장점을 가지며, 이것이 바로 『프로타고라스』가 액자 구조로 되어 있는 것의 기능이라고 생각할지도 모르겠다. 하지만 액자 구조를 가지고 있지 않은 대화편들 중에는 소크라테스가 그냥 일인칭 시점으로 자신의 대화를 이야기하는 방식의 대화편들이 있고(예컨대, 『국가』나 『카르미데스』), 그러한 방식을 취하면 소크라테스가 자신의 감정 등을 직접 전달하는 데에 아무런 문제가 없을 것이다. 사실, 『프로타고라스』가 틀 밖 대화 없이 그냥 "지난 밤 아직 어둠이 짙은 새벽에…"(310a)라고 시작했더라면, 이 대화편은 여타의 일인칭 시점 대화편들과 아무런 차이가 없었을 것이다. 이런 점들을 고려한다면, 『프로타고라스』가 액자 구조로 되어 있다는 사실 자체가 이 대화편에서 처음 만나게 되는 기이한 점이다.

또한 이 대화편의 틀 밖 대화는, 어찌 보면 특별한 내용도 없고 대화편 전체에서 다루어지는 주제와 별 상관도 없어 보인다. 소크라테스의 동료는 소크라테스에게 어디서 나타나는 것인지를 묻고는, 알키비아데스를 쫓아다니다 왔을 것이 분명한데 알키비아데스가 이제는 어른이 다 됐다고 농담조의 비난을 한다. 이 농담조의 비난을 이해하기 위해서는 당시 아테네 사회에서의 동성애에 대한 이해가 좀 필요한데, 당시에 승인되던 동성애 관계는 기본적으로 나이 많은 남자와 풋풋한 아름다움을 간직한 소년 사이의 관계였다. 나이 많은 남자가 소년에게 여러 차원의 교육을 제공하고, 소년은 그 대가로 성적인 서비스를 제공하는 관계였다고 할 수 있는 것이다. 그래서 여기에서는 사랑하는 자와 사랑받는 자의 뚜렷한 역할 구분이 있었다. 그런데 성인 남자가 되어서도 여전히 사랑받는 자의 역할에 있는 것은 수치스러운 일로 여겨졌고, 따라서 그런 관계는 사회적으로 승인되지 않았다. 소크라테스의 동료는 알키비아데스가 이제 어른이 되어서 동성애 관계에서 사랑받는 자의 역할을 할 나이가 지났다는 이야기를 하고 있는 것이다. 어쨌거나 소크라테스는 그러한 농담을 조금 받아 주고서는, 자기가 지금 알키비아데스보다 더 아름다운 자인 프로타고라스를 만나고 오는 길이라고 이야기한다. 소크라테스의 동료는 소크라테스에게 특별한 일이 없으면 자리에 앉아서 거기 같이 있는 무리에게 그 만남에 대해서 이야기해 주기를 청하고, 소크라테스는 그 청을 받아들여 본 대화의 이야기를 시작하게 된다. 한마디로 말해서, 소크라테스와 동료가 약간의 농담을 주고받은 것이 틀 밖 대화의 전부인 것이다. 도대체 플라톤은 왜 이 틀 밖 대화를 집어넣어서 『프로타고라스』를 액자 구조를 갖는 대화편으로 만들었을까? 이 문제에 답하기 위해서 틀 밖 대화를 통해서 독자들이 얻을 수 있는 정보가 어떠한 것들인지를 확인하고, 그를 바탕으로 플라톤의 의도에 대해서 짐작해 보도록 하자.

2. 틀 밖 대화에서 발견할 수 있는 것들

『프로타고라스』의 틀 밖 대화를 통해서 얻을 수 있는 가장 기본적인 정보는 알키비아데스가 현재 턱수염이 갓 난 나이, 즉 10대 후반 정도라는 것이다. 알키비아데스는 그리스 최고의 풍운

아라고 할 수 있고, 당시 그리스의 독자들은 지금의 대화가 이루어지는 시기가 알키비아데스가 10대 후반이었을 때라는 것으로부터 그 시기가 언제인지를 바로 알 수 있었을 것이다. 뒤에서 대화 배경 시기를 이야기하면서 다시 이야기하겠지만, 플라톤은 역사적 사건들의 시기를 꼼꼼히 따져서 시기상의 일관성을 유지하는 데에 큰 관심이 있지는 않았다. 그래서 플라톤의 대화편들에는 시기상으로 일관성이 유지되지 않는 요소들이 있는 경우가 적지 않으며 『프로타고라스』에도 그러한 요소가 있다. 하지만 플라톤이 대화의 시기를 특정하게 설정할 필요가 있다고 여길 때에는, 몇 가지 잘 알려진 사건들을 언급함으로써 독자들이 그 대화의 시기가 언제인지를 분명히 알 수 있도록 만든다. 『프로타고라스』에서는 알키비아데스가 10대 후반이라는 것이 바로 그러한 장치인 것이다. 알키비아데스가 451년, 혹은 450년에 태어났기 때문에(이 번역본에서 연도를 이야기하는 것은 모두 기원전이기 때문에 '기원전'이라는 말을 앞으로도 따로 언급하지 않을 것이다), 알키비아데스의 나이로 추산하면, 대화의 시점은 430년대 후반이 된다. 그 시기는 펠로폰네소스 전쟁이 시작되기 직전, '페리클레스의 시대'라고 불리던 아테네 최전성기의 막바지이다. 당시 아테네인들은 자신들이 그렇게 번영하고 있는 것이 민주정 체제를 채택하고 있기 때문이라는 믿음을 가지고 있었다. 이 대화편에 프로타고라스의 유명한 연설이 등장하고, 그는 이 연설에서 아테네의 민주정이 제대로 작동하고 있다는 취지의 논변을 펼치는데, 그에 대한 역사적 배경이 바로 아테네의 최전성기인 것이다. 그런데 또 한편 펠로폰네소스 전쟁이 시작되고 바로 페리클레스와 대화편에 등장하는 그의 두 아들은 모두 전염병으로 사망하게 된다. 이후 30년 가까이 진행된 펠로폰네소스 전쟁은 아테네에 대한 스파르타의 승리로 끝을 보게 된다. 물론 이 대화편이 쓰인 당시의 독자들은 그러한 역사적 사실을 모두 알고 있다. 그러니까 대화편에 등장하는 사람들은 아테네의 민주정에 자부심을 가지고 있는 상태라고 한다면, 당시의 독자들은 곧 다가올 아테네 민주정의 몰락을 함께 보고 있는 것이다. 플라톤은 이러한 시대 배경 설정을 통해서 민주정 체제하의 아테네에서 덕, 혹은 인간으로서의 탁월함이 잘 교육되고 있다는 믿음은 환상이라는 것을 드러내고 있다고 볼 수 있다.

틀 밖 대화에서 독자가 얻을 수 있는 또 다른 정보는 프로타고라스가 알키비아데스보다 더 아름답고, 그래서 소크라테스는 프로타고라스에 정신이 팔려 알키비아데스를 신경 쓰지도 않았다는 것이다. 우선 '아름답다'에 해당하는 그리스어 kalos가 우리말의 '아름답다'보다 사용 폭이 넓다는 것을 확인하도록 하자. 그리스어에서 이 단어는 미적 가치와 도덕적 가치를 포함해서 모든 종류의 긍정적 가치를 지니는 것을 나타내는 말이다. 따라서 이 단어가 단순히 육체적인 아름다움만을 지칭하는 말은 아닌 것이다. 사실 우리말에서도 정신적인 아름다움이나 영혼의 아름다움 등을 이야기하는 것이 불가능한 것은 아니기 때문에, 알키비아데스의 육체적 아름다움만이 아니라 프로타고라스의 정신적 아름다움을 이야기하는 것 자체가 특별히 이상스럽다고 할 수는 없을 것이다. 우리가 주목해야 할 것은, 알키비아데스의 준수한 용모와 프로타고라스의 지혜가 병렬적으로 이야기되고 있고, 양자가 아름다움이라는 기준에 의해서 비교되고 있다는 점이다. 또한 바로 아름다움이라는 기준에 의해서 후자가 더 높이 평가되고 있다는 점이다. 육체적 가치와 정신적 가치를 비교하고 후자가 더 중요하다고 주장하는 것은『프로타고라스』전체에 걸쳐서 드러나는 중심 주제 중 하나이다. 그리고 조금 뒤에서 다시 이야기하겠지만, 육체적 아름다움과 정신적 아름다움이 동일 선상에서 비교될 수 있다는 것은『프로타고라스』의 논의에서 매우 중요한 전제가 된다.

다른 한편으로, 소크라테스가 틀 밖 대화에서 프로타고라스가 가장 지혜로운 자라고 이야기하는 것은 특이한 일이다. 프로타고라스가 지혜로운 자라는 명성을 얻고 있는 것은 분명한 사실이지만, 앞에서도 이야기했듯이 소크라테스와 프로타고라스의 대화에서 판정승을 얻은 것은 프로타고라스가 아니라 소크라테스인 것이다. 프로타고라스가 가장 지혜로운 자여서 알키비아데스보다 더 아름답다고 이야기하는 것은 전형적인 소크라테스의 아이러니(그리스어로는 eirōneia)이다. 소크라테스의 아이러니는 단순한 반어법이 아니다. 단순한 반어법에서는 이야기된 것을 반대로 이해하면 진의가 드러나게 된다. 예컨대, 누군가가 "너 잘났다, 그래."라고 이야기하는 경우, 그는 사실 상대방이 못났다는 이야기를 하고 있는 셈이다. 하지만 소크라테스의 아이러니는 보다 중층적인 구조를 가지고 있어서 단순히 이야기를 뒤집는 것이 그의 진의를 드러내게 되지는 않는다. 가장 대표적인 소크라테스의 아이러니인 "나는 무지하다."나 "나는 아무것도 가르치지 않는다." 같은 언명들이 작동하는 방식이 바로 그러하다. 일단 소크라테스의 지혜를 흠모해서 그를 추종하는 많은 제자들이 있었으니, 이 두 언명은 문자 그대로 참일 수는 없다. 하지만 그렇다고 해서 거꾸로 소크라테스가 이러저러한 사안들에 대한 앎을 가지고 있어서 그 앎을 제자들에게 전수해 주는 것도 아니다. 소크라테스는 기본적으로 자신이 무지하다는 사실 자체를 알고, 더 나아가서 다른 사람들이 정말로 알고 있는지 아닌지를 어떻게 검토할 수 있을지를 안다. 그리고 주위 사람들에게 스스로 사고하는 능력을 일깨워 주는 것을 통해서 그들이 더 나은 사람이 되는 데 도움을 줄 수 있다.

다시 『프로타고라스』의 틀 밖 대화로 돌아와 보자. 일단, 프로타고라스가 가장 지혜로운 자여서 알키비아데스보다 아름답다는 이야기가 아이러니라고 해서, 더 지혜로운 사람이 더 아름다운 사람이라는 생각 자체도 부정되는 것은 아니라는 점은 분명해 보인다. 소크라테스는 적어도 이 생각만큼은 문자 그대로 받아들이고 있을 것이다. 그럼 프로타고라스가 알키비아데스보다 더 아름다운 사람이라는 생각은 어떨까? 여기에 대해서는 어느 한쪽으로 잘라 말하기가 어렵다. 그 이유는 프로타고라스가 가장 지혜로운 사람이라는 언명이 얼마큼 부정되고 얼마큼 긍정되는지를 명확하게 이야기하기 어렵기 때문이다. 물론 앞에서 이야기했듯이 프로타고라스가 가장 지혜로운 사람이라고 할 수 없다는 것은 분명하다. 하지만 그렇다고 해서 프로타고라스가 무지한 사람인 것도 아니다. 그는 자신의 긴 연설에서, 그에 앞서 소크라테스가 제시한 덕이 가르쳐 줄 수 없는 것이라는 논증(319b~320b)의 논리적 허점을 정확하게 간파하고 그에 대한 반론을 제시한다. 또 용기와 지혜의 동일성 논증의 처음 부분에서 제시된 소크라테스의 논증(349e~350c)에 대해서도 마찬가지로 그 논증의 허점을 정확히 파악하고 그에 대한 반론을 제시한다. 사실 플라톤의 대화편 전체를 통틀어서 소크라테스가 어떤 논증을 제시했다가 대화상대자에게 논파당하는 것으로 보이는 장면이 등장하는 것은 『프로타고라스』가 유일하지 않을까 싶다. (물론 소크라테스가 정말로 논파당한 것인지에 대한 평가는 독자의 몫이다. 학자들 사이에서도 이에 대한 평가가 갈린다.) 요컨대, 프로타고라스는 소크라테스가 주인공으로 등장하는 대화편들을 통틀어서 소크라테스의 가장 강력한 논적으로 설정되어 있다. (소크라테스가 아니라 파르메니데스가 주인공격인 『파르메니데스』는 논외로 한다.) 결론적으로 말해서, 프로타고라스가 지혜로운 사람인지 그렇지 않은지는 모호한 상태로 남겨져 있다고 하겠다. 이러한 사실이 『프로타고라스』 전체와 관련해서 어떤 함축을 가질 수 있을지는 조금 뒤에 살펴보기로 하자.

틀 밖 대화에서 발견할 수 있는 사실들 중에서 마지막으로 주목할 것은 소크라테스가 특별히 할 일이 없었다는 것이다. 특별한 일이 없으면 자리에 앉아서 프로타고라스와의 만남에 대해서 이야기해 달라는 요청을 받고서 소크라테스는 그와의 만남과 대화에 대해서 처음부터 끝까지 상세하게 이야기해 주는 것이다. 이것이 무슨 주목할 만한 일인가 싶기도 하겠지만, 소크라테스가 프로타고라스와의 대화 중간에 다른 볼 일이 있다면서 자리를 박차고 일어나려 했다(335c)는 사실을 상기하면, 이것이 특이한 사실이라는 점이 드러나게 된다. 즉, 소크라테스는 프로타고라스와 대화하던 도중에 다른 곳에 볼 일이 있어서 대화를 중단하고 가야 한다고 이야기하지만, 정작 대화가 끝나고 나서는 동료들과 만나서 프로타고라스와의 대화를 상세히 들려주는 것이다. 플라톤은 혹시 독자가 소크라테스가 그런 이야기를 했다는 사실을 놓치고 지나가기라도 했을까봐 대화편의 마지막에 다시 소크라테스로 하여금 가야 할 곳에 갈 시간이 한참 지났다는 이야기를 하도록 만든다. 사실, 대화의 시대 배경이나 정신적 아름다움이 육체적 아름다움보다 더 가치 있는 것이라는 이야기 등은 굳이 액자 구조라는 드라마적 장치를 끌어들이지 않고도 다른 방식을 써서 대화편 안에 집어넣을 수 있었을 것이다. 하지만 소크라테스가 바쁜 일이 있다고 공공연히 이야기하지만 사실은 바쁜 일이 없었다는 것은 액자 구조가 아니라면 독자에게 전달할 수 없었을 것이다. 따라서 이 대화편에서 액자 구조라는 드라마적 장치가 수행하는 필수불가결한 기능은, 다소 우스꽝스럽게도, 소크라테스가 특별히 할 일이 없었다는 사실을 드러내는 것이었다. 그리고 이러한 장치는 본 대화에서 소크라테스가 바쁜 일이 있어서 떠나겠다고 몽니를 부리는 장면의 맥락을 다시 한 번 세심하게 살펴보도록 만드는 기능을 한다. 마치 『파이돈』이나 『에우튀데모스』에서 틀 밖 대화가 본 대화에 끼어드는 것과 비슷한 효과를 갖는 것이다.

3. 틀 밖 대화와 전체 대화편의 주제

지금까지 우리는 『프로타고라스』의 틀 밖 대화에서 어떤 사실들을 발견할 수 있을지 살펴보았다. 이제 이러한 사실들을 전체 대화편의 맥락 속에서 고찰하고, 그들이 대화편 전체와 관련해서는 어떤 기능을 하고 있을지 짐작해 보자. 『프로타고라스』는

"어디서 나타나는 건가, 소크라테스?"라는 대사로 시작한다. 고대 그리스 문학 작품들 중에는 그 작품이 어떻게 시작하는지가 중요한 작품들이 있다. 대표적인 것이 호메로스의 작품들이다. (『프로타고라스』에서 소크라테스의 첫 대사가 "자네는 호메로스를 찬미하는 자가 아니었나?"라는 말과 호메로스의 인용을 포함하고 있다는 사실도 기억하자.) 호메로스의 『일리아스』는 "(아킬레우스의) 분노를 노래하라, 여신이여."로 시작하며 아킬레우스의 분노가 이 작품 전체의 주제이다. 또 『오뒤세이아』는 "(많은 길을 헤맨) 남자에 대해서 내게 이야기하라, 무사 여신이여."로 시작하며 오뒤세우스의 귀향이 이 작품 전체의 주제이다. 그리고 어떤 의미에서는 『프로타고라스』의 주제가 바로 소크라테스의 출현이다.

알키비아데스와 같은 미소년들을 쫓아다니곤 했던 사람, 결국 젊은이를 타락시켰다는 죄목으로 사형에 처해진 사람, 프로타고라스와 같은 소피스트들과 곧잘 어울렸던 사람, 결국 죽을 때까지 여러 소피스트들 중 한 명으로 간주되었던 사람, 이런 것들이 당시 그리스인들이 소크라테스에 대해서 갖고 있었던 인상이지만, 이 중 어떤 것도 소크라테스의 진면목이 아니었다. 오늘날 우리가 '철학'이라고 부르는 활동은, 어떤 의미에서는, 탈레스가 아니라 소크라테스로부터 (혹은 그의 이름을 빌린 플라톤으로부터) 시작되었다고도 할 수 있다. 플라톤이 묘사하는 소크라테스는, 호메로스로부터 이어지는 전통을 존중했지만 궁극적인 의미에서 전통 파괴적이었고, 소피스트로 대변되는 새 시대의 지식인들과 겉보기에 비슷한 방식으로 활동했지만 그의 방법론은 근본적으로 소피스트의 방법론과 달랐다. 도대체 어디에서 이런 사람이 나타났을까 싶을 정도로, 그는 당시 그리스 사회에서 별종인 인간이었다.

그리고 어떤 의미에서 플라톤은 『프로타고라스』에서 소크라테스의 출현을 선포한다. 『프로타고라스』에서 소크라테스는 30대 중후반으로 설정되어 있어서, 소크라테스가 주인공으로 등장하는 플라톤의 대화편들 중에서 드라마 상으로 가장 젊은 소크라테스가 여기 등장한다. (앞에서도 이야기했듯이, 스무 살 무렵으로 보이는 소크라테스가 등장하는 『파르메니데스』는 소크라테스가 아니라 파르메니데스가 주인공 격이므로 논외로 한다.) 그리고 대화편의 마지막은 프로타고라스가 소크라테스가 앞으로 지혜에 있어서 명성을 떨치게 될 것이라고 이야기하면서 대화를 마무리 짓는 것으로 끝난다. 철학적 측면에서 보자면, 우리가 흔히 '소크라테스의 역설'이라고 부르는 철학적 입장들, 즉 덕이 곧 앎이라거나(지덕합일) 개별 덕들이 사실은 동일한 하나의 것이라거나(덕의 단일성) 누구도 자신이 아는 것과 달리 행동할 수 없다거나(자제력 없음의 불가능성) 하는 입장들에 대한 본격적인 논증이 제시되는 곳이 다름 아닌 『프로타고라스』이다. 한마디로 말해서, 플라톤의 초기 철학이라고 할 만한 것들이 집대성 되어 있는 대화편이 바로 『프로타고라스』인 것이다.

이러한 사실을 염두에 두고, 틀 밖 대화를 다시 살펴보자. 우리는 앞에서 알키비아데스와 프로타고라스의 아름다움의 비교가 육체적 아름다움과 정신적 아름다움의 비교라고 이야기했었다. 또 우리말에서도 '아름다움'이라는 말이 육체적이고 감각적인 아름다움에 국한해서 사용되는 것이 아니라는 점도 지적했다. 그런데 우리가 '아름다운 행동'이나 '아름다운 삶'이라는 표현, 혹은 '영혼의 아름다움' 따위의 표현을 사용할 때, 이것은 분명 육체적이고 감각적인 아름다움이 아니라 정신적인 아름다움을 의미하는 것이겠지만, 이 각각의 표현이 '지혜로운 행동', '지혜로운 삶', '영혼의 지혜' 등을 나타내는 것으로 생각되지는 않는다. 정신적인 아름다움을 지혜로 이야기하는 것이 이미, 모든 도덕적 가치를 지혜로 환원하는 소크라테스의 지덕합일 논제를 시사하고 있다고 하겠다.

또한 소크라테스가 프로타고라스에 정신이 팔려서 알키비아데스가 옆에 있다는 것을 종종 잊어버리기까지 했다고 이야기하는 것이, 『프로타고라스』 전체의 주제와 관련시켜 생각해 보면, 의미심장한 일이다. 소크라테스의 덕의 단일성 논제와 지덕합일 논제는 사실 자제력 없음(그리스어로는 akrasia)의 불가능성 논제에 근거하고 있다. 그래서 『프로타고라스』에서 소크라테스가 제시하는 논증들 중에서 자제력 없음의 불가능성 논증

(352b~358d)이 가장 중요하다고 할 수 있다. 그런데 그 논증은 대화편 내에서 가장 복잡한 구조로 구성되어 있고 학자들 사이에서도 매우 논란이 많이 되는 부분이다. 그래서 그 복잡한 논증을 세부적으로 따라가다 보면, 그 논증이 가지는 직관적인 호소력이 어디에서 오는 것인지를 오히려 놓칠 수도 있다. 자제력 없음의 불가능성 논증의 직관적 호소력은, 어떤 것이 정말로 좋게 여겨지면 거기에 정신이 쏠릴 수밖에 없다는 것이다. 마치, 프로타고라스가 정말로 아름답게 여겨지면 거기에 정신이 팔려서 육체적으로는 가장 아름다운 자인 알키비아데스에 신경을 쓸 여지조차 없게 될 정도가 되는 것처럼 말이다. 결국 알키비아데스와 프로타고라스의 아름다움에 대한 농담조의 가벼운 이야기가 대화편의 핵심 논증이 작동하는 방식에 대한 매우 좋은 예시가 되는 것이다.

더구나 앞에서 잠깐 이야기했듯이, 육체적 혹은 물질적 가치와 정신적 가치가 동일 선상에서 비교되고 있다는 것도 자제력 없음의 불가능성 논증과 관련해서 중요한 함축을 갖는다. 이 논증을 시작하기 직전에 소크라테스는 프로타고라스에게 즐겁게 사는 것은 좋고 즐겁지 않게 사는 것은 나쁜 것이냐는 질문을 한다. 프로타고라스는 이에 대해 훌륭한 것들에 즐거워하면서 사는 경우는 그렇다고 대답한다(351c). 이 맥락에서 '훌륭하다'라고 번역하고 있는 그리스어는 틀 밖 대화의 맥락에서 '아름답다'고 번역하고 있는 kalos라는 단어이다. 프로타고라스의 대답은 정신적인 아름다움을 가진 것에서 즐거움을 느끼면서 사는 경우, 다시 말해서 육체적, 물질적 쾌락과 대비해서 정신적 쾌락을 즐기면서 사는 경우 좋은 삶을 사는 것이라는 대답이라고 볼 수 있는 것이다. 그런데 만약 육체적 쾌락과 정신적 쾌락이 전혀 다른 종류의 것이어서 서로 동일 선상에서 비교될 수 없는 정도의 것들이라면, 소크라테스의 자제력 없음의 불가능성 논증은 성공할 수 없다. 이 때문에 실제 논증에서 소크라테스는 모든 종류의 쾌락이 최소한 서로 비교 가능할 만큼 동종적이라는 것을 증명하는 데 상당히 공을 들인다(353c~354e, 356a~c). 틀 밖 대화에서 육체적 아름다움과 정신적 아름다움을 비교하는 것은, 이러한 논의에 앞서서 전혀 이질적인 좋음이 동일 선상에서 비교될 수 있다는 것을 예증하는 것이라고 볼 수도 있다.

이제 행간 읽기를 통한 추정의 수위를 조금 더 높여 보자. 자제력 없음의 불가능성 논제가 상식적으로 받아들이기 어렵고, 그래서 '소크라테스의 역설'이라는 이름이 붙기까지 한 이유는, 우리가 일상생활에서 너무나도 흔하게 자제력 없음의 경험을 하는 것으로 생각되기 때문이다. "마음은 원이로되 육신이 약하도다."라는 성경 구절(마태복음 26 : 41)은 우리의 매일매일의 고백이기도 하다. 자제력 없음의 불가능성 논증은, 사람들이 그 결론을 도무지 받아들일 수가 없기 때문에, 애초에 그 타당성 여부를 공정하게 평가받기 어려운 논증인 것으로 보이기도 한다. 소크라테스는 도대체 어떻게 해서 이러한 얼토당토않은 주장을 할 수 있었을까?

어쩌면 이 문제에 대한 대답, 혹은 대답에 대한 힌트를, 소크라테스가 프로타고라스와의 대화 도중에 어딘가 가야 하니까 떠나겠다고 이야기한 데에서 찾을 수 있을지도 모른다. 소크라테스가 가야 할 일이 있어서 가 보겠다고 이야기한 것은 완전히 거짓말이었을까? 그럴 수도 있지만, 그렇지 않을 수도 있다. 이미 이야기했듯이, 소크라테스가 동료와의 모임에 가서도 특별히 따로 할 일이 없었다는 것은 분명한 사실이다. 하지만 어쩌면 소크라테스의 동료와 그 무리가 소크라테스가 그 자리에 얼굴을 내비칠 것 정도는 기대하고 있었을지도 모른다. 그런 경우 소크라테스가 프로타고라스에게 가야 할 일이 있다고 이야기한 것은 완전히 거짓말은 아닐 것이다. 단순히 사태를 조금 부풀려서 이야기한 것 정도라고 볼 수도 있는 것이다. 어떤 말이 거짓말인지 아닌지가, 경우에 따라서는, 칼로 두부 자르듯이 명확하지 않을 수도 있다.

이 자리에서 자세히 이야기할 수는 없지만, 애초에 소크라테스가 프로타고라스와의 대화를 중단하겠다는 위협을 한 것도 프로타고라스가 하는 이야기가 그 자신의 속마음을 충분하게 반영하지 못한 것이라는 느낌을 받아서였을 가능성이 있다. (소크라테스는 프로타고라스가 너무 길게 대답하는 것이 문제라고 이야기하지만(334d~335c), 그것이 진정한 이유일 수는 없다. 프로타고라스의 대답이 그렇게 길지도 않았으며, 그 이후에 프로타고라스가 질문하고 소크라테스가 대답할 때, 소크라테스는 이보다 훨씬 길게 대답하기도 하는 것이다.) 어쨌거나 누군가의 속마음과 그의 말 혹은 행태 사이의 괴리는 흔히 있을 수 있는 일이다. 그리고 그런 경우가 모두 계획적인 거짓말이나 계획적인 기만이라고 볼 수는 없다. 그 사람의 속마음이 그 사람 자신에게도 그렇게 분명하지 않을 수가 있기 때문이다. 그리고 자신의 속마음이 경우에 따라서는 자기 자신에게도 분명하지 않을 수 있다면, 자기기만이라는 것도 있을 수 있을 것이다. 예컨대, 나는 내가 저 사람을 사랑하지 않는다고 생각하고 있으나 사실은 그를 사랑하는 것일 수 있는 것이다. 나의 깊은 속마음을 내가 모를 수 있다면, 소위 '자제력 없음'이라는 것도 일종의 자기기만일 수 있다. "마음은 원이로되 육신이 약하도다."라는 고백을 하는 사람이 사실은 마음이 원한다고 생각하고 있을 따름이고, 그의 속마음은 정말로 그것을 원하는 것이 아닐 가능성도 있는 것이다. 다시 말해서, 우리가 흔히 자제력 없음을 겪는다고 할 때, 그 경험은 '자제력 없음'의 경험이 아니라 '자신의 속마음을 제대로 파악하지 못하고 있음'의 경험일지도 모른다. (어쩌면 플라톤이 하필 『프로타고라스』를 다른 어떤 대화편보다도 행간 읽기가 요구되는 대화편으로 만든 이유도, 피상적인 겉보기와 감추어진 의도 사이에 괴리가 있을 수 있다는 것을 대화편의 형식으로도 보여 주려는 것이었을지 모른다.)

끝으로, 프로타고라스가 지혜로운 사람인지 아닌지가 불분명하다는 것이 대화편 전체와 관련해서 어떤 함축을 가질 수 있을지에 대해서 추정해 보자. 『프로타고라스』에서 프로타고라스와 소크라테스의 대화는 결국 결론을 내지 못하고 끝나게 된다. 대화편의 마지막 부분에서 소크라테스는 대화의 상황을 다음과 같이 정리한다(361a~c). 소크라테스는 처음에 덕이 가르쳐 줄 수 없는 것이라고 주장하고서는 나중에는 덕이 앎이라고 주장하는데, 덕이 앎이라면 당연히 가르쳐 줄 수 있는 것이 된다. 프로타고라스는 거꾸로 처음에 덕이 가르쳐 줄 수 있는 것이라고 주장하고서는 나중에는 덕이 앎이 아니라고 주장하는데, 덕이 앎이 아니라면 당연히 가르쳐 줄 수 있는 것이 아니다. 상황이 이렇게 뒤죽박죽이 되었으니 덕이 무엇인지부터 다시 검토해 보아야 한다.

그런데 학자들 중에는 소크라테스가 이런 식으로 대화의 상황을 정리하는 것이 사실은 빈말에 불과하다고 생각하는 사람들이 있다. 소크라테스가 처음에는 덕이 가르쳐 줄 수 있는 것이 아니라는 주장을 하긴 했지만, 논의가 진행되어 가면서 덕이 앎이라는 것이 논증을 통해서 정립되었기 때문에 처음의 주장은 파기된 셈이라는 것이다. 논의를 통해서 처음의 주장을 포기하게 되는 경우는 얼마든지 있을 수 있다. 사실 우리가 대화를 하는 목적은 그것을 통해서 자신의 생각 중 잘못된 생각을 교정하는 데 있을 것이다. 그렇다면, 소크라테스가 처음에 어떤 주장을 했다가 나중에 그에 반하는 주장을 하게 되는 것이, 상황을 뒤죽박죽으로 만드는 것이 아니라 오히려 상황을 정리하는 것이 될 수도 있다는 것이다.

하지만, 이렇게 생각하는 학자들은 덕이 가르쳐 줄 수 없는 것이라는 소크라테스의 처음 주장을 너무 가볍게 생각하는 것이 아닌가 싶다. 소크라테스에게는 처음의 주장을 그냥 파기해 버리기 어려운 이유가 있었다. 『프로타고라스』에 등장하는 논증들은, 그중 일부의 경우에는 해당 구절의 주석에서 이야기하기도 했듯이, 대개 좋음과 나쁨에 대한 이분법 전제를 가지고 있다. 그래서 소크라테스가, 예컨대, 정의롭지 않은 것은 부정의한 것이고(321a), 추하지 않은 것은 훌륭한 것이라고(360b) 이야기할 수 있었던 것이다. 이런 이분법 전제 자체가 이상한 것으로 여겨질 수도 있겠지만, 적어도 궁극적인 행위 선택의 맥락을 생각해 보면 이분법 전제가 그럴듯한 것이다. 우리는 살아가면서 이러저러한 도덕적 선택을 해야 하는 상황에 직면하게 되고, 그러한 순간에 궁극적인 선택은 결국 특정한 일을 할 것인가, 말 것인가 하는 것이다. 그리고 그런 상황에서 그 일을 하는 것이 정의로운 것이라면 그 일을 하지 않는 것은 부정의한 것이고, 그 일을 하는 것이 용기 있는 것이라면 그 일을 하지 않는 것은 비겁한 것이 될 것이다.

그런데 이러한 이분법 전제는 『프로타고라스』의 논의를 뒤죽박죽으로 만드는 주범이 된다. 소크라테스가 처음에 덕이 가르쳐 줄 수 없는 것이라고 주장하는 근거로 제시한 것 중 하나는 페리클레스와 같은 정치지도자가 자신이 가지고 있는 덕, 혹은 탁월함을 자기 자식들에게 가르쳐 주지 못했다는 것이다. 앎은 가르쳐 줄 수 있는 것이라는 기본 전제 하에서, 이것은 페리클레스가 가지고 있다는 덕이 앎은 아니라는 함축을 갖는다. 따라서 소크라테스가 나중에 주장하듯이 덕이 앎이라면, 페리클레스는 사실은 덕을 가지고 있지 않은 것이 되는 것이다. 그런데 덕과 악덕, 탁월함과 못남, 훌륭함과 추함 등의 이분법 전제를 받아들이면, 페리클레스는 사실은 악덕을 가진 못난 사람이 된다. 마치 프로타고라스가 지혜로운 사람이라는 틀 밖 대화에서의 이야기가 단순한 반어법이라면, 그 이야기는 프로타고라스가 무식한 사람이라는 뜻이 되듯이 말이다. 하지만, 앞에서 이야기했듯이, 프로타고라스가 무식한 사람이라고 이야기하는 것은 말이 되지 않는다. 마찬가지로, 아테네의 전성기를 이끈 페리클레스가 보통의 못난 사람들과 마찬가지로 어떤 덕도 가지고 있지 않다고 이야기하는 것도 말이 되지 않아 보인다. 그렇기 때문에 결국 페리클레스가 덕을 어느 정도라도 가지고 있다는 것을 인정한다면, 그것은 그가 가진 덕이 가르쳐 줄 수 있는 것이 아니라는 것을 받아들이는 것이 된다. 이것이 바로 소크라테스가 처음에 덕이 가르쳐 줄 수 없는 것이라고 주장했던 것을 나중에도 쉽게 철회할 수 없는 이유이다.

소크라테스의 처음 주장과 나중 주장 사이에 존재하는 긴장관계를 해소할 방법은 『프로타고라스』 내에서는 제시되지 않는다. 그래서 이 대화편은 결론 없이 아포리아(aporia, 문제는 있지만 해답은 없는 상태)로 끝나게 되는 것이다. 이 문제에 대한 해결의 실마리는, 『프로타고라스』의 후속편 격인 대화편 『메논』에서 문제의 근원인 이분법 전제를 포기하는 것을 통해서 주어지게 된다. 『프로타고라스』에서 소크라테스의 나이가 30대 중후반으로 설정되어 있고 『메논』에서는 60대 중후반으로 설정되어 있으니, 드라마 상으로 보면, 소크라테스는 덕의 가르침과 관련한 문제를 30대에 제기하고 60대에 가서야 그 문제 해결의 실마리를 찾는 셈이다. 어쨌거나, 틀 밖 대화에서 소크라테스가 프로타고라스가 가장 지혜로운 사람이라고 이야기하는 것은 대화편 전체의 아포리아가 발생하는 근원을 요약해서 보여 주고 있는 것이라고 할 수 있다.

이야기가 너무 길어졌다. 또한 마지막 부분의 논의들은 지나치게 복잡해지기도 했다. 기억해야 할 것은 지금 여기에서 제시된 추정들을 독자가 그대로 받아들일 필요는 전혀 없다는 것이다. 여기에서 제시된 구체적인 내용들은 기본적으로 모두 추정에 불과하며, 특히 마지막 부분에 이야기된 것들, 즉 표면적 구조/상태와 심층적 구조/상태의 괴리 가능성과 자제력 없음의 불가능성 논증 사이의 관계나 이분법 전제와 관련된 추정들은 추정의 정도가 상당히 심한 것이다. 여기에서 간단히 이야기한 정도로 그러한 추정들이 정당화될 수는 없다. 그러한 추정들의 정당화를 위해서는 각각 개별적인 논문 이상의 글을 따로 써야 할 것이다. (표면적 상태와 심층적 상태의 괴리와 관련해서는 졸고 「시모니데스의 시 해석 1」에서, 이분법 전제와 관련해서는 「시모니데스의 시 해석 2」에서 어느 정도 논의를 하기는 했지만, 그런 식의 부분적 논의는 이들을 정당화하기에 턱없이 부족하다. 이들 각각을 중심 주제로 삼는 독립적 논문들이 있어야 최소한 그러한 정당화를 시도라도 해 볼 수 있을 것이다.) 지금까지의 논의는 어디까지나 맥락 고려와 행간 읽기를 통해서 『프로타고라스』에 접근한다는 것이 어떠한 것인지를 보여 주는 하나의 예시에 불과하다. 독자들은 대화편을 읽으면서 스스로 이러저러한 의문을 던져 보고 또 스스로 그런 의문들에 대한 대답을 찾으려고 이러저러한 노력을 기울여야 할 것이다. 이건 정의로운 것이고 저건 부정의한 것이고, 이건 경건한 것이고 저건 불경한 것이고, 이건 해야 하고 저건 하지 말아야 한다 따위의 이야기를 듣고, 그 이야기를 따르지 않으면 매를 맞는 등(325d)의 방법을 통해서는 덕의 습득이 일어나지 않듯이, 이건 이렇고 저건 저렇다는 이야기를 듣고 그것을 열심히 암기하는 것을 통해서는 배움이 일어나지 않는 법이다. 스스로 질문을 던지고 대답해 보는 방법을 통해서만 진정한 배움이 일어날 수 있으며, 이것이 바로 플라톤이 논문 형식의 글이 아니라 대화편을 쓰는 가장 중요한 이유이다.

프로타고라스와의 만남과 대화 내용의 소묘

지금까지의 긴 논의를 통해서 결국 틀 밖 대화에 대해서만 이야기한 셈이다. 틀 밖 대화에 대해서 이야기하면서『프로타고라스』전체의 주제와 관련해서 중요한 문제들을 몇 가지 거론하기는 했지만, 곱씹어 읽어 보면 읽어 볼수록『프로타고라스』는 이런 몇 가지 문제로 환원될 수 없는 풍부함을 가진 대화편이라는 것을 알 수 있을 것이다. 대화편을 읽으면서, 때로는 드러나 있고 때로는 감추어져 있는 이러한 풍부함을 발견하는 것은 독자의 몫이다. 그래도 그러한 독자의 여정에 혹시 도움이 될까 해서, 소크라테스가 전달하는 본 대화의 내용을 주마간산 격으로 살펴보기로 한다. 그 과정에서 중간중간에 독자가 생각해 볼 만한 문제들에 대해서도 이야기하도록 하겠다.

『프로타고라스』의 본 대화의 내용은 크게 다섯 부분으로 나눌 수 있다. 첫 부분(310a~320c)에서 히포크라테스와 소크라테스는 프로타고라스를 찾아가서 그가 덕을 가르친다는 공언을 한다는 것을 확인한다. 두 번째 부분(320c~329d)에서 프로타고라스는 덕이 정말로 가르쳐 줄 수 있는 것이라는 내용의 긴 연설을 한다. 세 번째 부분(329d~338e)에서 소크라테스는 여러 가지 개별 덕들이 서로 유사하거나 동일하다는 논증들을 제시한다. 네 번째 부분(338e~348c)에서는 프로타고라스가 시모니데스의 시에 대한 질문을 하고 소크라테스가 그 시에 대한 해석을 제시한다. 다섯 번째 부분(348c~360e)에서는 다시 덕의 단일성 논의로 돌아와서 소크라테스가 용기와 지혜의 동일성에 대한 논증을 제시한다. 그러고 나서 결과적으로 전체 대화가 뒤죽박죽이 되었다는 것을 확인하고 서로 헤어진다(360e~362a). 이제 각 부분에 어떤 이야기들이 있는지 간단하게 살펴보자.

1. 프로타고라스 찾아가기 (310a~320c)

프로타고라스가 아테네에 왔다는 소식을 들은 히포크라테스는 날이 새기도 전에 소크라테스를 찾아와서, 다짜고짜 자신을 프로타고라스에게 소개시켜 달라는 부탁을 한다. 소크라테스는 히포크라테스에게 프로타고라스가 정확하게 무엇을 하는 사람인지도 모르면서 그에게서 배우겠다고 흥분하고 있는 것의 위험성을 경고한다. 『프로타고라스』에서는 특정 덕목이 아니라 덕 일반에 대해서 논의가 이루어지지만, 특정 덕목 중에서는 용기에 특별한 초점이 놓인다. 소크라테스가 히포크라테스에게 경고하는 것은, 앞뒤를 재지 않는 거침없음과 용기를 분명하게 구분하는 뒷부분의 논의에 대한 복선이라고 볼 수 있다. 어쨌거나 이들은 프로타고라스에게 찾아가서 그가 무엇을 가르치는 사람인지 직접 물어보기로 한다.

프로타고라스는 소피스트들의 후원자로 유명한 칼리아스의 집에 머물고 있었는데, 여기에는 프로타고라스 외에도 히피아스와 프로디코스도 있었고 그들을 따르는 이들도 많이 있었다. 칼리아스의 집에 이들이 모여 있는 모습을 묘사하는 것이 대화편 전체에서 가장 희극적인 요소가 많이 들어가 있기도 하고, 플라톤이 생생한 묘사를 위해서 상당히 공을 많이 들이고 있는 부분이다. 해당 부분의 주석에서 이야기했듯이, 소피스트들이 모여 있는 칼리아스의 집은 하데스(지옥)에 비유되고 있다. 소크라테스의 방문 이후에 거기에 있던 사람들은 모두 한자리에 모여서 프로타고라스와 소크라테스의 대화를 듣게 된다. 먼저 소크라테스는 프로타고라스에게 그가 가르치는 것이 무엇인지를 묻고, 프로타고라스는 자신이 가르치는 것이 나라와 가정의 경영에 있어서 잘 숙고하는 것이라고 대답한다. 이것은 곧바로 시민적 기술과, 그리고 나중에는 덕과 동일시된다. 즉, 프로타고라스는 덕을 가르치는 사람이라는 것이다.

여기에 대해서 소크라테스는 자신은 덕이 가르쳐 줄 수 있는 것이 아니라고 생각해 왔다고 이야기하고, 자신이 그렇게 생각한 이유를 두 가지 논증을 통해서 제시한다. 첫 번째 논증은 일종의 권위에 호소하는 논증이다. 아테네인들은 가르쳐 주고 배울 수 있는 기술과 관련한 문제에 대해서는 민회에서 전문가에게만 발언을 허용하지만, 나라 경영과 관련한 문제에 대해서는 모두에게 발언을 허용한다. 이것은 아테네인들이 나라 경영과 관련한 문제는 가르쳐 줄 수 있는 것이 아니라고 생각한다는 증거가 된다. 그리고 아테네인들이 지혜롭다는 가정으로부터 그들이 믿는 바가 사실이라는 결론이 나온다. 두 번째 논증에서는, 페리클레스와 같이 뛰어난 시민들이 다른 분야는 자식들을 잘 가르쳤지만, 정작 자신이 뛰어난 분야인 덕에 대해서는 자식들을 잘 가르치지 못했다는 것으로부터 덕이 가르쳐 줄 수 없는 것이라는 결론을 이끌어 내는 것이다.

2. 프로타고라스의 연설 (320c~329d)

덕이 가르쳐 줄 수 있는 것이 아니라는 소크라테스의 논증에 대해서, 프로타고라스는 긴 연설을 통해서 대답한다. 이 연설은 전통적으로 '위대한 연설'이라고 불려 왔는데, 학자들 사이에서는 이 연설이 정말로 '위대한' 것인지에 대한 논란이 분분하다.

이 연설을 통해서 프로타고라스가 소크라테스의 논증들의 어떠한 논리적 허점들을 공격하고 있으며, 그러한 공격이 각각 성공적인지, 또 이 연설에 한계가 있다면 그것은 어떠한 것인지 등에 대해서 생각해 보는 것은 독자의 몫이 될 것이다.

프로타고라스의 연설은 두 부분으로 나뉘는데, 앞부분에서는 옛날이야기를 통해서 소크라테스의 첫 번째 논증에 대한 반론을 제시하고, 뒷부분에서는 논변을 통해서 소크라테스의 두 번째 논증에 대한 반론을 제시한다. 우선 프로타고라스는 프로메테우스 신화를 각색한 신화를 통해서 기술적 지혜와 시민적 덕을 구분한다. 이 신화에 따르면, 기술적 지혜는 프로메테우스가 훔쳐서 인간에게 주었는데, 시민적 덕은 제우스가 선물로 준 것이다. 그리고 기술의 경우는 소수의 전문가가 사회 전체를 위해서 충분한데, 덕의 경우는 사회의 구성원 전부가 덕을 갖추어야 사회가 유지되기에 제우스는 모든 인간에게 덕을 나누어 준다. 프로타고라스는 이 신화를 통해서, 아테네 민회에서 나라 경영의 문제와 관련해서 누구에게나 발언 기회를 주는 것이 모두가 덕에 참여하고 있다는 생각에 근거한다고 주장한다. 사람들이 누구나 덕을 가지고 있다고 생각한다는 추가 증거로, 프로타고라스는 스스로 덕이 없다고 이야기하는 사람은 정신 나간 사람 취급을 받는다는 것을 제시하기도 한다. 더 나아가서 아테네인들이 덕이 가르쳐 줄 수 있는 것이라고 생각한다는 적극적 증거로 형벌제도의 존재를 제시한다. 이성적인 형벌제도는 교육적 목적을 가지고 있는 것이기 때문에 형벌제도를 채택하고 있는 나라는 모두 덕이 가르쳐 줄 수 있는 것이라는 생각을 가지고 있는 셈이라는 것이다.

프로타고라스 연설의 이 부분은, 오늘날 전해 내려오는 것으로서는, 아테네 민주정에 대한 가장 강력한 옹호 논변이라고 볼 수 있다. 소크라테스의 논증에서 아테네 민회에서 나라를 다스리는 문제와 관련해서 아무나 발언권을 갖는다는 것을 지적한 것은, 어떤 의미에서는 아테네 민주정에 대한 비판이기도 하다. 나라를 다스릴 자격이 없는 사람들이 나라를 다스리는 것에 대한 비판을 사실 우리는 플라톤의 대화편들 곳곳에서 볼 수 있다. 프로타고라스의 대답은 모든 인간이 나라를 다스릴 자격이 어느 정도는 있기 때문에, 민주정을 채택하는 것에 아무런 문제가 없다는 주장을 하는 셈인 것이다. 이 연설이 실제로는 플라톤의 창작이라는 점을 고려하면(과거에는 이 연설이 역사적 프로타고라스의 작품을 플라톤이 인용하고 있는 것이라는 생각을 가진 학자들도 있었지만, 오늘날에는 대부분의 학자들이 이것이 플라톤의 창작이라는 것을 받아들이고 있다), 고대 민주정에 대한 유력한 반대자 중 하나였던 플라톤이 아테네 민주정에 대한 알려진 가장 강한 옹호 논변을 구성했다는 것은 흥미로운 일이다.

연설의 뒷부분에서는 덕이 가르쳐 줄 수 있는 것임에도 불구하고 왜 뛰어난 정치가들의 자식들이 변변치 않은지에 대한 설명이 제시된다. 우선 프로타고라스는 실제로 모든 사람들이 모든 사람들에게 덕을 가르치고 있다고 주장한다. 먼저 아이들에게 이것은 하고 저것은 하지 말라는 식의 명령을 내리고 말을 듣지 않는 아이에게는 매를 들어서 가르치고, 또 아이가 크면 문예와 체육 교육을 통해서 덕을 함양시키고, 사회에 나가면 법이 교육의 역할을 담당하게 된다는 것이다. 다만, 이렇게 모든 사람이 모든 사람에게 덕을 가르치다 보니까, 두각을 나타내기 위해서는 교육에 더해서 자연적 재능이 필요하다. 따라서 뛰어난 정치가의 아들들이 혹시 자연적 재능이 부족하다면, 그들은 두각을 나타낼 수 없을 것이다.

프로타고라스의 연설을 듣고서 소크라테스는 찬사를 보내며, 한 가지만 빼면 프로타고라스의 주장에 완전히 설득이 되었다고 이야기한다. 그 한 가지란 덕의 단일성의 성격과 관련한 것이다. 프로타고라스는 연설에서 덕이 모든 사람이 거기에 참여해야 하는 하나의 것이라고 이야기했다(324d~e). 동시에 그는 정의와 분별과 경건이 모두 덕이라고 이야기하기도 했다. 그런데 정의와 분별과 경건이 모두 덕이라면, 덕은 최소한 세 개가 아닌가? 덕이 하나라는 프로타고라스의 주장은 도대체 무슨 뜻인가? 소크라테스는 두 가지 가능성을 제시하면서, 프로타고라스가 의미하는 바가 어느 쪽인지 묻는다. 이들이 모두 동일한 덕을 지칭하는 서로 다른 이름들일 가능성과, 이들이 전체로서 하나인 덕의 서로 다른 부분들일 가능성이 그 두 가지 가능성이다. 그런데 소크라테스는 덕이 가르쳐 줄 수 있는 것이라는 데에는 설득이 되었고 그것과 별도로 덕의 단일성 문제가 궁금해져서 질문을 던지는 것일까, 아니면 덕의 단일성 문제가 소크라테스가 프로타고라스의 주장에 완전히 설득이 되지 못하게 막는 요소일까? 이것도 독자들이 생각해 보아야 할 문제이다. 그리고 대화편의 마지막을 보면 이 중 후자인 것처럼 보이는데, 만약 그렇다면, 어떻게 해서 덕의 단일성 문제가 프로타고라스의 주장의 발목을 잡는 문제가 될 수 있을지도 독자가 생각해 보아야 할 문제이다.

3. 덕의 단일성 (329d~338e)

프로타고라스는 정의, 분별, 경건, 그리고 여기에 더해서 용기와 지혜가 모두 덕의 부분들이며, 금의 부분들처럼 서로 유사한 것이 아니라 얼굴의 부분들처럼 각기 서로 다른 독립적 기능을 가진 부분들이라고 주장한다. 또한 그들 중 한 부분을 가지고 다른 부분을 가지지 않는 경우가 얼마든지 가능하다고 주장한다. 이후에 소크라테스는 이러한 주장을 반박하기 위해서 개별 덕들의 유사성, 혹은 동일성을 주장하는 논증들을 펴게 된다.

우선 소크라테스는 경건과 정의의 유사성 논증을 제시한다. 경건은 정의로운 종류의 것이고, 정의는 경건한 종류의 것이어서 서로 유사하다는 것이다. 이 논증이 반대와 모순을 혼동하고 있다고 생각한 학자들이 있지만, 이 문제는 앞에서 이야기했던 이분법 전제를 받아들이면 해결이 된다. 이분법 전제가 있는 경우, 모순과 반대의 차이는 없어지는 것이다. 예컨대, 밤과 낮은 모순관계가 아니라 반대관계에 있다고 생각할 수 있지만, 해가 뜨는 시점부터 해가 지는 시점까지를 낮이라고 보고 그 밖의 시간을 밤이라고 보면, 양자는 서로 모순관계에 있기도 한 것이다. 소크라테스의 논증에 대해서 프로타고라스는 하양과 검정처럼 서로 반대되는 것들조차도 서로 닮은 점이 있어서, 원한다면 어떤 것을 가지고도 서로 닮았다는 주장을 하는 것이 가능하다고 이야기한다. 프로타고라스가 이러한 반론을 제기하는 것은, 더 이상 유사성 논증을 통해서는 프로타고라스를 반박하는 것이 불가능하다는 것을 보여 준다. 소크라테스는 이후에 유사성이 아니라 동일성을 증명하는 논증들을 제시하게 된다.

그다음에 제시되는 논증은 지혜와 분별의 동일성 논증이다. 소크라테스는 먼저 지혜와 어리석음이 반대라는 것을 확인한다. 그 다음에는 몇 가지 사례를 통해서 두 가지 원리를 확립한다. 분별 있게 행해진 것은 분별로 인해서 행해진 것이고 재빠르게 행해진 것은 민첩함으로 인해서 행해진 것이듯, 어떤 것이 특정한 방식으로 행해지면 그것은 그러한 특정함에 의해서 행해진 것이라는 원리와, 아름다움의 반대는 추함밖에 없고 좋음의 반대는 나쁨밖에 없듯이, 하나에는 반대가 하나밖에 없다는 원리가 그것들이다. 이제 분별 있게 행해진 것과 어리석게 행해진 것이 반대라는 것으로부터, 각각은 분별과 어리석음으로 인해서 행해진 것이며 그 둘이 서로 반대라는 것을 이끌어 내고, 앞에서 확인한 지혜와 어리석음이 반대라는 사실과 이것을 합쳐서, 지혜와 분별이 동일하다는 결론을 이끌어 낸다. 이 증명에 사용된 두 가지 원리가 각각 정당한 것인지는 독자가 생각해 볼 문제이며, 앞의 증명에서처럼 여기에서도 혹시 이분법 전제가 사용되었는지도 생각해 볼 거리이다.

그다음에는 소크라테스가 정의와 분별의 동일성을 보이는 논증을 펴기 시작한다. 이 논증의 도중에 프로타고라스가 좋음의 다양성에 대한 주장을 하고, 거기에 모인 사람들이 이 주장에 환호하면서 정의와 분별의 동일성 논증은 더 이상 진행되지 않는다. 정의와 분별의 동일성 논증이 계속 진행되었다면 어떤 방식으로 진행되었을지, 그 논증이 여기에서 중단된 이유는 무엇일지, 좋음의 다양성 주장과 그 논증의 관계는 어떠한 것일지 등은 모두 독자가 생각해 보아야 할 문제들이다.

좋음의 다양성에 대한 프로타고라스의 주장은 좋음이 상대적이라는 것을 밝히는 것이다. 좋음은 상대적인 것이어서 한 사람에게 좋은 것이 다른 사람에게는 나쁜 것일 수도 있다. 또 사람들에게는 좋은 것이 다른 동물들이나 식물들에게는 나쁜 것일 수도 있다. 또 사람의 어떤 부분에는 좋은 것이 다른 부분에는 나쁜 것일 수도 있다. 학자들 중에는 이 좋음의 다양성 주장을 프로타고라스의 유명한 인간척도설과 연결시키는 경우도 있으나, 사실 이 주장은 우리가 흔히 알고 있는 인간척도설과는 전혀 다른 주장이다. 우리가 흔히 알고 있는 인간척도설은 진리가 상대적이라는 것인데, 좋음의 상대성은 그 자체로는 진리의 상대성과 아무런 상관이 없는 것이다. 사실 인간은 만물의 척도라는 프로타고라스의 주장을 진리의 상대성을 의미하는 것으로 해석하는 것은 플라톤의 대화편『테아이테토스』이다. 그런데 정작 프로타고라스의 이름을 딴 대화편『프로타고라스』에서 프로타고라스는 진리의 상대성과 관련한 주장을 전혀 하지 않는다. 인간척도설 자체도 이 대화편에서는 아예 언급되지도 않는데, 인간척도설과『프로타고라스』의 관계에 대해서 생각해 보는 것도 독자가 해 볼 만한 일이다.

또한 프로타고라스의 좋음의 다양성 주장이 도대체 무슨 문제가 있어서 소크라테스가 그토록 격한 반응을 보이는 것인지도 생각해 볼 문제이다. 프로타고라스의 이 이야기에 주위 사람들이 환호를 보낸 후에 소크라테스는 이런 식으로 길게 대답하지 말라는 요구를 하고, 그 요구가 잘 받아들여지지 않자, 앞에서 이야기했듯이, 일이 있어서 모임에서 떠나겠다고 자리에서 일어선다. 그런데 역시 앞에서 이야기했듯이, 프로타고라스의 대답이 정말 그렇게 긴 것이 아니었고, 이후에 소크라테스와 프로타고라스가 역할을 바꾸어 소크라테스가 프로타고라스의 질문에 대답을 할 때 그의 대답이 오히려 훨씬 긴 것들이 된다. 소크라테스가 진정으로 문제 삼고 있는 것이 프로타고라스가 하는 이야기의 절대적 길이가 아니라면 도대체 무엇일까? 이에 대한 대답을 찾는 것이 쉬운 일은 아니지만, 여기에 대해서도 독자가 한번 생각해 볼 필요는 있을 것이다.

소크라테스가 떠나겠다는 위협을 하자, 그 자리에 있던 여러 사람들이 한 사람씩 나서서 중재를 시도한다. 이들의 중재 장면도 대화편에서 희극적인 요소가 많이 담겨 있는 부분인데, 결국 이들의 중재는 실패하게 된다. 소크라테스는 중재를 거부하고, 프로타고라스가 대답하는 것을 원하지 않으면 차라리 그가 질문을 하고 자신이 대답을 하겠다는 제안을 한다. 이 제안이 받아들여져서 이후에 프로타고라스가 시모니데스의 시와 관련한 질문을 하게 된다. 여기에서 여러 사람들이 중재에 나서는 것부터 소크라테스가 중재를 거부하는 것까지 모두가 아테네 민주정에 대한 풍자와 비판이라고 볼 여지가 있다. 왜 그런지는 각자 생각해 볼 일이고, 왜 프로타고라스가 질문하고 소크라테스가 대답하는 것이 애초에 대화 중단 위기에까지 이르렀던 문제의 해결이 되는지도 생각해 볼 수 있겠다.

4. 시모니데스의 시 해석 (338e~348c)

프로타고라스는 '시구절에 관해서 능통한 것이 인간에게 교양의 가장 큰 부분'이라고 주장하면서, 시모니데스의 유명한 시에 대한 질문을 던진다. 나중에 드러난 사실이지만, 소크라테스는 이 시를 줄줄 외고 있고, 히피아스도 이 시에 대한 자기 나름의 해석을 가지고 있다. 어쨌거나 프로타고라스는 이 시가 잘 지어진 것인지 질문을 하고 소크라테스는 그렇다고 대답한다. 프로타고라스는 이 시에서 시모니데스가 처음에는 '진실로 좋은 사람이 되기란 어려우니'라고 이야기하고서는, 뒤에 가서는 '탁월하기가 어렵다'는 피타코스의 이야기가 틀렸다고 주장한다는 것을 지적한다. 그런데 두 이야기가 실질적으로 같은 이야기이기 때문에 시모니데스는 자기모순적인 주장을 하는 셈이고, 그런 시가 잘 지어진 시라고 이야기할 수 없다고 주장한다.

여기에 대해서 소크라테스는 시모니데스의 시를 옹호하는 해석들을 제시하게 된다. 처음 해석에서 그는 '되기'와 '있기', 혹은 '~이기'를 구별하면서, 시모니데스는 '좋은 사람이 되기는 어렵지만, 일단 좋은 사람이 되고 나면 그런 상태로 있기는 어렵지 않다'는 생각을 가지고 있는 것이라고 주장한다. 이 해석에 대해서 프로타고라스는, 덕을 획득하고 나서 그것을 소유하고 있는 것이야말로 가장 어려운 것이라는 데에 모든 사람이 동의하고 있는데, 시모니데스가 그것을 부정한다면 시모니데스는 전적으로 무지한 사람이 되어 버린다고 반론을 제기한다. 프로타고라스의 반론에 별다른 대응 없이 소크라테스는 두 번째 해석으로 넘어간다. 두 번째 해석에서는 시모니데스가 '어렵다'는 말을 '나쁘다'는 의미로 사용하는 것이라고 주장한다. 그래서 시모니데스는 피타코스가 '탁월하기가 어렵다'고 주장한 것이 '탁월하기가 나쁘다'는 취지의 이야기를 한 것으로 보고 그를 비난한다는 것이다. 이 해석에 대해서 프로타고라스는 시모니데스도 '어렵다'는 말을 '나쁘다'는 의미가 아니라 '쉽지 않고, 많은 수고를 들여 생겨나는 것'이라는 의미로 사용했다고 주장하고 만다. 이 주장에 대해서 소크라테스도 두 번째 해석은 단지 농담이었다고 이야기하고서 본격적으로 이 시에 대한 자신의 생각을 이야기하겠다고 한다. 그러니까 이 두 가지 해석은 소크라테스의 진짜 해석이 아니라는 이야기인데, 그렇다면 이 해석들이 여기에 왜 등장했는지도 독자가 생각해 볼 수 있는 문제이겠다.

소크라테스가 자신의 해석이라고 제시하는 해석은 궤변으로 가득 차 있는 해석이다. 플라톤이 왜 소크라테스로 하여금 이러한 궤변적 해석을 제시하게 하는지는 이 대화편의 이해와 관련해서 가장 어려운 문제 중 하나라고 할 수 있다. 소크라테스는 우선 본격적인 해석에 앞서서 스파르타인들의 지혜에 대해서 이야기한다. 스파르타인들이 지혜롭다는 이야기도 궤변이지만, 그들의 지혜가 짧은 경구를 이야기하는 것이고 그리스의 소위 7현인들이 스파르타의 지혜를 선망하는 사람들이었다는 것도 궤변이다. 어쨌거나 소크라테스는 피타코스의 경구도 스파르타식 지혜의 한 예인데, 시모니데스가 그 경구를 무너뜨려 자신의 명성을 높이기 위해서 그 시를 지은 것이라고 주장한다.

그다음에 소크라테스는 시모니데스의 시 거의 전부를 인용하면서 그에 대한 해석을 제시한다. 그의 해석은 시모니데스의 진의를 드러내는 것과는 상관이 없으며, 소크라테스 자신의 생각을 대놓고 시모니데스의 시구절들에 덧붙여서 이야기하는 해석이다. 시의 본래 뜻을 밝힌다는 측면에서는 누가 보아도 터무니없는 이 해석이 히피아스의 칭찬을 받게 되고, 히피아스는 덩달아 자신도 이 시에 대한 해석이 있으니 원한다면 들려주겠다고 이야기한다. 히피아스의 제안은 알키비아데스에 의해서 제지되고, 소크라테스는 시 해석 따위는 교양 있는 사람들이 할 일이 아니니 다시 스스로의 생각을 검토하면서 토론을 재개하자고 제안한다. 이렇게 해서 소크라테스가 궤변적 해석을 제시하는 한 가지 이유는 시 해석 작업이 무의미함을 보이기 위한 것이라는 사실이 드러나게 된다. 그것이 이유의 전부일지 아닐지는 더 생각해 볼 문제이다. 어쨌거나 소크라테스의 제안이 받아들여져서 다시 덕의 단일성 문제에 대한 논의로 돌아가게 된다.

5. 용기와 지혜의 동일성 논증 (348c~360e)

소크라테스는 프로타고라스에게 덕의 단일성에 관한 원래 입장을 고수하는지 물어보고, 프로타고라스는 나머지 것들은 상당히 유사하지만, 용기만은 전혀 달라서 다른 종류의 덕은 전혀 갖지 않은 사람이 지극히 용감한 경우가 있다고 주장한다. 여기에 대해서 소크라테스는 용기와 지혜의 동일성을 증명하는 논증을 제시하게 되는데, 용기와 지혜의 동일성 논증은 『프로타고라스』에서 가장 중요하면서도 가장 어려운 부분이다. 누가 어떤 맥락에서 정확하게 어떤 방식으로 무슨 이야기를 했는지를 꼼꼼히 살피지 않으면, 대화의 진행이 도대체 어떻게 이루어지고 있는지도 파악하기 어려울 수 있다. 독자의 세심한 주의가 필요한 부분이다. 용기와 지혜의 동일성 논증 부분은 크게 세 부분으로 나뉘는데, 소크라테스가 먼저 양자의 동일성 논증을 제시하고 여기에 대해서 프로타고라스가 반론을 제기한다. 소크라테스는 논의의 방향을 전환해서 소위 '자제력 없음'이라는 것이 불가능하다는 것을 논증하고, 그다음에 다시 용기와 지혜의 동일성 논증을 펼쳐서 프로타고라스의 동의를 얻어 낸다.

첫 부분인 소크라테스의 논증과 프로타고라스의 반론 부분은 『프로타고라스』의 특정 부분에 대한 논의로는 가장 많은 논의가 있었던 부분으로, 학자들 사이에서 이 부분의 논증이 어떤 취지를 가지고 어떻게 진행되는지에 대한 논란이 매우 분분한 부분이다. 따라서 이 부분의 경우에는 지금의 요약 자체에 해석이 상당히 많이 들어가 있다는 것을 감안해서 읽어 주면 좋겠다.

우선 소크라테스는 용기 있는 사람이 대담하다는 것과 앎이 대담함을 증진시킨다는 것을 확인하고, 다른 한편으로 앎이 없이 대담한 사람은 용기 있는 사람이 아니라 정신 나간 사람이라는 것을 확인한다. 그래서 앎이 없이 대담한 사람들을 배제하고 보자면, 가장 지혜로운 사람이 가장 대담한 사람이고, 그런 사람이 가장 용기 있는 사람이라는 결론을 이끌어 낸다. 여기에 대해서 프로타고라스는 용기 있는 사람이 대담하다는 주장과 대담한 사람이 용기 있는 사람이라는 주장을 분명하게 구별하고, 앎이 대담함을 증진시킨다는 것으로부터 앎이 용기를 증진시킨다는 결론이 따라 나오지 않는다는 것을 지적한다. 그리고 끝으로 대담함은 앎이나 광기, 화 등으로부터 나오는 것이지만, 용기는 타고난 영혼의 상태와 좋은 양육으로부터 나온다고 주장한다. 이 부분과 관련해서 독자는 지금 제시된 요약이 텍스트를 적절히 반영하고 있는 것인지, 그렇지 않다면 어떤 대안적인 독법이 가능할지, 소크라테스의 논증은 그럴듯한 것인지, 프로타고라스의 반론은 적절한 것인지 등의 문제에 대해서 따져 볼 수 있겠다. (지금 제시된 요약에 대한 필자 나름의 정당화는 졸고 「소크라테스의 용기와 지혜의 동일성 논증과 프로타고라스의 반론」에서 제시한 바 있다.)

프로타고라스의 반론에 대해서 특별한 논평 없이 소크라테스는 일견 주제를 바꾸어 즐거움과 좋음의 관계에 대한 질문을 한다. 소크라테스는 프로타고라스가 양자가 같은 것이라는 대답을 하기를 기대하지만, 프로타고라스는 양자가 서로 다르다고 대답하며, 이에 대해서 논의를 더 해 보기로 한다. 소크라테스는 이번에는 앎이 강한지 약한지에 대한 질문을 하고 프로타고라스는 앎이 강한 것이라는 대답을 한다. 소크라테스는 앎이 강한 것이 아니라 즐거움을 비롯한 감정들에 끌려다니는 것이라고 생각하는 대중들을 설득할 것을 제안하고, 여기에서부터 대중들과의 가상적 대화의 형태로 자제력 없음의 불가능성 논증이 제시된다. 프로타고라스와 소크라테스를 한편으로 하고 대중들을 다른 편으로 하는 가상적 대화는 대단히 복잡하게 진행이 되어서 이 자리에서 간단하게 요약하는 것이 불가능하다. 여기에서는 이 대화를 통한 논증의 기본 취지가 어떻게 되는지만을 정리해 보도록 하겠다. 하지만 독자들이 실제로 이 부분의 텍스트를 읽을 때에는 각 주장들의 논리적 관계에 대해서 세심하게 고찰할 뿐 아니라 가상의 대화에서 대화상대자들이 어떻게 변해 가는지에 대해서도 주목해 볼 것을 권한다.

우선 소크라테스는 대중들이 즐거운 것들 중에 나쁜 것이 있고 괴로운 것들 중에 좋은 것이 있다고 주장하지만, 사실 그들은 그때 나쁜 것이란 결과적으로 괴로움을 가져다주는 것이고 좋은 것이란 결과적으로 즐거움을 가져다주는 것이라는 생각을 가지고 있다는 점을 지적한다. 즉, 대중들은 즐거움과 좋음을, 그리고 괴로움과 나쁨을 같은 것이라고 생각한다는 것이다. 그렇다면, 그들이 어떤 것이 나쁜 줄 알면서도 즐거움에 져서 그것을 행한다고 이야기할 때, 그 이야기는 사실 어떤 것이 나쁜 줄 알면서 좋음에 져서 그것을 한다는 이야기가 되고, 이것은 불합리한 이야기이다. 결국 좋음과 즐거움, 그리고 나쁨과 괴로움이 같은 것이라면, 어떤 행위를 할 때 관련된 모든 종류의 즐거움과 괴로움을 모아서 즐거움을 최대화하고 괴로움을 최소화하는 행동을 해야 할 따름인 것이다. 그런데 즐거움과 괴로움에 대한 측정의 기술이 없는 경우, 가까이에 있는 것은 더 크게 보이고 멀리 있는 것은 더 작게 보임에 따라 선택에서 실수를 하기 마련이다. 결국, 소크라테스에 따르면, 자제력 없음이란 일종의 착시 현상 때문에 생기는 무지라는 것이다. 대중들과의 가상적 대화를 마치고 소크라테스는 대화의 내용에 대해서 거기 있는 다른 소피스트들에게도 동의를 구하고, 누구도 자기가 나쁘다고 생각하는 것들을 향해서는 기꺼이 나아가지 않는다는 원리를 확립한다. 이 논의에서 소크라테스는 즐거움과 좋음이 같은 것이라는 쾌락주의 전제를 사용하고 있는데, 소크라테스 자신이 이 쾌락주의 전제를 받아들이고 있는지 여부에 대해서 학자들 사이에서 많은 논란이 있어 왔다. 독자들은 이 문제에 대해서도 생각해 볼 필요가 있겠다.

끝으로 소크라테스는 방금 제시한 논증에서 확립된 원리를 사용하여 지혜와 용기의 동일성 논증을 마무리 짓는다. 우선 무서움이란 일종의 나쁨의 예견이라는 데에 동의를 구하고 나서, 누구도 자신이 나쁘다고 생각하는 것을 향해서 기꺼이 나가지는 않는다는 원리를 여기에 적용하면 누구도 자신이 무서워하는 것을 향해서 기꺼이 나가지는 않는다는 결론이 나온다는 것을 확인한다. 그렇다면 용기 있는 사람과 비겁한 사람의 차이는 단순히 어떤 것을 무서워하고 어떤 것을 무서워하지 않는지에 있을 따름일 것이다. 즉, 비겁한 사람은 무서워하지 않을 것을 무서워하고 용기 있는 사람은 무서워해야 할 것들을 무서워해야 한다는 차이가 있을 따름이라는 것이다. 양자의 차이가 무엇을 무서워해야 할지를 알고 모른다는 것밖에 없기 때문에 결국 용기는 그러한 것에 대한 앎이고 비겁함은 그러한 것에 대한 무지라는 결론이 나온다고 주장하는 것이다.

지금까지 우리는 대화편의 본론에 해당하는 다섯 부분에 각각 어떤 이야기들이 있는지를 간단히 살펴보았다. 그리고 각 부분에서 독자가 생각해 볼 문제들에 대해서 몇 가지 언급을 했다. 하지만 명심할 것은 지금의 요약은 어디까지나 대화편을 실제로 읽는 데 안내자 역할을 하기 위한 것에 불과하다는 것이다. 완벽한 요약이 있다고 하더라도 그것이 실제 대화편을 읽는 것을 대신할 수는 없을 텐데, 필자가 지금의 요약이 완벽하다는 환상을 가지고 있는 것도 아니다. 또한 여기에서 제시된 생각해 볼 문제들도 일종의 예시로 제시된 것일 따름이지, 생각해 볼 거리가 이것들밖에 없다는 것도 아니고 이것들만 생각해 보면 대화편에 대한 이해가 충분해지리라는 것도 아니다. 결국 고전을 읽는 것은 시간과 공간의 제약을 넘어서서 자신과 저자가 만나고 대화하는 것이다. 특히나 플라톤의 대화편은 독자에게 이러저러한 말을 건넨다. 여기에서 제시된 문제들이란 플라톤이 건네고 있는 말들이라고 필자가 여기는 것들의 일부이다. 독자가 플라톤의 대화편과 직접 만나서 대화편과 어느 정도 친해지게 되면, 그는 나름대로 대화편이 건네는 말들을 직접 들을 수 있게 될 것이다. 그리고 그때부터 비로소 대화편과의 진정한 '대화'가 시작될 것이다.

저술 시기

흔히 플라톤의 대화편들을 초기와 중기, 후기 이렇게 셋으로 분류하곤 한다. 19세기에 처음으로 이런 식의 분류법이 등장하고 나서, 많은 학자들이 어느 대화편이 초기이고, 어느 대화편이 중기이며, 어느 대화편이 후기인지를 확정하기 위해서 많은 노력을 기울였다. 또 각 시기에 속하는 대화편들 중에서도 어느 대화편이 먼저 쓰였고 어느 대화편이 나중에 쓰였는지를 결정하고, 더 나아가서 각 대화편이 쓰인 연도가 정확하게 언제인지를 결정하려는 노력을 기울이기도 했다. 이러한 작업을 위해서 가장 기본적으로는 문체 비교의 방법이 사용되었고 20세기 중반 이후에는 컴퓨터를 사용하여 단어의 개수를 세는 방법이 동원되기도 했다. 하지만 문체 비교의 방법 등을 통해서 대화편의 시기를 결정하는 것에 문제가 있다는 데에 점차 더 많은 학자들이 공감하기 시작했고, 20세기 후반에 이르러서는 학자들 사이에서, 객관적인 증거에 의해서 시기를 결정할 수 있는 것은『법률』,『소피스트』,『정치가』,『크리티아스』,『티마이오스』,『필레보스』, 이렇게 여섯 대화편(가나다순)이 후기에 쓰였다는 것밖에 없다는 데에 대강의 합의가 이루어졌다. 즉, 나머지 대화편들에 대해서는 그것이 초기인지 중기인지를 객관적인 증거에 의해서 확정할 수 없고, 후기에 속하는 여섯 대화편의 경우에도 그들 중 어느 것이 먼저 쓰인 것인지를 확정할 수 없다는 것이다. (한 대화편에서 다른 대화편이 언급되는 경우 그 대화편이 나중에 쓰였다고 할 수 있겠으나, 그런 경우는 극히 예외적인 몇 경우밖에 없다.)

물론 오늘날에도 대부분의 학자들이 초기와 중기, 후기 대화편에 대해서 이야기하지만, 대개의 경우는 이것이 객관적인 증거에 의한 것이 아니라 결국 추정에 불과하다고 할 수 있다. 그래서 『프로타고라스』의 경우도 절대 다수의 학자들이 이 대화편이 초기의 작품이라고 생각하지만, 대단히 영향력 있는 학자들 중에서 이 대화편을 중기 이후의 작품으로 보는 경우도 있다는 것은 기억할 만하다.

앞에서도 잠깐 언급했지만, 19세기와 20세기 초반의 학자들은 이 대화편이 플라톤의 대화편들 중에서 가장 먼저 쓰였으며 심지어 소크라테스가 죽기 이전에 쓰였다고 주장하기도 했다. 이와 관련한 논란이 20세기 초반까지는 어느 정도 있었으나, 20세기 중반 이후에는 더 이상 그런 주장을 하는 학자를 찾아보기 어렵다. 이런 합의가 이루어진 가장 큰 이유는, 플라톤이 아무리 천재라고 해도 첫 작품부터 이토록 드라마적 완성도를 갖춘 작품을 만들었다는 것은 도저히 믿을 수 없다는 데 있다.

다른 한편으로, 방금 언급했듯이, 최근에는 『프로타고라스』가 중기, 특히 『향연』 이후에 쓰였다고 보는 학자들이 생겨났는데, 그들은 이 대화편이 『향연』을 참조하는 구절들을 담고 있다고 생각해서 그런 주장을 하는 것이다. (이들의 주장에 따르면, 시모니데스의 시 해석의 마지막 부분과 액자 구조에서 틀 밖 대화 부분이 그런 부분이다). 하지만 그들의 주장이 다수의 지지를 받기 어려운 결정적인 이유는 『프로타고라스』야말로 플라톤의 초기 철학의 입장을 집대성하고 있는 작품이기 때문이다. 『프로타고라스』에서 소크라테스가 개진하고 있는 입장들은 예컨대 『국가』에서 소크라테스가 주장하는 입장들과 잘 어울리지 않아 보이며, 플라톤이 초기와 중기에 생각을 바꾸었다는 '발전론'과 그렇지 않다는 '단일론' 사이의 해석상의 논란을 한마디로 거칠게 이야기하자면, 『프로타고라스』와 『국가』가 양립 가능한지 그렇지 않은지의 논란이라고 볼 수 있다.

그렇기 때문에 『프로타고라스』가 중기에 완성되었다고 보는 학자들 중에서 다수는, 이 대화편 전체가 중기에 쓰인 것이 아니라 대부분은 초기에 쓰였고 나중에 추가된 부분들이 있다고 주장할 따름이다. 하지만 이러한 개작의 가능성을 주장하는 사람들은 『프로타고라스』의 통일적 완성도를 과소평가하는 것으로 여겨진다. 그들은 단지 전체 대화편에서 어떤 기능을 하고 있는지를 설명하기 매우 어려워 보이는 부분들에 대해서 대안적 설명을 제시하는 것일 따름이라고 할 수 있다. 그런 부분들이 전체 대화편에서 담당하고 있는 역할에 대한 충분한 설명을 찾을 수만 있다면, 그들의 주장은 근거를 잃게 될 것이다. 결론적으로 이야기해서, 비록 추정이기는 하지만 『프로타고라스』가, 혹은 적어도 그 대부분이, 초기 작품이라는 데에는 광범위한 합의가 있다고 하겠다.

대화 배경 시기

앞에서도 이야기했듯이, 430년대 후반이 『프로타고라스』의 대화 배경 시기가 된다는 데에는 의심의 여지가 없다. 알키비아데스는 수염이 갓 난 상태이고, 429년에 죽은 페리클레스의 두 아들은 아직 살아 있다. 그리고 이 두 사실은 대화편 내에서 사소하게 다루어진 것이 아니다. 알키비아데스의 나이에 대한 언급이 바로 대화편을 시작하는 이야기였고, 페리클레스의 두 아들이 그 자리에 참석한 것은 대화편의 핵심 주제인 덕이 가르쳐 줄 수 있는지를 논의할 때 중요한 촉매 역할을 하였다. 학자들은 보다 세부적으로 대화 배경 시기를 433년이나 432년으로 잡는 것이 보통이다.

문제는 430년대 후반만이 이 대화편의 대화 배경 시기인가 하는 것이다. 일단, 421년이나 420년에 공연된 것으로 보이는 페레크라테스의 작품을, 프로타고라스는 자신의 연설 중에 '작년에' 공연되었다고 언급(327d)하고 있다. 어찌 보면 이것은 그 자체로는 사소한 문제라고 생각될 수도 있겠다. 플라톤이 역사적 사건들의 시기를 정확하게 맞추는 데 큰 노력을 기울이지는 않는다는 사실은 잘 알려져 있다. 하지만 극 중에서 칼리아스가 소피스트들을 맞이하는 주인 노릇을 하고 있다는 것은 그렇게 사소한 문제가 아닌 것으로 보인다. 페레크라테스의 희극 작품이 언급된 것은 대화편 내에서 그렇게 비중 있는 일은 아니지만, 칼리아스가 자기 집의 주인 노릇을 하고 있다는 것은 대화의 배경에서 대단히 중요한 일인 것이다. 따라서 430년대 후반에 칼리아스가 자기 집의 주인 노릇을 할 수 없었다고 한다면, 이것은 대화 배경 시기와 관련해서 심각한 문제를 야기하게 된다.

그럼 칼리아스는 430년대 후반에 가장 노릇을 할 수 없었을까? 그렇게 볼 여지가 상당히 있다. 우선, 칼리아스의 아버지 히포니코스는 420년대 중반에 아테네의 장군으로 전투에 참전한 바 있다. 즉, 430년대 후반에는 히포니코스가 살아 있었다는 이야기이다. 여기에 대해서는 아버지가 살아 있는 경우에도 아들이 가장 역할을 하는 경우가 있었다는 점을 지적하며 문제를 회피하려는 학자들이 있다. 하지만 더 큰 문제는 칼리아스의 나이이다. 표준적인 연대 추정에 따르면, 칼리아스는 알키비아데스와 거의 동년배이다. 그렇다면 430년대 후반에는 칼리아스 역시 10대 후반이라는 이야기이다. 아버지가 살아 있는데 10대 후반의 아들이 가장 노릇을 한다는 것은 정말로 이상스러워 보인다.

그런데 칼리아스의 나이에 대한 표준적 연대 추정이 잘못되었을 가능성도 배제할 수는 없을 것 같다. 칼리아스의 어머니는 『프로타고라스』에 등장하는 페리클레스의 두 아들의 어머니이기도 하다. 표준적인 전승에 따르면, 칼리아스의 어머니가 먼저 페리클레스의 부인이었다가 이혼을 하고 히포니코스와 결혼해서 칼리아스를 낳았다고 한다. 이러한 전승을 받아들이면, 430년대 후반에는 칼리아스가 10대 후반이고 페리클레스의 두 아들은 20대 후반이 된다. 그런데 『프로타고라스』에서 칼리아스는 아테네에서 '가장 위대하고 축복받은'(337d) 집의 가장이고, 페리클레스의 아들들은 현재 보잘것없지만 '아직 젊으니까'(328d) 희망이 있는 사람들로 묘사되고 있다. 이런 묘사는 페리클레스의 아들들이 10대 후반이고 칼리아스가 20대 후반인 경우에나 어울리는 묘사라고 생각된다. 즉, 칼리아스의 어머니가 히포니코스와 먼저 결혼했다가 이혼하고, 페리클레스와 그 다음에 결혼했다고 보는 것이 『프로타고라스』의 묘사와 더 어울리는 것이다.

다른 한편으로, 『프로타고라스』에 두 가지 시대 배경이 혼합되어 있다고 주장하는 학자들도 있다. 421년에 희극 경연에서 1등상을 받은 에우폴리스의 『아첨꾼들』이라는 작품은, 최근에 아버지로부터 가계를 물려받은 칼리아스의 집에서 벌어진 소피스트들의 모임을 배경으로 한다. 그리고 바로 『프로타고라스』에 등장하는 소피스트들이 『아첨꾼들』에도 등장한다. 그러니까 플라톤은 『아첨꾼들』의 배경을 따와서 그 자리에 소크라테스를 참석시키고, 펠로폰네소스 전쟁이 발발하기 직전이라는 시대 배경을 거기에 추가하면서 페리클레스의 아들들도 등장시켰을 가능성도 있는 것이다. 이런 경우, 어쩌면 플라톤이 일부러 두 가지 시대 배경을 혼합함으로써 대화편에 등장하는 사건이 역사적으로 실제 있었던 사건이 아니라는 것을 분명히 밝히는 것일 수도 있겠다.

플라톤의 당시 독자들은 칼리아스에 대해서 잘 알고 있었다. 칼리아스는 아테네 최고의 부자였다가 소피스트들을 후원하고 방탕한 생활을 하면서 가산을 탕진한 것으로 유명하며, 여러 희극에 단골로 등장하던 인물이었다. 따라서 당시 독자들은 지금 우리가 고려하고 있는 두 가능성 중 어느 것이 사실인지, 즉 칼리아스가 430년대 후반에 사실은 20대 후반이었는지, 아니면 플라톤이 두 가지 시대 배경을 혼합하고 있는 것인지를 잘 알고 있었을 것이다. 하지만 우리는 이 둘 중 어느 쪽이 사실인지를 확정할 만한 믿을 만한 자료들을 가지고 있지 않다. 어쨌거나 『프로타고라스』의 이해와 관련해서 가장 중요한 사실은, 어느 쪽이 맞든지, 430년대 후반은 대화 배경 시기 중 하나로는 설정되어 있다는 것이다.

부록

시모니데스의 시 PMG 542의 재구성

이 대화편에서 논의되고 있는 시모니데스의 시는 고대에도 상당히 유명해서 많은 사람들이 이 시의 일부를 인용하곤 했다. 또한 현대에 와서도 이 작품이 서정 시인들의 작품 중 단일 작품으로는 아마도 고전학자들 사이에서 가장 많이 논의된 작품일 것으로 보인다. 현대에서 이 작품이 많이 논의된 기본적인 이유는, 이 시를 통해서 시모니데스가 성취하고자 한 목적이 무엇이었는지가 불분명하기 때문이다. 그리고 그렇게 된 가장 큰 이유는 우리가 이 시의 원래 형태가 어떠했는지를 추정할 수 있는 거의 유일한 자료가 『프로타고라스』에서 소크라테스가 이 시에 대해서 논의하는 것뿐이기 때문이다. 고대의 다른 모든 인용은 지극히 단편적이며, 『프로타고라스』에 나오지 않는 구절은 단 한 구절도 따로 인용된 바가 없다. 그리고 소크라테스가 이 대화편에서 시모니데스의 시를 인용하고 해석하는 방식은 억지와 궤변으로 가득 차 있어서, 그것을 바탕으로 시를 재구성하고 그 시의 본래 취지를 파악하는 데에는 한계가 있는 것이다.

그럼에도 불구하고 19세기의 많은 논의를 거쳐서 20세기 초반에 이르러서는 적어도 이 시가 어떤 형태의 것이었는지에 대해서는 학자들 사이에 대강의 합의가 이루어졌다. 그 이후의 논의는 그런 형태의 시를 통해서 시모니데스가 하고자 했던 이야기가 무엇이었는지에 관한 것으로 좁혀지게 된 것이다. 그리고 이렇게 합의된 형태가 20세기 중반에 데니스 페이지(Denys Page)가 편집한 『그리스 서정시인들(*Poetae Melici Graeci*)』에 수록된 이래, 그 편집본에 수록된 순서에 따라서 이 시는 PMG 542로 불리게 된다.

그런데 2008년에 아담 베레스포드(Adam Beresford)는 그동안 전혀 논의되지 않았던 완전히 새로운 방식의 재구성을 제안하게 된다. 그 이후에 나름대로 영향력 있는 학자들이 베레스포드의 재구성 방식을 받아들이면서, 이제는 이것이 적어도 무시할 수 없는 대안으로 부상하게 되었다고 말할 수 있다. 아직은 그의 제안에 대한 충분한 논의가 이루어졌다고 할 수 없기 때문에, 베레스포드의 새로운 재구성이 앞으로 학계에서 어떻게 받아들여질지에 대해서 단언하기는 어렵다. 그러한 이유로, 본 역자는 베레스포드의 재구성 방식을 받아들이지 않음에도 불구하고, 여기에서는 표준적인 재구성 방식과 베레스포드의 재구성 방식을 모두 소개하기로 한다.

표준적인 재구성에도 편집자에 따라서 여러 가지 방식이 있는데, 이들은 공통적으로 전체 시가 4개의 연으로 이루어져 있었고 소크라테스가 전체 시의 70~80%를 인용하고 있다고 본다. 각 연이 몇 행으로 이루어졌었는지, 그리고 각 행이 어떻게 구성되어 있었는지에 대해서는 편집자마다 약간의 차이가 있는데, 여기에서는 역자가 알고 있는 가장 최근의 재구성 방식인 허친슨(G. O. Hutchinson, 2001)을 따르기로 한다. 베레스포드의 재구성 방식에서는 전체 시가 3개의 연으로 이루어져 있고, 각 연은 10행으로 이루어져 있다. 그리고 소크라테스는 (약간 변형시켜서 인용하는 것까지 포함하면) 시 전체를 인용하고 있는 셈이 된다.

표준적 재구성

사실, 진실로 좋은 사람이 되기란
어려우니, 손과 발과 정신이 반듯하여,
흠결 없이 만들어진.
〈6행 혹은 15행 유실〉

피타코스의 말도 내게는 적절하게
생각되지 않으니, 지혜로운 분이 하신 말씀이긴 하나.
그는 탁월하기가 어렵다고 하나니.
신만이 그런 특권을 가질 수 있나니, 인간은
나쁘지 않을 수 없도다,
어쩔 방도가 없는 재난이 그를 쓰러뜨리면.
잘 행동하면 어떤 사람이나 좋지만,
나쁘게 행동하면 나쁘나니. 〈일부 유실〉
〈1행 유실〉

그렇기 때문에 결코 나는, 될 수 없는 것을
찾아다니며 이루어질 수 없는 희망에
내 삶의 몫을 헛되이 던져 버리지 않겠노라,
드넓은 대지의 열매를 따 먹는 우리 중에
완전무결한 사람을 찾아다니며.
그런 사람 발견한다면야 그대들에게 알려 주리라.
모든 이를 나는 칭찬하고 사랑하네,
기꺼이 어떤 추한 일도 행하지 않는 자는 누구나.
신들도 필연과는 싸울 수 없으니.

〈3행 혹은 12행 유실〉

〈일부 유실〉 지나치게 무법적이지도 않고,
나라에 이득이 되는 정의를 아는
건전한 사람이면. 〈일부 유실〉 그런 사람을
나는 흠잡지 않으리, 바보들의
무리는 무수히 많아서. 모든 것은 아름다우니,
거기에 추한 것이 섞이지 않은 것은.

베레스포드의 재구성

사실, 진실로 좋은 사람이 되기란
어려우니, 손과 발과 정신이 반듯하여,
흠결 없이 만들어진.
신만이 그런 특권을 가질 수 있나니, 인간은
나쁘지 않을 수 없도다,
어쩔 방도가 없는 재난이 그를 쓰러뜨리면.
잘 행동하면 어떤 사람이나 좋지만,
나쁘게 행동하면 나쁘나니.
(신들이 가장 많이 사랑하는 자들,
그들이 가장 좋은 사람들이도다.)

피타코스의 말도 내게는 적절하게

생각되지 않으니, 지혜로운 분이 하신 말씀이긴 하나.
그는 탁월하기가 어렵다고 하나니.
(내게는 족하니,) 지나치게 무법적이지도 않고,
나라에 이득이 되는 정의를 아는
건전한 사람이면. 그런 사람을 나는
흠잡지 않으리, 바보들의
무리는 무수히 많아서.
모든 것은 아름다우니, 거기에
추한 것이 섞이지 않은 것은.

그렇기 때문에 결코 나는, 될 수 없는 것을
찾아다니며 이루어질 수 없는 희망에
내 삶의 몫을 헛되이 던져 버리지 않겠노라,
드넓은 대지의 열매를 따 먹는 우리 중에
완전무결한 사람을 찾아다니며.
그런 사람 발견한다면야 그대들에게 알려 주리라.
모든 이를 나는 칭찬하고 사랑하네,
기꺼이 어떤 추한 일도
행하지 않는 자는 누구나. 필연과는
신들도 싸울 수 없으니.

참고문헌

기본 텍스트

Burnet, John, *Platonis Opera* vol. III (Oxford Classical Text), Oxford University Press, 1903 (OCT로 줄여 부름).

텍스트 및 주석들

Adam, J and A. M. Adam, *Platonis Protagoras*, Cambridge Universtiy Press, 1893.

Denyer, Nicholas, *Plato : Protagoras*, Cambridge University Press, 2008.

Sauppe, Hermann, *Plato : Protagoras*, translated with additions by James A. Towle, Ginn & Company, 1889.

번역 및 주석들

박종현 역주, 『플라톤의 프로타고라스/라케스/메논』, 서광사, 2010.

Allen, R. E., *Plato : Ion, Hippias Minor, Laches, Protagoras*, Yale University Press, 1996.

Arieti, James A. and Roger M. Barrus, *Plato's Protagoras*, Rowman & Littlefiled, 2010.

Bartlett, Robert C., *Protagoras and Meno*, Cornell University Press, 2004.

Beresford, Adam, *Plato : Protagoras and Meno*, Penguin Books, 2005.

Griffith, Tom, *Plato : Gorgias, Menexenus, Protagoras*, Cambridge University Press, 2010.

Guthrie, W. K. C., *Protagoras*, in Edith Hamilton & Huntington Cairns (ed), *Plato : Collected Dialogues*, Princeton University Press, 1961.

Hubbard, B. A. F., and E. S. Karnofsky, *Plato's Protagoras : A Socratic Commentary*, The University of Chicago Press, 1982.

Ildefonse, Frédérique, *Platon : Protagoras*, Flammarion, 1997.

Lamb, W. R. M., *Plato* vol. III. (Loeb Classical Library), Harvard University Press, 1967.

Lombardo, Stanley and Karen Bell, *Protagoras*, in John M. Cooper (ed), *Plato : Complete Works*, Hackett, 1997.

Manuwald, Bernd, *Platon Werke VI 2 Protagoras*, Vandenhoeck & Ruprecht, 1999.

Taylor, C. C. W., *Plato : Protagoras*, revised ed., Oxford University Press, 1991(1976).

기타 문헌들

강성훈, 「소크라테스의 용기와 지혜의 동일성 논증과 프로타고라스의 반론 : 『프로타고라스』 349e−351a」, 《철학연구》 82, 2008, pp. 61~80.

강성훈, 「플라톤의 『프로타고라스』에서 시모니데스의 시 해석 1 : 프로타고라스의 질문과 의도」, 《서양고전학연구》 37, 2009, pp. 105~140.

강성훈, 「플라톤의 『프로타고라스』에서 시모니데스의 시 해석 2 : 소크라테스의 세 가지 해석」, 《서양고전학연구》 41, 2010, pp. 5~47.

김귀룡, 「프로타고라스의 인본주의적 회의주의」, 《인문학지》 20, 2000, pp. 205~232.

김귀룡, 「프로타고라스의 논쟁술과 소크라테스의 논박에 나타나는 교육관의 차이」, 《서양고전학연구》 27, 2007, 187~219.

김영균, 「『프로타고라스』 편에서 덕의 단일성에 대한 소크라테스의 견해」, 《철학연구》 62, 2003, pp. 5~27.

김영균, 「소크라테스의 아크라시아(akrasia) 부정과 주지주의」, 《철학연구》 64, 2004, pp. 73~93.

김진, 「플라톤의 『프로타고라스』에 있어 오류의 문제」, 《서양고전학연구》 29, 2007, pp. 67~91.

박홍규, 「『프로타고라스』 편에 대한 분석」, 『박홍규 전집 1 : 희랍 철학 논고』, 민음사, 1995, pp. 52–85. (원래는 《철학연구》 11, 1976, pp. 1~24.)

손병석, 「정치적 기술(politike techne)과 공적 합리성 – 프로타고라스와 플라톤의 견해를 중심으로」, 《철학》 75, 2003, pp. 49~80.

염수균, 「『프로타고라스』편에서의 좋은 것과 행동에 관한 논의」, 《서양고전학연구》 2, 1988, pp. 65~81.

이병담, 「플라톤의 사상에 나타난 욕망과 도덕 – 프로타고라스와 고르기아스 편에 나타난 쾌락과 선을 중심으로」, 《범한철학회》 17, 1998, pp. 247~267.

이한규, 「프로타고라스의 대안적 민주주의론」, 《동서철학연구》 36, 2005, pp. 5~24.

조지 커퍼드, 『소피스트 운동』, 김남두 옮김, 아카넷, 2003. (원서 : George B. Kerferd, *The Sophistic Movement*, Cambridge University Press, 1982.)

헤르만 프랭켈, 『초기 희랍의 문학과 철학』 2, 김남우 · 홍사현 옮김, 아카넷, 2011. (원서 : Hermann Fränkel, *Dichtung und Philosophie des frühen Griechentums*, Verlag C. H. Beck, 1962)

Adkins, A. W. H., *Merit and Responsibility : A Study in Greek Values*, Oxford University Press, 1960.

________________, "*aretē, technē*, Democracy and Sophists : *Protagoras* 316b– 328d", *Journal of Hellenic Studies* 93, 1973, pp. 3~12.

Balaban, Oded, *Plato and Protagoras : Truth and Relativism in Ancient Greek Philosophy*, Lexington Books, 1999.

Benitez, Eugenio, "Argument, Rhetoric, and Philosophic Method : Plato's *Protagoras*", *Philosophy and Rhetoric* 25, 1992, pp. 222~252.

Beresford, Adam, "Nobody's Perfect : A New Text and Interpretation of Simonides PMG 542", *Classical Philology* 103, 2008, pp. 237~256.

________________, "Erasing Simonides", *Apeiron* 42, 2009, pp. 167~202.

Beversluis, John, *Cross-Examining Socrates: A Defense of the Interlocutors in Plato's Early Dialogues*, Cambridge University Press, 2000.

Bowra, C. M., "Simonides and Scopas", *Classical Philology* 29, 1934, pp. 230~239.

Branwood, Leonard, "Stylometry and Chronology", in Richard Kraut (ed.), *Cambridge Companion to Plato*, Cambridge University Press, 1992, pp. 90~121.

Brickhouse, Thomas C. and Nicholas D. Smith, *The Philosophy of Socrates*, Westview, 2000.

Carson, Anne, "How not to Read a Poem : Unmixing Simonides from Protagoras", *Classicial Philology* 87, 1992, pp.110~130.

Cooper, John, "The Unity of Virtue", in John Cooper, *Reason and Emotion : Essays on Ancient Moral Psychology and Ethical Theory*, Princeton University Press, 1999, pp. 76~117. (Originally published in *Social Philosophy and Policy* 15. no.1, 1998.)

Demos, Marian, *Lyric Quotation in Plato*, Rowman & Littlefield, 1999.

Devereux, Daniel T., "Protagoras on Courage and Knowledge : *Protagoras* 351A–B", *Apeiron* 9, 1975, pp. 37~39.

__________________, "The Unity Of The Virtues in Plato's *Protagoras* and *Laches*", *Philosophical Review* 101, 1992, pp. 765~789.

Dickie, Matthew, "The Argument and Form of Simonides 542 PMG", *Harvard Studies in Classical Philology* 82, 1978, pp. 21~33.

Dillon, John and Tania Gergel (trs. and eds.), *The Greek Sophists*, Penguin Books, 2003.

Donlan, Walter, "Simonides, Fr. 4D and P. OXY. 2432", *Transactions and Proceedings of the American Philological Association* 100, 1969, pp. 71~95.

Donovan, Brian R., "The Project of Protagoras", *Rhetoric Society Quarterly* 23, no. 1, 1993, pp. 35~47.

Dyson, M., "Knowledge and Hedonism in Plato's Protagoras", *Journal of Hellenic Studies* 96, 1976, pp. 32~45.

Farrar, Cynthia, *The Origins of Democratic Thinking : The Invention of Politics in Classical Athens*, Cambridge University Press, 1988.

Ferejohn, M. T., "The Unity of Virtue and the Objects of Socratic Inquiry", *Journal of the History of Philosophy* 20, 1982, pp. 1~21.

__________________, "Socratic Thought–Experiments and the Unity of Virtue Paradox", *Phronesis* 29, 1984, pp. 105~122.

__________________, "Socratic Virtue as the Parts of Itself", *Philosophy and Phenomenological Research* 44, 1984, pp. 377~388.

Ferrari, G. R. F., "Plato and Poetry", in *The Cambridge History of Literary Criticism Vol.1 : Classical Criticism*, ed. by G. A. Kennedy, Cambridge University Press, 1989, pp. 92~148.

Fränkel, Hermann, *Dichtung und Philosophie des frühen Griechentums*, Verlag C. H. Beck, 1962(1951), (국역 : 『초기 희랍의 문학과 철학』 1

& 2, 김남우 · 홍사현 옮김, 아카넷, 2011).

Frede, Dorothea, "The Impossibility of Perfection : Socrates' Criticism of Simonides' Poem in the *Protagoras*", *Review of Metaphysics* 39, 1986, pp. 729~753.

Frede, Michael & Gisela Striker (eds.), *Rationality in Greek Thought*, Oxford University Press, 1996.

Gagarin, Michael, "The Purpose of Plato's *Protagoras*", *Transactions and Proceedings of the American Philological Association* 100, 1969, pp. 133–164.

Gagarin, Michael and Paul Woodruff (trs. and eds.), *Early Greek Political Thought from Homer to the Sophists*, Cambridge University Press, 1995.

Gallop, David, "The Socratic Paradox in the *Protagoras*", *Phronesis* 9, 1964, pp. 117~129.

Golden, Mark, *Children and Childhood in Classical Athens*, Johns Hopkins University Press, 1993.

Gosling, J. C. B. and C. C. W. Tailor, *The Greeks on Pleasure*, Oxford University Press, 1982.

Graham, Daniel W. (tr. and ed.), *The Texts of Early Greek Philosophy : The Complete Fragments and Selected Testimonies of the Major Presocratics*, Part II, Cambridge University Press, 2010.

Gundert, Hermann, "Die Simonides–Interpretation in Platons *Protagoras*", in Hermann Gundert, *Platonstudien*, Verlag B. R. Gruener, 1977, pp. 23~45. (Originally published in ERMHNEIA, Festschrift Otto Regenbogen, 1952.)

Guthrie, W. K. C., *A History of Greek Philosophy*, vol. 3~4, Cambridge University Press, 1975.

Hackforth, R, "Hedonism in Plato's *Protagoras*", *Classical Quarterly* 22,

1928, pp. 38~42.

Hemmenway, Scott R., "Sophistry Exposed : Socrates on the Unity of Virtue in the *Protagoras*", *Ancient Philosophy* 16, 1996, pp. 1~23.

Henry, W. B., "Simonides, PMG 542.1–3", *Classical Quarterly* 49, 1999, p. 621.

Hutchinson, G. O., *Greek Lyric Poetry : A Commentary on Selected Larger Pieces*, Oxford University Press, 2001.

Jaeger, Werner, *Paideia : The Ideals of Greek Culture* (translated by Gilbert Highet), vols. 1~3, Oxford University Press, 1939, 1943, 1944.

Kahn, Charles H., *Plato and the Socratic Dialogue : The Philosophical Use of a Literary Form*, Cambridge University Press, 1996.

Kerferd, George B., "Protagoras' Doctrine of Justice and Virtue in the *Protagoras* of Plato", *Journal of Hellenic Studies* 73, 1953, pp. 42~45.

__________________, *The Sophistic Movement*, Cambridge University Press, 1982. (국역 : 『소피스트 운동』, 김남두 옮김, 아카넷, 2003.)

Klosko, G., "Criteria of Fallacy and Sophistry for Use in the Analysis of Platonic Dialogues", *Classical Quarterly* 33, 1983, pp. 363~374.

Lampert, Laurence, *How Philosophy Became Socratic : A Study of Plato's Protagoras, Charmides, and Republic*, The University of Chicago Press, 2010.

Lavery, Jonathan, "Plato's *Protagoras* and the Frontier of Genre Research : A Reconnaissance Report from the Field", *Poetics Today* 28, no. 2, 2007, pp. 191~246.

Ledbetter, Grace M., *Poetics Before Plato : Interpretation and Authority in Early Greek Theories of Poetry*, Princeton University Press, 2003.

Lee, Mi-Kyoung, *Epistemology after Protagoras : Responses to Relativism in Plato, Aristotle, and Democritus*, Oxford University Press, 2005.

McCoy, Marina Berzins, "Protagoras on Human Nature, Wisdom, and the Good : The Great Speech and the Hedonism of Plato's *Protagoras*", *Ancient Philosophy* 18, 1998, pp. 21~39.

Miller, Clyde Lee, "The Prometheus Story In Plato's *Protagoras*", *Interpretation* 7, 1978, pp. 22~32.

Morrison, J. S., "The Place of Protagoras in Athenian Public Life (460–415 B.C)", *Classical Quarterly* 35, 1941, pp. 1~16.

Most, Glenn, "Simonides' Ode to Scopas in Contexts", in Irene J. F. de Jong and J. P. Sullivan (eds.), *Modern Critical Theory and Classical Literature*, Brill, 1994, pp. 127~152.

Nails, Debra, *The People of Plato : A Prosopography of Plato and Other Socratics*, Hackett, 2002

North, Helen, Sophrosyne : *Self-Knowledge and Self-Restraint in Greek Literature*, Cornell University Press, 1966.

Nussbaum, Martha C., *The Fragility of Goodness : Luck and Ethics in Greek Tragedy and Philosophy*, Cambridge University Press, 1986.

Ober, Josiah, *Mass and Elite in Democratic Athens : Rhetoric, Ideology, and the Power of the People*, Princeton University Press, 1989.

O'Brien, Michael J., "The Fallacy in *Protagoras* 349D–350C", *Transactions and Proceedings of the American Philological Association* 92, 1961, pp. 408~417.

Page, Denys, *Poetae Melici Graeci*, Oxford University Press, 1962.

Parry, Hugh, "An Interpretation of Simonides 4 (Diel)", *Transactions and Proceedings of the American Philological Association* 96, 1965, pp. 297~320.

Penner, Terry, "Thought and Desire in Plato", in Gregory Vlastos (ed.), *Plato : A Collection of Critical Essays*, vol. 2, Anchor Books, 1971, pp. 96~118.

__________, "The Unity of Virtue", *Philosophical Review* 82, 1973, pp. 35~68.

__________, "Plato and Davidson : Parts of the Soul and Weakness of Will", *Canadian Journal of Philosophy* supp. 16, 1990, pp. 35~74.

__________, "Knowledge vs. True Belief in the Socratic Psychology of Action", *Apeiron* 29, 1996, pp. 199~230.

__________, "Socrates on the Strength of Knowledge : *Protagoras* 351B−357E", *Archiv für Geschichte der Philosophie* 79, 1997, pp. 117~149.

Price, A. W., *Mental Conflict*, Routledge, 1995.

Rademaker, Adriaan, *Sophrosyne and the Rhetoric of Self-Restraint : Polysemy & Persuasive Use of an Ancient Greek Value Term*, Brill, 2005.

Richardson, Henry S., "Measurement, Pleasure, and Practical Science in Plato's *Protagoras*", *Journal of the History of Philosophy* 28, 1990, pp. 7~32.

Rowe, C. J., "Plato on the Sophists as Teachers of Virtue", *History of Political Thought* 4, 1983, pp. 409~27.

Rudebusch, George, "Plato, Hedonism, and Ethical Protagoreanism", in J. Anton and A. Preus (eds,), *Essays on Ancient Grrek Philosophy* III, 1989, pp. 27~40.

Russell, Daniel C., "Protagoras and Socrates on Courage and Pleasure : *Protagoras* 349d ad finem", *Ancient Philosophy* 20, 2000, pp. 311~338.

Rutherford, R. B., *The Art of Plato : Ten Essays in Platonic Interpretation*, Duckworth, 1995.

Santas, Gerasimos, "Plato's *Protagoras* and Explanations of Weakness", in Gregory Vlastos (ed.), *The Philosophy of Socrates : A Collection of Critical Essays*, Double day & Co., 1971, pp. 264~298. (Originally published in *Philosophical Review* 75, 1966.)

Saxonhouse, Arlene W., *Free Speech and Democracy in Ancient Athens*, Cambridge University Press, 2006.

Schiappa, Edward, *Protagoras and Logos : A Study in Greek Philosophy and Rhetoric*, 2nd ed., University of South Carolina Press, 2003.

Schofield, Malcolm, "Introduction" in Tom Griffith (tr.), *Plato : Gorgias, Menexenus, Protagoras*, Cambridge University Press, 2010, vii~xxxii.

Scodel, Ruth, "Literary Interpretation in Plato's *Protagoras*", *Ancient Philosophy* 6, 1986, pp. 25~37.

Sesonske, Alexander, "Hedonism in the *Protagoras*", *Journal of the History of Philosophy* 1, 1963, pp. 73~79.

Sprague, Rosamond Kent, *Plato's Use of Fallacy*, Routledge and Kegan Paul, 1962.

Stokes, Michael C., *Plato's Socratic Conversations : Drama and Dialectic in Three Dialogues*, Johns Hopkins University Press, 1986.

Sullivan, J. P., "The Hedonism in Plato's *Protagoras*", *Phronesis* 6, 1961, pp. 10~28.

Taylor, A. E., *Plato : The Man and His Work*, London, Methuen, 1926.

Thayer, H. S., "Plato's Quarrel with Poetry : Simonides", *Journal of the History of Ideas* 36, 1975, pp. 3~26.

Thesleff, Holger, "Platonic Chronology", in Nicholas D. Smith (ed), *Plato : Critical Assessments*, vol. 1, Routledge, 1998, pp. 50~73. (Originally published in *Phronesis* 34, 1989.)

Trapp, Michael, "Protagoras and the Great Tradition", in Michael

Whitby, Philip Hardie, and Mary Whitby (des.), *Homo Viator : Classical Essays for John Brambie*, Bristol Classical Press, 1987, pp. 41~48.

Vlastos, Gregory, "Introduction", in Vlastos (ed.), *Plato's Protagoras : Jowett's Translation Revised by Martin Ostwald*, Liberal Arts Press, 1956.

__________, "Socrates on Acrasia", *Phoenix* 23, 1969, pp. 71~88.

__________, "The Unity of the Virtues in *Protagoras*", in *Platonic Studies*, 2nd ed., Princeton University Press, 1981, pp. 221~269. (Originally published in *Review of Metaphysics* 25, 1972.)

__________, *Socrates : Ironist and Moral Philosopher*, Cambridge University Press, 1991.

__________, *Socratic Studies*, ed. by Myles Burnyeat, Cambridge University Press, 1994.

Wakefield, Jerome, "Vlastos on the Unity of Virtue : Why Pauline Predication Will Not Save the Biconditional Thesis", *Ancient Philosophy* 11, 1991, pp. 47~65.

Walsh, John, "The Dramatic Dates of Plato's *Protagoras* and the Lesson of Arete", *Classical Quarterly* (NS) 34, no. 1, 1984, pp. 101~106.

Weingartner, Rudolph H., *The Unity of Platonic Dialogue : The Cratylus, the Protagoras, the Parmenides*, The Bobbs-Merrill Company, 1973.

Weiss, Roslyn, "Courage, Confidence, and Wisdom in the *Protagoras*", *Ancient Philosophy* 5, 1985, pp. 11~24.

__________, "The Hedonic Calculus in the *Protagoras* and the *Phaedo*", *Journal of the History of philosophy* 27, 1987, pp. 511~529.

__________, "Hedonism in the *Protagoras* and the Sophist's

Guarantee", *Ancient Philosophy* 10, 1990, pp. 17~39.

____________, *The Socratic Paradox and Its Enemy*, University of Chicago Press, 2006.

Wilamowitz-Moelendorf, Ulrich, *Sappho und Simonides : Untersuchungen über griechishe Lyriker*, Weidmann, 1913.

Wolfsdorf, David, "The Historical Reader of Plato's *Protagoras*", *Classical Quarterly* (NS) 48, no. 1, 1998, pp. 126~133.

_______________, "Interpreting Plato's Early Dialogues", *Oxford Studies in Ancient Philosophy* 27, 2004, pp. 15~40.

_______________, "Courage and Knowledge at *Protagoras* 349e1–351b2", *Classical Quarterly* 56, 2006, pp. 436~444.

Woodbury, Leonard, "Simonides on Aretē", *Transactions and Proceedings of the American Philological Association* 84, 1953, pp. 135~163.

Woodruff, Paul, "Socrates on the Parts of Virtue", *Canadian Journal of Philosophy* supp. 2, 1976, pp. 101~116.

Woolf, Raphael, "Consistency and Akrasia in Plato's *Protagoras*", *Phronesis* 47, 2002, pp. 224~252.

Young, Charles M., "Plato and Computer Dating", in Nicholas D. Smith (ed), *Plato : Critical Assessments*, vol. 1, Routledge, 1998, pp. 29~49. (Originally published in *Oxford Studies in Ancient Philosophy* 12, 1994.)

Zeyl, Donald J., "Socrates And Hedonism : *Protagoras* 351b~358d", *Phronesis* 25, 1980, pp. 50~269.

Zilioli, Ugo, *Protagoras and the Challenge of Relativism : Plato's Subtle Enemy*, Ashgate, 2007.

Zuckert, Catherine H., *Plato's Philosophers : The Coherence of the Dialogues*, The University of Chicago Press, 2009.

찾아보기

일러두기

- 명사는 단수, 형용사는 남성 단수 1격, 동사는 능동태 부정형(중간태가 능동태를 대신하는 경우는 중간태 부정형)을 기준으로 한다. 단, 관용적으로 복수로 사용되는 경우나 파생형이 독립적인 중요성을 갖는 경우는 예외로 한다.
- 동일한 그리스어에 대해 서로 다른 번역어들을 사용한 경우, 대표 번역어를 정해서 표제어로 삼고, 대표 번역어 옆에 그리스어를 표기하였다. 대표 번역어 아래에 '–'표기를 해서 동일한 그리스어의 나머지 번역어들을 표시하였다.
- 동일한 그리스어의 대표 번역어가 아닌 번역어들은 따로 표제어로 두고, '→'표기를 해서 대표 번역어가 무엇인지만을 밝혔다.

일반용어

우리말 – 그리스어

ㄱ

가능한 → 능력 있는 dynatos
가르쳐 줄 수 있는 didaktos 319a,b, c,d, 320b,c, 323c, 324c, 325b, 326e, 328c, 329b, 357e, 361a,b,c
가르침 didachē 323d
가르침 → 배울 거리 mathēma
가무단 choros 315b
작품 (제유법을 써서) 327d
가장 강력한 kratistos 352d
가장 뛰어난 aristos 319e
가장 좋은 345c
가장 뛰어난 beltistos 316c, 325d
가장 좋은 352d, 353a
가장 좋은 → 가장 뛰어난 aristos

교정하다 → 바로잡다 euthynein
교양 paideia 312b, 338e
교육 327d, 343a
교양부족 apaideusia 347c
교육 paideusis 342d
교육 → 교양 paideia
교육될 수 있는 paideutos 324b
교육하다 paideuein 317b, 319e, 320a, 342d, 343a, 347d
구원 → 구원수단 sōteria
구원수단 sōteria 320e, 321b,c, 356d
구원 356e, 357a
안녕 354b
구원하다 sōzein 321a, 322b, 356e
구하다 → 돕다 boēthein
굴복시키다 → 압도하다 kratein
궁극적 기준 telos 354c
근력 → 완력 ischys
근력 있는 ischyros 350d,e
강력한 352b
글 선생 grammatistēs 312b
기꺼이 hekōn 325d, 335b, 345d,e, 346b,e, 358c,e
기능 → 능력 dynamis
기쁜 chartos 358a
기술 technē 312b, 315a, 316d,e, 317c, 318e, 319a,c, 321e, 322a,b,c,d, 323a, 328a, 348e, 351a, 356d,e, 357a,b
기술 technēma 319a, 327b
기술을 연마하다 philotechnein 321e
기술적 지혜 entechnos sophia 321d
길게 말하기 makrologia 335b, 336b

ㄴ

나랏일 ta politika → 시민적 politikos
나쁜 kakos 312c, 323c,e, 332c, 334c, 341b,c,d,e, 344c,d,e, 345a,b,c,d,e, 346c,d, 351c,d, 352c, 353d,e, 354c,d, 355a,b,c.d,e, 357d,e, 358a,c,d,e, 360b
못난 340d, 361e
나아가는 데 과감한 itēs 349e, 359c,d
난처함 aporia 321c
(당혹스러워하는) 문제 324d,e
난처해하다 aporein 321c, 348c
당혹스러워하다 324d,e, 326e
넘침 hyperbolē 356a, 357a,b
논변 → 논의 logos
(논변을) 방어하다 → 돕다 boēthein
논의 logos 313b, 314c, 322d, 333c, 335a, 337a, 338a,b, 340e, 348a, 350c, 355a, 358a, 361a,d

ㅁ

ㅂ

ㅅ

ㅈ

조언하다 symbouleuein 314a, 319c,d, 322e, 324c, 337e
좋은 agathos 309b, 312c, 315e, 319a, 323d, 328b, 332c, 333d,e, 334a,b,c, 339b,d, 340c,d, 341b, 343c,d,e, 344a,b, 344c,d,e, 345a,b,c,e, 346b, 347d, 348e, 351c,d,e, 352a,c, 354a,b,c,d,e, 355a,b,c,d,e, 356b, 357d, 358a,b,d, 359e, 360a,b
뛰어난 320b, 323a, 324d, 325b,e, 326a,d,e, 327b,c, 328c,e, 339e
좋은 상태 euexia 354b
좋은 양육 eutrophia 351a,b
주관하는 사람 epistatēs 312d
감독자 338a,b,c,e
주도하는 hēgemonikos 352b
주장 → 논의 logos
중재자 diaitētēs 337e
중요한 axios pollou → 가치가 있는 axios
즐거운 hēdys 337c, 351c,d,e, 352a, 353c,d, 355b,e, 356a,b,c, 358a,b 360a
즐겁게(hēdeōs) 351b,c, 355a, 358b
즐거움 hēdonē 351d, 351e, 352b,d, 353a,c,d, 354a,b,c,d,e, 355a,b,c,d, 356a, 357a,c,d,e
즐거워하다 hēdesthai 315b, 337c, 351c
즐겁게(hēdeōs) → 즐거운 hēdys
증명하다 elenchein 331e
~에 지다 hēttasthai 352e, 353a, 355b,d,e, 357c
~에 지다 hēttō einai 353c, 354e, 355d, 357e, 358c, 359d
지배하는 archikos 352b
지혜 sophia 321d, 330a, 332a,e, 333a,b, 337d, 341a, 342b, 343a,b,c, 349b, 350c,d,e, 352d, 358c, 360d, 361e
지혜 사랑 philosophia 335d, 342a,d, 343b
지혜로운 sophos 309c, 310d,e, 312c,d, 314c, 317d, 318b, 319b,e, 320a, 321b, 324d, 329e, 335c, 337a,c,d, 338c, 339c, 341a, 343b, 344e, 345e, 350c
질투 phthonos 316d,e
징계 kolasis 323e, 326d
징계하다 kolazein 323d, 324a,b,c, 325a, 326d
징벌을 하다 timōreistahi 324b,c
짧게 말하기 brachylogia 335a,b,

그리스어 – 우리말

adikein 부정의한 행동을 하다, 부정의하게 처신하다
adikēma 부정의한 행동
adikeisthai 부정의를 당하다
adikia 부정의
adikos 부정의한
agathos 좋은, 뛰어난
agnoia 무식
agōn 경쟁
aidōs 염치
aischros 추한, 못생긴, 부끄러운

aischynesthai 창피하다, 부끄럽다
akolastos 무분별한
akōn 마지못해
akontōs 마지못해
amathēs 무지한
amathia 무지, 모름
amphisbētein 논쟁을 하다, 반박하다
anankaios 어쩔 수 없는, 할 수밖에 없는, 해야만 하는
anankazein 강제하다, 할 수밖에 없다(수동), 억지로 ~하다(수동)
anankē 필연, 강제, 할 수밖에 없음, 해야만 함
anaxia 가치 없음
anaxios 가치 없는
andreia 용기, 거침없음
andreios 용기 있는
ania 고통
aniaros 고통스러운
aniasthai 고통스럽다
anōphelēs 해가 되는
anosios 불경한
apaideusia 교양부족
apatasthai 속다
apatē 속임수
aphronōs 어리석게
aphrosynē 어리석음
aporein 난처해하다, 당혹스러워하다
archikos 지배하는
aretē 덕, 탁월함
aristos 가장 뛰어난, 가장 좋은
asebeia 불경
askein 연마하다
askēsis 훈련
axiōma 명성
axios 가치가 있는, 걸맞은, 값어치(axion), 중요한(axios pollou)
barbaros 조야한
bathron 걸상
beltistos 가장 뛰어난, 가장 좋은
biazein 억압하다
boēthein 돕다, 구하다, (논변을) 방어하다
boēthos 도움
boulēsis 의도
boulesthai 바라다, 의도하다 (원하다, 싶다, 하려고 하다)
bouleuesthai 숙고하다
brabeutēs 심판
brachylogia 짧게 말하기
chalepos 어려운
chariēs 멋진, 운치가 있는
charientōs 멋지게
chartos 기쁜
cheirotechnēs 수공기술자
choros 가무단
chrēsimos 쓸모 있는, 유용한
chrēstos 쓸모 있는, 이로운

epistatēs 주관하는 사람, 감독자
epistēmē 앎
epistēmōn 아는 자
epitēdeuma 익힐 거리
epithymein 욕구하다, 열망하다, (원하다, 싫어 하다)
epithymia 열망
erastēs 흠모하는 사람
erizein 쟁론을 벌이다
erōs 사랑
esthlos 탁월한
euboulia 잘 숙고하는 것
eudaimōn 유복한 (집안)
eudokimein 명망을 떨치다
euexia 좋은 상태
eulabeia 조심
eulabeisthai 조심하다
eunoia 호의
euphrainein 흐뭇해하다
euthynein 바로잡다, 교정하다
eutrophia 좋은 양육
genesthai 되다
geras 특권
grammatistēs 글 선생
gymnastikos 체육 전문가
hairesis 선택
harmonia 화음
hēbē 젊음
hēdesthai 즐거워하다
hēdeōs 즐겁게
hēdonē 즐거움
hēdys 즐거운
hēgemonikos 주도하는
hekōn 기꺼이
hekousios 자발적인
hēttasthai -에 지다
hēttō einai -에 지다
hoi polloi 대중들, 많은 사람들
homoios 비슷하다, 닮다
hōra 시간, 때, 젊음, 계절
hosios 경건한
hosiotēs 경건
hyperbaton 전치법
hyperbolē 넘침
idios 사적인, 고유한
idiōtēs 일반인, 문외한
idiōteuein 문외한이다
ischyros 근력 있는, 강력한
ischys 완력, 근력, 힘
isos 동등한, 같은
itēs 나아가는 데 과감한
kakos 나쁜, 못난
kalos 아름답다, 잘생기다, 멋지다, 훌륭하다
kalōs 잘, 제대로, 훌륭하게
kapēlos 행상
kindynos 모험, 위험
kitharistēs 키타라 선생

koinos 공동의, 공적인, 공평한
kolasis 징계
kolazein 징계하다
kratein 압도하다, 굴복시키다
kratistos 가장 강력한
logismos 계산법
logos 논의, 이야기, 말씀, 말, 주장, 논변, 해석, 설명, 이유
lypē 괴로움
lypeisthai 괴로워하다
mainesthai 정신 나가다
makrologia 길게 말하기
mania 정신 나간 것, 광기
mathēma 배울 거리, 가르침
mathēsis 배우는 것
meirakion 젊은이
metrētikē 측정술
metrētikos 측정의
misanthropos 인간혐오자
mousikē 음악, 시가 기술
mythos 옛날이야기
neanias 젊은이
neaniskos 젊은이
nomimos 합법적인
nomos 법
nouthetein 훈계하다, 야단을 치다
nouthetēsis 훈계, 훈계의 이야기
odynasthai 고생스럽다
odynē 고생
ōphelimos 이득이 되는
ōphelimōs 유익하게
paidagōgos 보육교사
paideia 교양, 교육
paideuein 교육하다, 교육시키다
paideusis 교육
paideutos 교육될 수 있는
paidika 애인
paidotribēs 체육 선생
panourgos 무슨 짓이라도 할 사람
paradidonai 전수해 주다, 맡기다
paraskeuastos 만들어 줄 수 있는
pathēma 겪는 것
pathos 경험
hē tou phainomenou dynamis 보이는 것의 힘
phantasma 보이는 것
phaulos 변변찮은, 못난, 사소한
philosophia 지혜 사랑
philotechnein 기술을 연마하다
phobeisthai 두려워하다
phobos 두려움
phronēsis 현명함
phthonein 인색하게 굴다, 인색하게 대하다
phthonos 질투
physis 자연, 천성, 타고남, 본성
poikilos 다채로운
ta politika 나랏일

politikē aretē 시민적 덕
politikē sophia 시민적 지혜
politikē technē 시민적 기술
ponēria 형편없음, 악함, 허물
ponēros 형편없는, 못된, 해로운, 해가 되는
promētheisthai 미리 생각하다
prosanankazein 강제하다
prosdokia 예견
proseoikenai 닮아 있다
prytaneion 전당
prytaneis 의장단
prytanis 의장
psychē 영혼
rabdouchos 심판관
rhōmē 결심의 힘
sōma 몸
sophia 지혜
sophistēs 소피스트
sophos 지혜롭다
sōphronein 분별 있게 처신하다
sōphronōs 분별 있게
sōphrosynē 분별
sōteria 구원수단, 구원, 안녕
sōzein 구원하다
spoudazein 열의를 보이다
symboulē 조언
symbouleuein 조언하다
symboulos 조언자
syneinai 함께 지내다, 모이다
syngignesthai 같이 있다, 함께 지내다, 만남을 갖다
synousia 함께 지내기, 모임, 만남
technē 기술
technēma 기술
teletai 입교의식
telos 궁극적 기준
terpnos 유쾌한
tetragōnos 반듯한
tharraleos 대담한, 대담하게 할 수 있는
tharrein 대담하게 굴다, 대담하게 할 수 있는 것으로 여기다, 걱정하지 않다
tharsos 대담함
theia moira 신의 몫
therapeuein 보살피다
therapeutos 보살펴 줄 수 있는
thrasys 무모한
thronos 상석
thymos 화, 분노
thymousthai 화를 내다
timōreistahi 징벌을 하다
trephein 양육하다
trephesthai 배우고 자라다
tribōn 반외투
trophē 양식
tychē 운

고유명사

옮긴이의 말

『프로타고라스』와 처음 만난 것은 아주 오래전의 일이다. 당시 나는 『파이돈』이나 『크리톤』에서의 진중한 소크라테스에 매료되어 있었고, 『파이돈』이나 『파르메니데스』, 그리고 아리스토텔레스의 작품들처럼 보다 '철학적인' 논증 분석이 필요한 작품들에 더 흥미를 느끼고 있었다. 소크라테스는 경박해 보이고, 특별히 매력적인 논증도 별로 없어 보이는 『프로타고라스』에는 큰 관심이 가지 않았다. 『파이돈』으로 석사논문을 쓰고, 유학길에 오르면서 나는 플라톤의 후기 대화편들과 아리스토텔레스를 더 공부해 볼 생각을 가지고 있었다. 하지만 세상일이란 예상하지 않았던 방향으로 흘러가는 법. 당시 내가 다니던 학교에서는 학생들끼리 모여서 논문을 발표하고 같이 논의하던 모임이 있었다. 그 모임에서 한번은 어떤 친구가 『프로타고라스』 관련 논문을 발표하면서, 프로타고라스의 연설에 개진된 생각들을 『국가』의 소크라테스가 이어받는다고 주장하는 것을 보았다. 예전에 『프로타고라스』를 읽으면서 그런 생각을 해 본 적이 없던 나는, 그러고 보니 『국가』에서 5-7권을 제외한 나머지 부분을 제대로 읽어본 적도 없다는 것을 깨닫게 되었다. 『국가』를 다시 읽으면서 그 풍부함에 새삼 놀라게 되었고, 그와 함께 『프로타고라스』의 풍부함에도 다시 눈을 뜨게 되었다. 그리고 결국 박사논문의 주제를 『프로타고라스』와 『국가』의 연속성과 불연속성에 대한 것으로 정하게 되었다.

한국에 돌아와서 박사논문을 마무리 짓는 작업을 하며 정암학당을 알게 되었고, 박사 논문의 주제 때문에 학당의 플라톤 전집 번역 계획에 『프로타고라스』의 번역자로 참여하게 되었다. 번역을 하면서 여러 사람의 도움을 받았다. 교열 독회에 참석해서 함께 번역을 고민해주신 학당 선생님들에 대한 고마움은 말할 필요도 없겠다. 사실 이 번역은 거의 공동 번역이라고 할 만하다. 나는 그저 대표로 이름을 올렸을 따름이다. 다만, 이 번역에서 부족하고 어색한 부분들이 있다면, 그것은 그저 내가 선생님들의 말을 듣지 않고 끝까지 고집을 피운 때문이다. 지난번 옮긴이의 글에서는 은사님들과 번역에 도움을 주신 다른 선생님들, 그리고 가족들에게 감사의 말씀 등을 적었지만, 이번에는 새롭게 작업을 한 것이 아니라 출판사만 옮기는 것이어서 다시 적기가 쑥스럽다. 생략해도 이해해주실 것으로 믿는다. 출판사를 옮기는 과정에서 새롭게 판형을 만들고 오탈자를 바로 잡아주신 아카넷 관계자 분들과 김일수 부장님에게 감사드린다.

사단법인 정암학당을 후원해 주시는 분들

정암학당의 연구와 역주서 발간 사업은 연구자들의 노력과 시민들의 귀한 뜻이 모여 이루어집니다. 학당의 모든 연구는 시민들의 자발적인 후원을 바탕으로 하기 때문입니다. 그 결실을 담은 '정암고전총서'는 연구자와 시민의 연대가 만들어 내는 고전 번역 운동의 산물이라고 할 수 있습니다. 이 같은 학술 운동의 역사적 의미를 기리고자 이 사업에 참여한 후원회원 한 분 한 분의 정성을 이 책에 기록합니다.

평생후원회원

Alexandros Kwanghae Park 강대진 강상진 강선자 강성훈 강순전 강창보

강철웅 고재희 공기석 권세혁 권영경 권장용 기종석 길명근 김경랑

김경현 김기영 김남두 김대오 김미성 김미옥 김상기 김상수 김상욱

김상현 김석언 김석준 김선희(58) 김성환 김숙자 김영균 김영순 김영일

김영찬 김운찬 김유순 김 율 김은자 김은희 김인곤 김재홍 김정락

김정란 김정례 김정명 김정신 김주일 김진성 김진식 김출곤 김 헌

김현래 김현주 김혜경 김혜자 김효미 류한형 문성민 문수영 문종철

박계형 박금순 박금옥 박명준 박병복 박복득 박상태 박선미 박세호

박승찬 박윤재 박정수 박정하 박종민 박종철 박진우 박창국 박태일

박현우 반채환 배인숙 백도형 백영경 변우희 서광복 서 명 서지민

설현석 성중모 손병석 손성석 손윤락 손효주 송경순 송대현 송성근

송순아 송유레 송정화 신성우 심재경 안성희 안 욱 안재원 안정옥

양문흠 양호영 엄윤경 여재훈 염수균 오서영 오지은 오흥식 유익재

유재민 유태권 유 혁 윤나다 윤신중 윤정혜 윤지숙 은규호 이기백

이기석 이기연 이기용 이두희 이명호 이미란 이민숙 이민정 이상구

이상원 이상익 이상인 이상희(69) 이상희(82) 이석호 이순이 이순정 이승재

이시연 이광영 이영원 이영호(48) 이영환 이옥심 이용구 이용술 이용재

이용철 이원제 이원혁 이유인 이은미 이임순 이재경 이정선(71) 이정선(75)

이정숙 이정식 이정호 이종환(71) 이종환(75) 이주형 이지수 이 진 이창우

이창연 이창원 이충원 이춘매 이태수 이태호 이필렬 이향섭 이향자

이황희 이현숙 이현임 임대윤 임보경 임성진 임연정 임창오 임환균

장경란 장동익 장미성 장영식 전국경 전병환 전헌상 전호근 정선빈

정세환 정순희 정연교 정 일 정정진 정제문 정준영(63) 정준영(64) 정태흡

정해남 정홍교 정희영 조광제 조대호 조병훈 조익순 지도영 차경숙

차기태 차미영 최 미 최세용 최수영 최병철 최영임 최영환 최운규

최원배 최윤정(77) 최은영 최인규 최지호 최 화 표경태 풍광섭 하선규

하성권 한경자 한명희 허남진 허선순 허성도 허영현 허용우 허정환

허지현 홍섬의 홍순정 홍 훈 황규빈 황유리 황예림 황희철

나와우리〈책방이음〉 도미니코 수도회 도바세 방송대문교소담터스터디

방송대영문과07 학번미아팀 법률사무소 큰숲 부북스출판사(신현부)

생각과느낌 정신건강의학과 이제이북스 카페 벨라온

개인 249, 단체 10, 총 259

후원위원

강성식	강승민	강용란	강진숙	강태형	고명선	곽삼근	곽성순	구미희
권영우	길양란	김경원	김나윤	김대권	김명희	김미란	김미선	김미향
김백현	김병연	김복희	김상봉	김성민	김성윤	김순희(1)	김승우	김양희(1)
김양희(2)	김애란	김영란	김옥경	김용배	김윤선	김장생	김정현	김지수(62)
김진숙(72)	김현제	김형준	김형희	김희대	맹국재	문영희	박미라	박수영
박우진	박현주	백선옥	사공엽	서도식	성민주	손창인	손혜민	송민호
송봉근	송상호	송연화	송찬섭	신미경	신성은	신영옥	신재순	심명은
오현주	오현주(62)	우현정	원해자	유미소	유형수	유효경	이경진	이명옥
이봉규	이봉철	이선순	이선희	이수민	이수은	이승목	이승준	이신자
이은수	이재환	이정민	이주완	이지희	이진희	이평순	이한주	임경미
임우식	장세백	전일순	정삼아	정은숙	정현석	조동제	조명화	조문숙
조민아	조백현	조범규	조성덕	조정희	조준호	조진희	조태현	주은영
천병희	최광호	최세실리아		최승렬	최승아	최이담	최정옥	최효임
한대규	허 민	홍순혁	홍은규	홍정수	황정숙	황훈성	정암학당1년후원	

문교경기〈처음처럼〉
문교수원3학년학생회
문교안양학생회
문교경기8대학생회
문교경기총동문회
문교대전충남학생회
문교베스트스터디
문교부산지역7기동문회
문교부산지역학우일동(2018)
문교안양학습관
문교인천동문회
문교인천지역학생회
방송대동아리〈아노도스〉
방송대동아리〈예사모〉
방송대동아리〈프로네시스〉
사가독서회

개인 124, 단체 16, 총 140

후원회원

강경훈	강경희	강규태	강보슬	강상훈	강선옥	강성만	강성심	강신은
강유선	강은미	강은정	강임향	강주완	강창조	강 항	강희석	고경효
고복미	고숙자	고승재	고창수	고효순	곽범환	곽수미	구본호	구익희
권 강	권동명	권미영	권성철	권순복	권순자	권오성	권오영	권용석
권원만	권정화	권해명	권혁민	김경미	김경원	김경화	김광석	김광성
김광택	김광호	김귀녀	김귀종	김길화	김나경(69)	김나경(71)	김남구	김대겸
김대훈	김동근	김동찬	김두훈	김 들	김래영	김명주(1)	김명주(2)	김명하
김명화	김명희(63)	김문성	김미경(61)	김미경(63)	김미숙	김미정	김미형	김민경
김민웅	김민주	김범석	김병수	김병옥	김보라미	김봉습	김비단결	김선규
김선민	김선희(66)	김성곤	김성기	김성은(1)	김성은(2)	김세은	김세원	김세진
김수진	김수환	김순금	김순옥	김순호	김순희(2)	김시형	김신태	김신판
김승원	김아영	김양식	김영선	김영숙(1)	김영숙(2)	김영애	김영준	김옥주
김용술	김용한	김용희	김유석	김은미	김은심	김은정	김은주	김은파
김인식	김인애	김인욱	김인자	김일학	김정식	김정현	김정현(96)	김정화
김정훈	김정희	김종태	김종호	김종희	김주미	김중우	김지수(2)	김지애

김지열	김지유	김지은	김진숙(71)	김진태	김철한	김태식	김태욱	김태헌
김태희	김평화	김하윤	김한기	김현규	김현숙(61)	김현숙(72)	김현우	김현정
김현정(2)	김현철	김형규	김형전	김혜숙(53)	김혜숙(60)	김혜원	김혜정	김홍명
김홍일	김희경	김희성	김희정	김희준	나의열	나춘화	나혜연	남수빈
남영우	남원일	남지연	남진애	노마리아	노미경	노선이	노성숙	노채은
노혜경	도종관	도진경	도진해	류다현	류동춘	류미희	류시운	류연옥
류점용	류종덕	류진선	모영진	문경남	문상흠	문순혁	문영식	문정숙
문종선	문준혁	문찬혁	문행자	민 영	민용기	민중근	민해정	박경남
박경수	박경숙	박경애	박귀자	박규철	박다연	박대길	박동심	박명화
박문영	박문형	박미경	박미숙(67)	박미숙(71)	박미자	박미정	박배민	박보경
박상선	박상준	박선대	박선희	박성기	박소운	박순주	박순희	박승억
박연숙	박영찬	박영호	박옥선	박원대	박원자	박윤하	박재준	박정서
박정오	박정주	박정은	박정희	박종례	박주현	박준용	박준하	박지영(58)
박지영(73)	박지희(74)	박지희(98)	박진만	박진현	박진희	박찬수	박찬은	박춘례
박태안	박한종	박해윤	박헌민	박현숙	박현자	박현정	박현철	박형전
박혜숙	박홍기	박희열	반덕진	배기완	배수영	배영지	배제성	배효선
백기자	백선영	백수영	백승찬	백애숙	백현우	변은섭	봉성용	서강민
서경식	서동주	서두원	서민정	서범준	서승일	서영식	서옥희	서용심
서월순	서정원	서지희	서창립	서회자	서희승	석현주	설진철	성 염
성윤수	성지영	소도영	소병문	소선자	손금성	손금화	손동철	손민석
손상현	손정수	손지아	손태현	손혜정	송금숙	송기섭	송명화	송미희
송복순	송석현	송염만	송요중	송원욱	송원희	송유철	송인애	송진우
송태욱	송효정	신경원	신기동	신명우	신민주	신성호	신영미	신용균
신정애	신지영	신혜경	심경옥	심복섭	심은미	심은애	심정숙	심준보
심희정	안건형	안경화	안미희	안숙현	안영숙	안정숙	안정순	안진구
안진숙	안화숙	안혜정	안희경	안희돈	양경엽	양미선	양병만	양선경
양세규	양예진	양지연	엄순영	오명순	오승연	오신명	오영수	오영순
오유석	오은영	오진세	오창진	오혁진	옥명희	온정민	왕현주	우남권
우 람	우병권	우은주	우지호	원만희	유두신	유미애	유성경	유정원
유 철	유향숙	유희선	윤경숙	윤경자	윤선애	윤수홍	윤여훈	윤영미
윤영선	윤영이	윤 옥	윤은경	윤재은	윤정만	윤혜영	윤혜진	이건호
이경남(1)	이경남(72)	이경미	이경선	이경아	이경옥	이경원	이경자	이경희
이관호	이광로	이광석	이군무	이궁훈	이권주	이나영	이다영	이덕제
이동래	이동조	이동춘	이명란	이명순	이미옥	이병태	이복희	이상규
이상래	이상봉	이상선	이상훈	이선민	이선이	이성은	이성준	이성호
이성훈	이성희	이세준	이소영	이소정	이수경	이수련	이숙희	이순옥
이승용	이승훈	이시현	이아람	이양미	이연희	이영숙	이영신	이영실
이영애	이영애(2)	이영철	이영호(43)	이옥경	이용숙	이용웅	이용찬	이용태
이원용	이윤주	이윤철	이은규	이은심	이은정	이은주	이이숙	이인순

이재현 이정빈 이정석 이정선(68) 이정애 이정임 이종남 이종민 이종복
이중근 이지석 이지현 이진아 이진우 이창용 이철주 이춘성 이태곤
이평식 이표순 이한솔 이현주(1) 이현주(2) 이현호 이혜영 이혜원 이호석
이호섭 이화선 이희숙 이희정 임석희 임솔내 임정환 임창근 임현찬
장모범 장시은 장영애 장영재 장오현 장재희 장지나 장지원(65) 장지원(78)
장지은 장철형 장태순 장해숙 장홍순 전경민 전다록 전미래 전병덕
전석빈 전영석 전우성 전우진 전종호 전진호 정경회 정계란 정금숙
정금연 정금이 정금자 정난진 정미경 정미숙 정미자 정상묵 정상준
정선빈 정세영 정아연 정양민 정양욱 정 연 정연화 정영목 정옥진
정용백 정우정 정유미 정은정 정일순 정재웅 정정녀 정지숙 정진화
정창화 정하갑 정은교 정해경 정현주 정현진 정호영 정환수 조권수
조길자 조덕근 조미선 조미숙 조병진 조성일 조성혁 조수연 조슬기
조영래 조영수 조영신 조영연 조영호 조예빈 조용수 조용준 조윤정
조은진 조정란 조정미 조정옥 조증윤 조창호 조황호 주봉희 주연옥
주은빈 지정훈 진동성 차문송 차상민 차혜진 채수환 채장열 천동환
천명옥 최경식 최명자 최미경 최보근 최석묵 최선회 최성준 최수현
최숙현 최영란 최영순 최영식 최영아 최원옥 최유숙 최유진 최윤정(66)
최은경 최일우 최자련 최재식 최재원 최재혁 최정욱 최정호 최정환
최종희 최준원 최지연 최혁규 최현숙 최혜정 하승연 하혜용 한미영
한생곤 한선미 한연숙 한옥희 한윤주 한호경 함귀선 허미정 허성준
허 양 허 웅 허인자 허정우 홍경란 홍기표 홍병식 홍성경 홍성규
홍성은 홍영환 홍은영 홍의중 홍지흔 황경민 황광현 황미영 황미옥
황선영 황신해 황은주 황재규 황정희 황주영 황현숙 황혜성 황희수
kai1100 익명

리테라 주식회사 문교강원동문회 문교강원학생회
문교경기〈문사모〉 문교경기동문〈문사모〉 문교서울총동문회
문교원주학생회 문교잠실송파스터디 문교인천졸업생
문교전국총동문회 문교졸업생 문교8대전국총학생회
문교11대서울학생회 문교K2스터디 서울대학교 철학과 학생회
(주)아트앤스터디 영일통운(주) 장승포중앙서점(김강후)
책바람

개인 695, 단체 19, 총 714

2022년 4월 30일 현재, 1,068분과 45개의 단체(총 1,113)가 정암학당을 후원해 주고 계십니다.

▌옮긴이

강성훈

서울대학교 철학과에서 학사와 석사 학위를 받고 프린스턴대학교 철학과에서 박사 학위를 받았다. 인제대학교 인간환경미래연구원 연구교수를 역임했고, 현재 서울대학교 철학과에 재직 중이며 정암학당 연구원으로 활동하고 있다. 플라톤의 『에우튀프론』을 번역하였고, 「플라톤의 『국가』에서 선분 비유와 동굴 비유」, 「고대 그리스어 einai에 해당하는 한국어는?」, 「아리스토텔레스는 존재사와 계사를 구분하였는가?」, 「플라톤과 예시논증」, 「플라톤의 『국가』에서 정의와 강제」, 「『파이돈』에서 대중적인 시가와 뮈토스」 등의 논문을 출간하였으며, 『고대 그리스철학의 감정이해』(공저)에서 「스토아 감정이론에서 감정의 극복」, 『마음과 철학』(공저)에서 「플라톤: 영혼의 세 부분」, 『플라톤의 그리스 문화 읽기』(공저)에서 「그리스 종교와 플라톤의 종교사상」 등을 저술하였다.

정암고전총서는 정암학당과 아카넷이 공동으로 펼치는 고전 번역 사업입니다.
고전의 지혜를 공유하여 현재를 비판하고 미래를 내다보는 안목을 키우는
문화적 기반을 마련하고자 합니다.

정암고전총서 플라톤 전집

프로타고라스

1판 1쇄 펴냄 2021년 8월 27일
1판 2쇄 펴냄 2022년 10월 4일

지은이 플라톤
옮긴이 강성훈
펴낸이 김정호

책임편집 김일수
디자인 이대응

펴낸곳 아카넷
출판등록 2000년 1월 24일(제406-2000-000012호)
주소 10881 경기도 파주시 회동길 445-3 2층
전화 031-955-9510(편집) · 031-955-9514(주문)
팩스 031-955-9519
www.acanet.co.kr

Printed in Paju, Korea.

ISBN 978-89-5733-741-7 94160
978-89-5733-634-2 (세트)